Surrealismo

P A R A P R I N C I P I A N T E S

Santiago Rial Ungaro • Sanyú

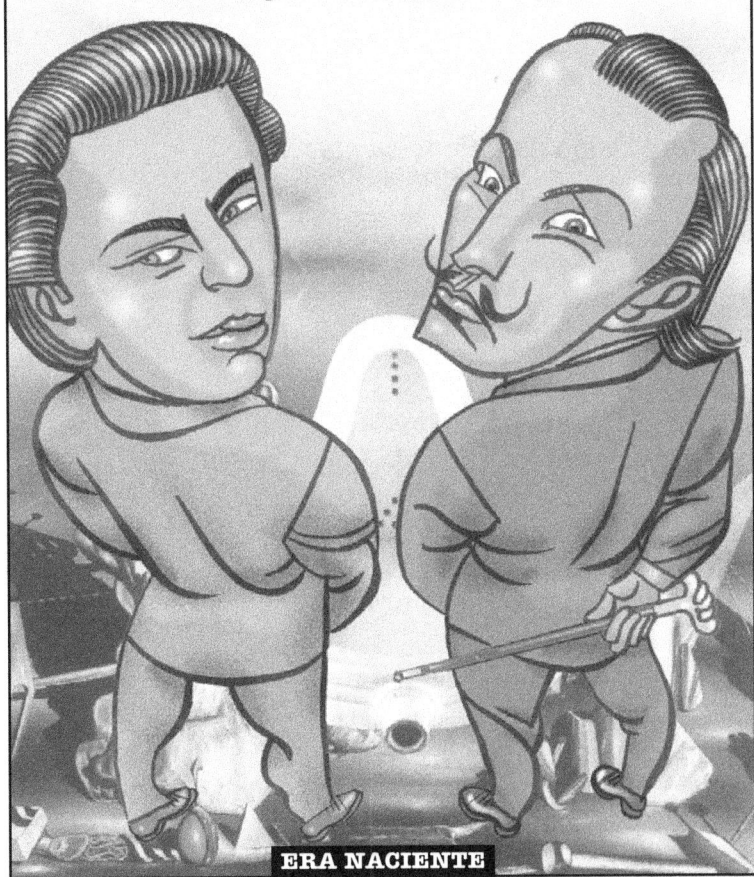

ERA NACIENTE
Documentales Ilustrados

Surrealismo para Principiantes®

Santiago Rial Ungaro - Sanyú
Primera edición

© de los textos: Santiago Rial Ungaro
© de las ilustraciones: Sanyú
© Era Naciente SRL

Diseño interior: Carlos Almar

Para Principiantes®
es una colección de libros de
Era Naciente SRL
Buenos Aires, Argentina
www.paraprincipiantes.com.ar

Rial Ungaro, Santiago
    Surrealismo para principiantes. - 1a ed. 1era reimp. - Ciudad
Autónoma de Buenos Aires : Era Naciente, 2006. - (Para principiantes)

    176 p. : il. ; 20x14cm.

    1. Surrealismo.
    CDD 709.040 63

La revolución surrealista

Es el movimiento artístico más importante de entreguerras, pero sus intenciones no se limitan al arte. Su finalidad es transformar la vida a través de la liberación de la mente del hombre de todas las restricciones tradicionales que la esclavizan. La religión, la moralidad, la familia y la patria se convierten así en instituciones a revisar. Para el surrealismo, el enemigo más importante que hay que combatir es la razón.

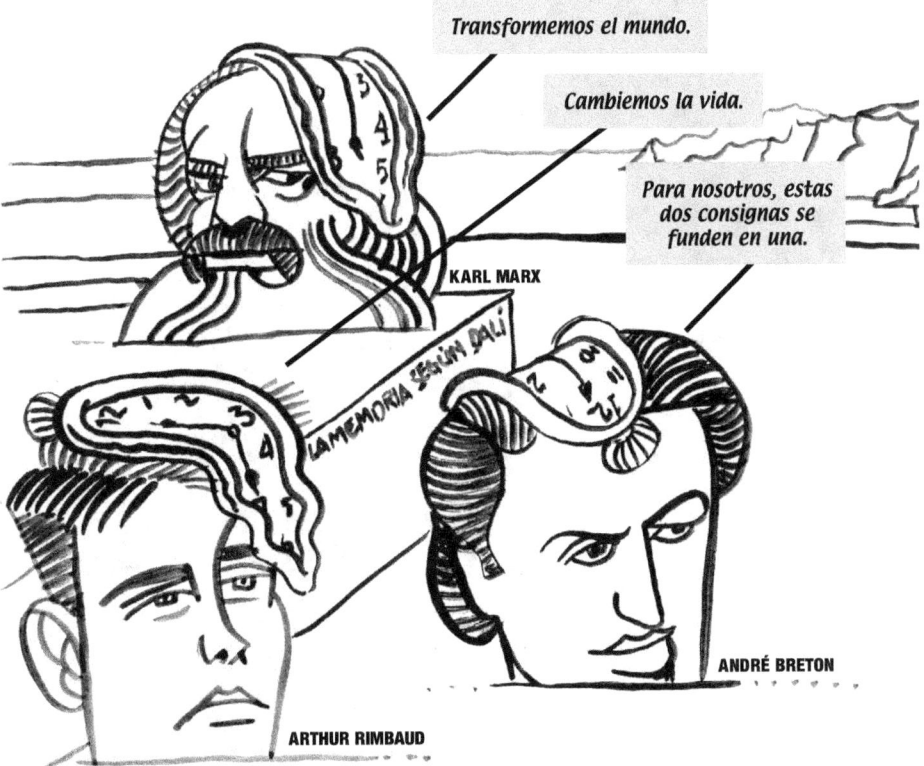

Transformemos el mundo.

Cambiemos la vida.

Para nosotros, estas dos consignas se funden en una.

KARL MARX

ARTHUR RIMBAUD

ANDRÉ BRETON

Apelando al poder del subconsciente, el surrealismo se vale de la irracionalidad, de la vida onírica e incluso de la locura para entrever qué pueden deparar los territorios inexplorados del espíritu humano. Desde cualquier punto de vista, el surrealismo siempre intenta ser una revolución.

3

Necesidad de expresar el quiebre

No menos cierto es que el surrealismo es la aplicación en el plano artístico de las ideas de Sigmund Freud.

André Breton (1896-1966), su figura y autoridad máxima, supremo sacerdote de esta singular cofradía de iniciados por la que pasaron figuras como Philippe Soupault, Louis Aragón, Benjamin Peret, Paul Eluard, Robert Desnos, Luis Buñuel, Salvador Dalí, Max Ernst, Antonin Artaud y muchos otros, visita al famoso doctor en 1921. Al parecer, Freud no se muestra demasiado impresionado por la interpretación que quiere hacer de sus ideas. Sin embargo, el surrealismo aún hoy nos sigue causando impresión por la influencia y el quiebre que genera en el mundo de la cultura. Seguramente, consciente de que va a entrar en la historia, el mismo Breton lo define en 1924 haciendo hincapié en la técnica del automatismo:

Surrealismo: sustantivo, masculino, automatismo psíquico puro por cuyo medio se intenta expresar, verbalmente, por escrito sin la intervención de la razón, ajeno a toda preocupación estética o moral.

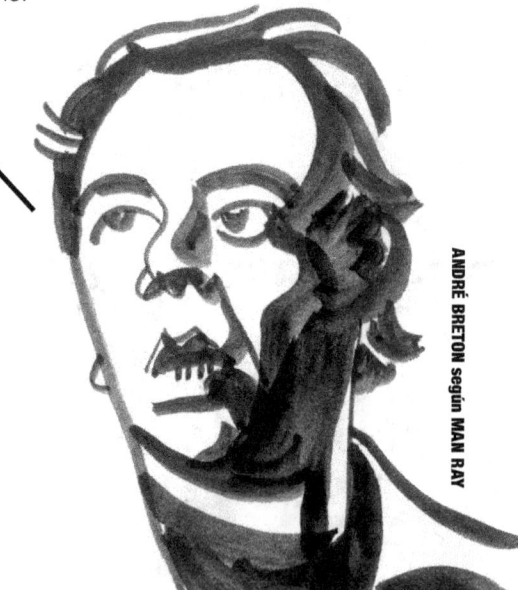

ANDRÉ BRETON según MAN RAY

Más allá de cualquier posible definición, el surrealismo es una gran aventura. En la actualidad, entender su historia implica simultaneamente el desafío de replantearnos nuestras propias vidas, nuestra relación con el lenguaje que usamos y los sistemas de pensamiento con los que nos comunicamos y actuamos. Eso es, justamente, lo que hace el surrealismo.

4

La vida como obra de arte

De hecho, la palabra "surrealista" (tomada de la obra de Guillaume Apollinaire "Las tetas de Tiresias", subtitulada como un "drama surrealista", en 1917) significa, literalmente, por encima del realismo.

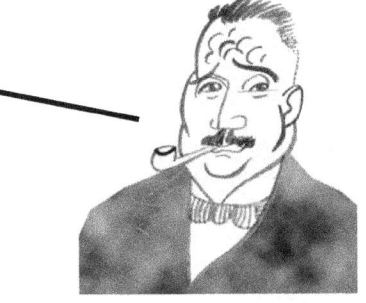

Cuando el hombre necesitaba imitar el caminar, inventó la rueda, que no se parece a una pierna. De la misma manera, ha creado el surrealismo.

GUILLAUME APOLLINAIRE

Con estas ambiciones, el surrealismo intenta (y a su manera consiguió) realizar un quiebre cultural con toda una serie de obras, actitudes y manifiestos en los que su furibundo desprecio hacia la sociedad y la cultura burguesas se expresa de forma lapidaria.

A la vez que sabe plantear una oposición firme y activa, el surrealismo también se dedica a rescatar, con pasión y entusiasmo, otras ideas, otras voces y otros ámbitos, en los que otros personajes, a menudo oscuros o ignorados, ofrecen desde sus obras nuevas posibilidades para "cambiar la vida" y "transformar el mundo".

Y aunque la historia personal de Breton es el eje de las actividades surrealistas, el grupo se nutre en sus distintas etapas de distintos personajes, a la vez que ejerce una influencia amplísima, incalculable: claro que la toma de conciencia del poder del arte para cambiar el mundo no surge de la noche a la mañana. Para algunos esto puede sonar ingenuo hoy en día, pero para la mayoría de sus protagonistas ésta es una de las premisas de su conducta. Quedan sus obras y sus vidas para demostrarlo.

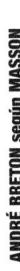

ANDRÉ BRETON según MASSON

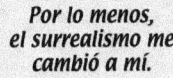

Por lo menos, el surrealismo me cambió a mí.

Prehistoria de un cambio estético

El surrealismo es un movimiento internacional. Y aunque el estado de ánimo y la necesidad imperiosa de generar una ruptura total ya se pueden percibir desde 1908 en los manifiestos futuristas (grupo italiano liderado por el escritor Filippo Marinetti, que supo contar con la pluma de Apollinaire, quien en 1913 escribió La antitradición futurista), a la hora de empezar a desentrañar esta historia surrealista nos debemos trasladar a Zurich, Suiza, año 1916. Y más precisamente, a un pequeño local, un cabaret "artístico", en el que el arte y la cultura del por entonces nuevo siglo iniciaron su metamorfosis de adaptación a los nuevos tiempos.

Como país neutral en medio de la Gran Guerra, Suiza se convierte en un refugio para aquellos que, asqueados de tanta destrucción, ansían afirmar su deseo de vivir y crear. Sería la iniciativa individual de Hugo Ball, periodista, novelista, poeta y filósofo alemán. Escéptico y a la vez idealista, Ball llega a Zurich junto a su pareja, la cantante Emmy Hennings, y sueña con crear un espacio en el que el arte estuviera puesto en función de la vida, oponiéndose a la idea burguesa de "el arte por el arte". Su altruismo es consciente y coherente con su forma de pensar.

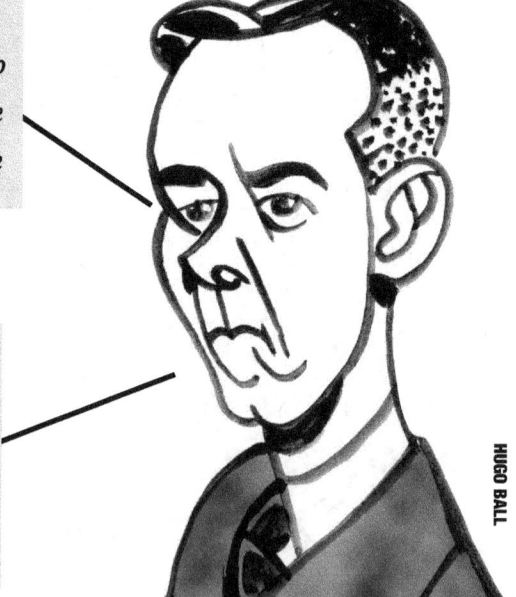

Cultivar un arte cualquiera hace bien siempre y cuando no se persiga ningún propósito, sino que se siga el curso de una imaginación libre y sin trabas.

En una época como la nuestra, en que la gente es asaltada por las cosas más monstruosas, la producción estética se conviere en una ruta prescrita de antemano.

HUGO BALL

Fusiones experimentales

Discípulo de Wassily Kandinsky y seguidor de Thomas Müntzer, Mijail Bakunin y P. Kropotkin, Ball ha tomado del gran pintor y pedagogo (principal teórico el arte abstracto) el concepto de "obra de arte viviente". Esta idea de una "obra de arte total" lleva a Kandinsky a desarrollar una teoría influenciada por las "correspondencias" entre las artes y los efectos sinestésicos, intentando establecer una serie de equivalencias entre sonidos, colores y movimientos, los tres elementos que componen la escena. Cuando llega a Zurich junto a su esposa, Ball está plenamente convencido de la necesidad de crear un nuevo teatro experimental.

Kandinsky no ensayó nunca una forma de arte sin seguir caminos nuevos, indiferente a las risas y a los sarcasmos. Su objetivo final era no sólo crear obras de arte individuales, sino también arribar a una fusión de todas las artes.

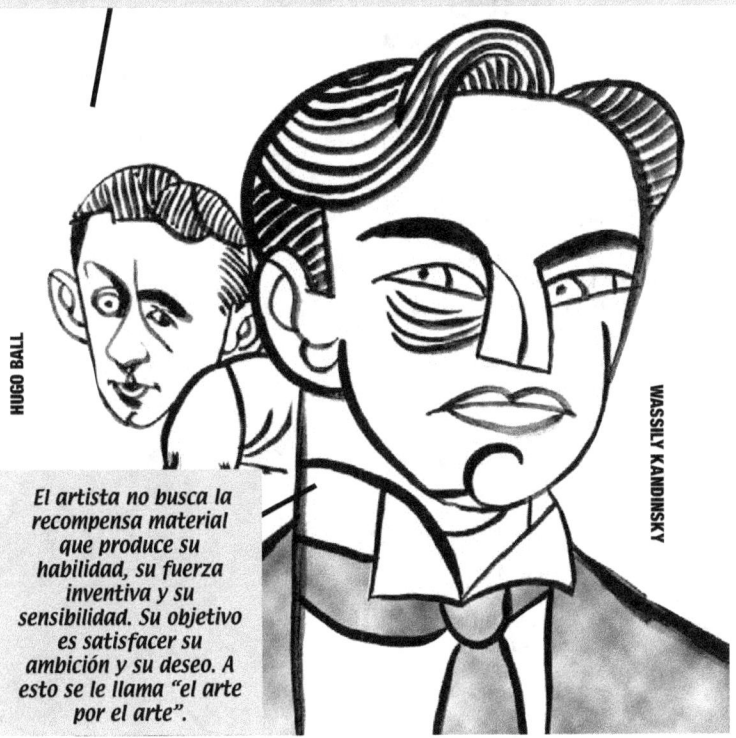

HUGO BALL

WASSILY KANDINSKY

El artista no busca la recompensa material que produce su habilidad, su fuerza inventiva y su sensibilidad. Su objetivo es satisfacer su ambición y su deseo. A esto se le llama "el arte por el arte".

7

Cabaret Voltaire

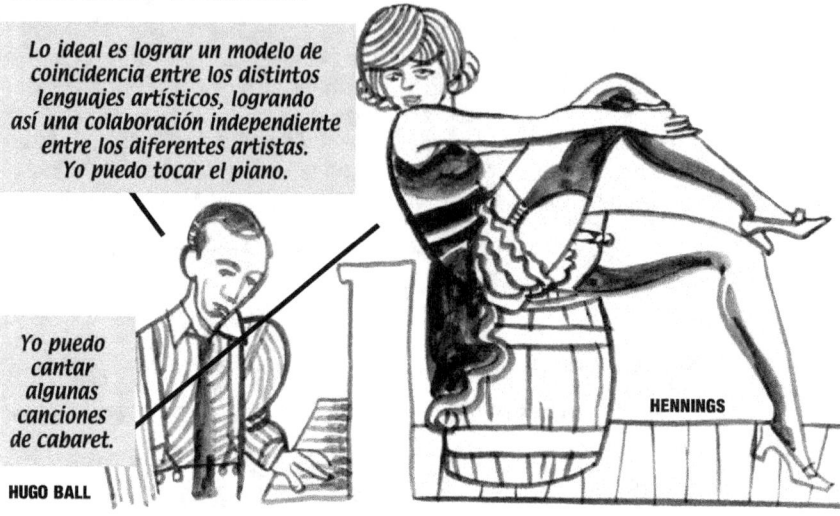

Lo ideal es lograr un modelo de coincidencia entre los distintos lenguajes artísticos, logrando así una colaboración independiente entre los diferentes artistas. Yo puedo tocar el piano.

Yo puedo cantar algunas canciones de cabaret.

HUGO BALL

HENNINGS

Con la simple idea de que cada persona hiciera lo que supiese con un alto grado de libertad, en febrero de 1916, Ball realiza una convocatoria:

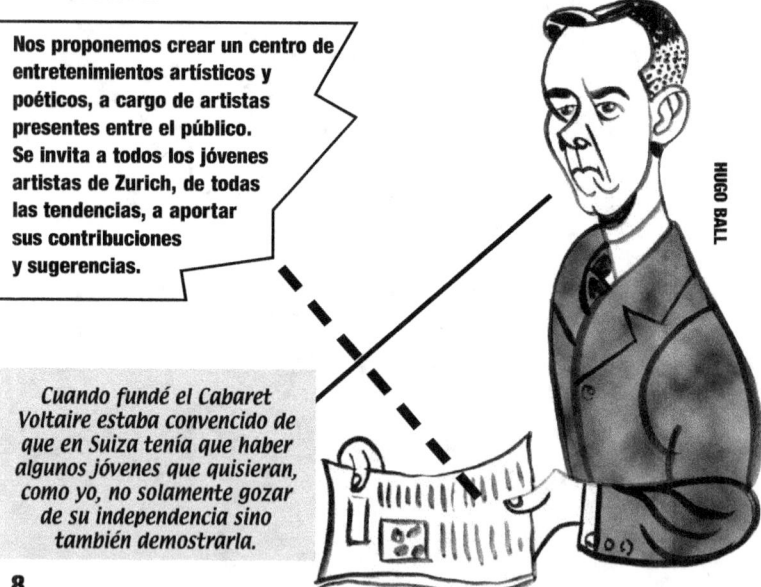

Nos proponemos crear un centro de entretenimientos artísticos y poéticos, a cargo de artistas presentes entre el público. Se invita a todos los jóvenes artistas de Zurich, de todas las tendencias, a aportar sus contribuciones y sugerencias.

Cuando fundé el Cabaret Voltaire estaba convencido de que en Suiza tenía que haber algunos jóvenes que quisieran, como yo, no solamente gozar de su independencia sino también demostrarla.

HUGO BALL

Habitués

El Cabaret Voltaire basa sus primeras presentaciones en la espontánea colaboración de individuos ansiosos por demostrar que, más allá de la guerra y de las nacionalidades, se puede vivir con otros ideales. Así fue como se lleva a cabo el encuentro entre personajes muy diversos, provenientes de diversos países. Esta diversidad individual será una de las claves de un movimiento que, desde cualquier punto de vista, es el precursor del surrealismo: el dadaísmo. Enseguida aparecieron en escena los miembros del Cabaret Voltaire:

Richard Huelsenbeck

Amigo de Ball, proveniente de Berlín, este extraño personaje hará las veces de propagandista de dadá y a la vez sería uno de los teóricos del movimiento. Aficionado a la poesía fonética, a los ritmos de la música negra y a los escándalos, con su impertinencia busca (y logra) irritar al público.

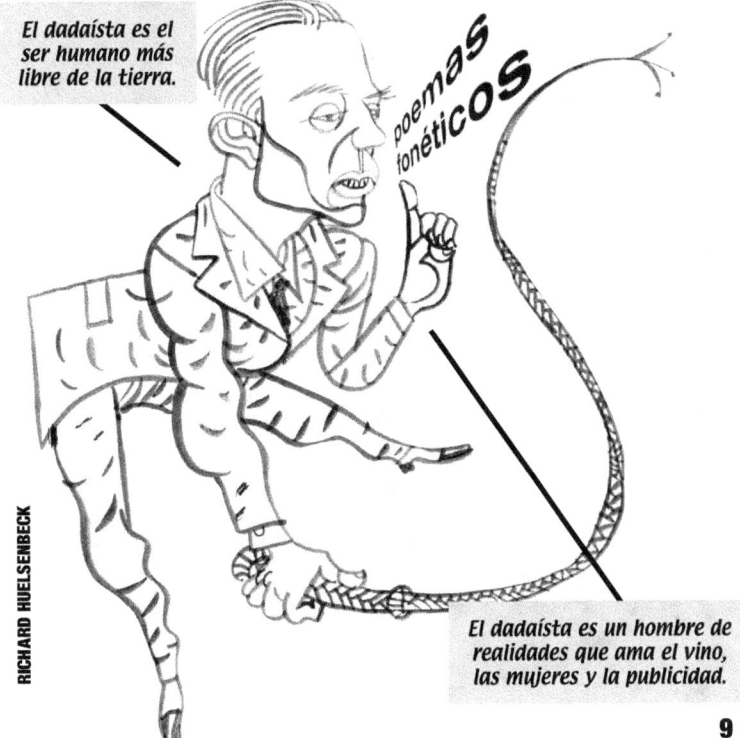

El dadaísta es el ser humano más libre de la tierra.

poemas fonéticos

RICHARD HUELSENBECK

El dadaísta es un hombre de realidades que ama el vino, las mujeres y la publicidad.

Entre dadaístas

Jean Arp

Artista plástico y poeta francés, luego será considerado por sus obras minimalistas y abstractas como un referente ineludible de la pintura surrealista. Sus esculturas, en las que es pionero en el uso de formas elementales como el huevo, el ombligo, la coma y la pechera, generarán una renovación total en la pintura del siglo XX. Junto a su mujer, Sophie Tauber (bailarina y pintora abstracta), Arp se aboca a la investigación de formas simples en la plástica; en sus poesías explora la idea de las "correspondencias".

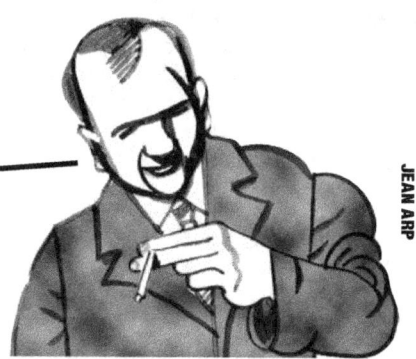

La tontería, o cuando menos lo que los hombres entienden por eso, es tan preciosa como una retórica sublime, ya que en la naturaleza, una pequeña rama quebrada vale en belleza lo que las estrellas, y son los hombres los que decretan qué es hermoso y qué es feo.

JEAN ARP

Excelente poeta, y dueño de un impecable sentido del humor, el aporte de Arp al dadaísmo es más sutil pero tan importante como el de sus compañeros más ruidosos.

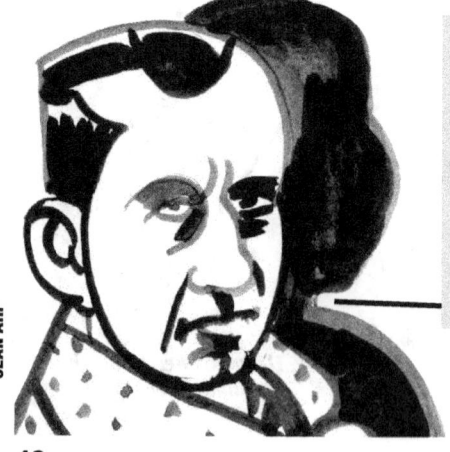

JEAN ARP

Dadá es la base primaria de todo arte. Dadá está por el sinsentido del arte, lo que no significa no-sentido. Dadá está desprovisto de sentido, como la naturaleza. Nuestras obras intentan alcanzar, por encima de lo humano, lo infinito y lo eterno. Son el resultado de renegar del egoísmo de los hombres.

Marcel Janco

Proveniente de Bucarest, este arquitecto y artista plástico llega al Cabaret Voltaire con su hermano George y se integra al grupo en los primeros meses de 1916. Su principal contribución a dadá son sus máscaras. Con sus evocaciones al teatro japonés o la tragedia griega, las mismas son profundamente modernas. Al instante que las trae, cada uno se pone una. A los 5 minutos todos caminan de un lado a otro con los movimientos más extravagantes. Las máscaras provocan danzas y cada una reclamab un gesto. La ambición de Ball de lograr una obra de arte total hunde sus raíces en el ocultismo.

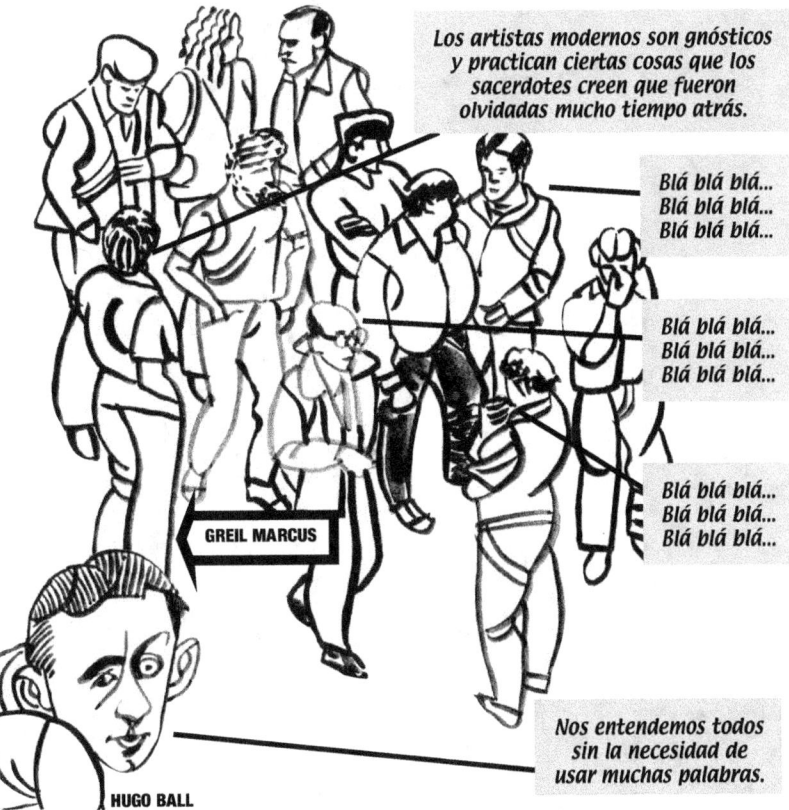

Los artistas modernos son gnósticos y practican ciertas cosas que los sacerdotes creen que fueron olvidadas mucho tiempo atrás.

Blá blá blá...
Blá blá blá...
Blá blá blá...

Blá blá blá...
Blá blá blá...
Blá blá blá...

Blá blá blá...
Blá blá blá...
Blá blá blá...

GREIL MARCUS

Nos entendemos todos sin la necesidad de usar muchas palabras.

HUGO BALL

El contexto en el Cabaret Voltaire es de una efervescencia absoluta, y las barreras idiomáticas jamás existen.

Unidos por el arte

Tristan Tzara

Es sin lugar a dudas la otra figura fundamental dentro del Cabaret Voltaire. Nacido en Bucarest, Tzara es un poeta brillante y atrevido. En su presencia no existe prácticamente ninguna posibilidad de aburrirse: o declama, o canta, a veces en rumano, otras veces en francés, otras en alemán. Tiene muy en claro que cualquier cosa vale para llamar la atención y despertar la conciencia: golpear la mesa, hacer repicar campanas, tocar el tambor o simplemente gritar.

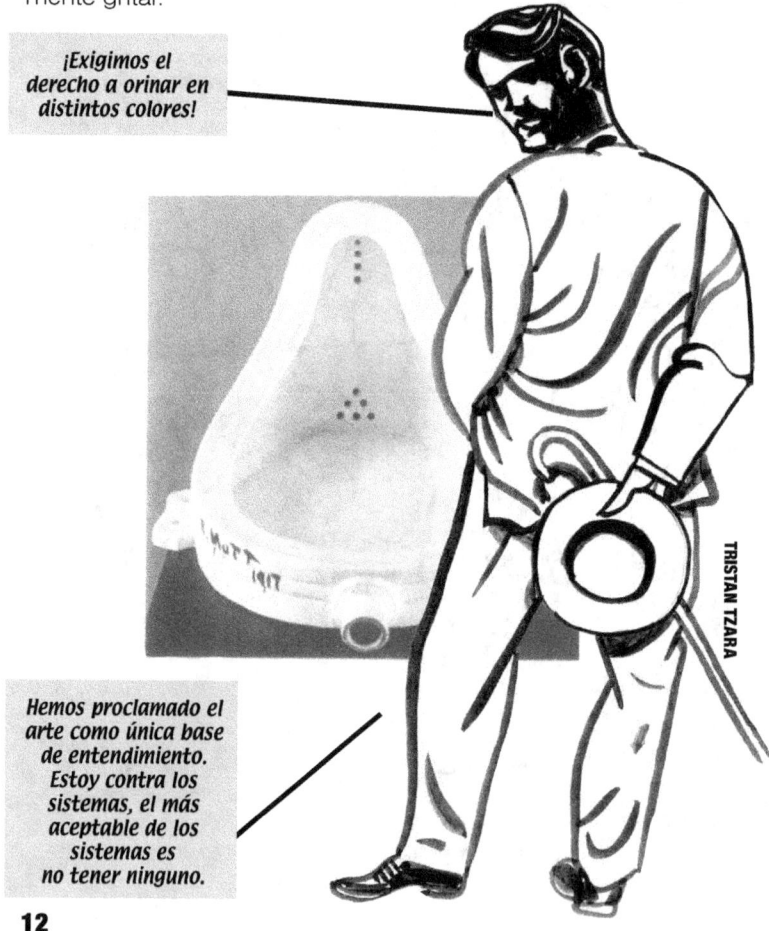

¡Exigimos el derecho a orinar en distintos colores!

Hemos proclamado el arte como única base de entendimiento. Estoy contra los sistemas, el más aceptable de los sistemas es no tener ninguno.

TRISTAN TZARA

12

En realidad, los dos primeros años (1916-1917) del Cabaret Voltaire son de gestación: las influencias del futurismo, del expresionismo y del arte abstracto se hacen sentir en muchas de las actitudes de los miembros de Cabaret Voltaire. Pero, en su síntesis, la escandalosa algarabía del grupo logra algo original que llama casi de inmediato la atención del público y de la prensa.

> Son una especie de poseídos, proscriptos, maniáticos y todo por amor a su obra. Se dirigen al público con la esperanza de obtener su ayuda y le proveen el material para diagnosticar su enfermedad.

Muy pronto, Tzara demuestra que además de ser un gran poeta, un carismático performer y un agitador consumado, posee una pluma que puede brillar con el filo de una espada en la redacción de manifiestos.

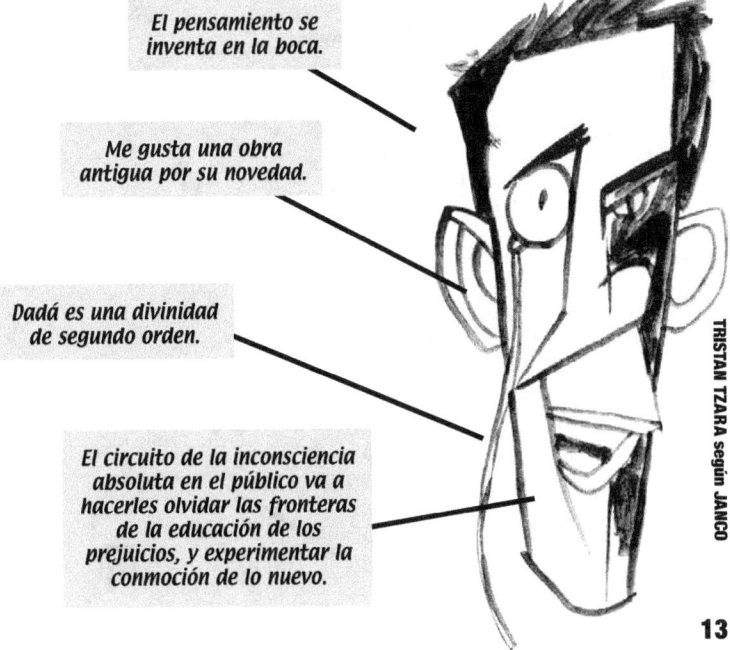

El pensamiento se inventa en la boca.

Me gusta una obra antigua por su novedad.

Dadá es una divinidad de segundo orden.

El circuito de la inconsciencia absoluta en el público va a hacerles olvidar las fronteras de la educación de los prejuicios, y experimentar la conmoción de lo nuevo.

TRISTAN TZARA según JANCO

13

Brillante poeta a menudo opacado por sus hazañas dadaístas, Tzara se hace cargo de la edición de la revista Dadá. Aunque la publicidad que generan estos eslóganes que Tzara dispara con un talento inigualable es un arma de doble filo que terminará desangrando el movimiento, no todo se limita al escándalo.

Jolifante Bamble Blaga Bud Blaga Bung Bosso Fatoko.

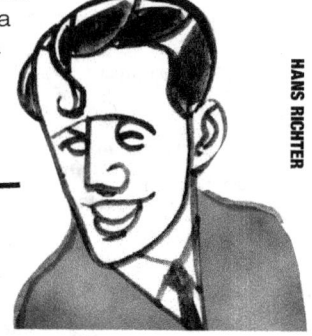

Junto con la revolución existencial que se proponen los integrantes del Cabaret Voltaire, las revoluciones estéticas dadaístas afectan todas las áreas: recitando los poemas fonéticos de Ball, Huelsenbeck empieza a su vez a recitar sus propios poemas fonéticos. Paralelamente va a la universidad y estudia medicina.

Umbah-umbah.

Nuestra crítica comenzó, al igual que todas las críticas, con dudas. La duda se convirtió en nuestra vida. La duda y el escándalo. Nuestra duda era tan profunda que nos preguntamos: ¿Puede el lenguaje expresar una duda tan profunda?

Adelantándose por varias décadas al movimiento letrista, este tipo de poemas tienen ciertos antecedentes en algunos intentos de Lewis Carroll, Swift y los alemanes Paul Scheerbart y Cristian Morgenstern, quien en 1905 llega a componer un poema con signos métricos dispuestos en forma de pez. A esto se le suman los recitados (en realidad casi se gritan) de poemas en forma simultánea.

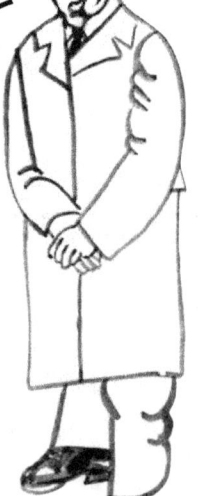

La simultaneidad es un concepto.

14

Poemas fonéticos

En el fértil ambiente del Cabaret Voltaire, las innovaciones de tipo artístico o expresivo están a la orden del día. Ball presenta en junio de 1916 un poema fonético abstracto sumamente radical.

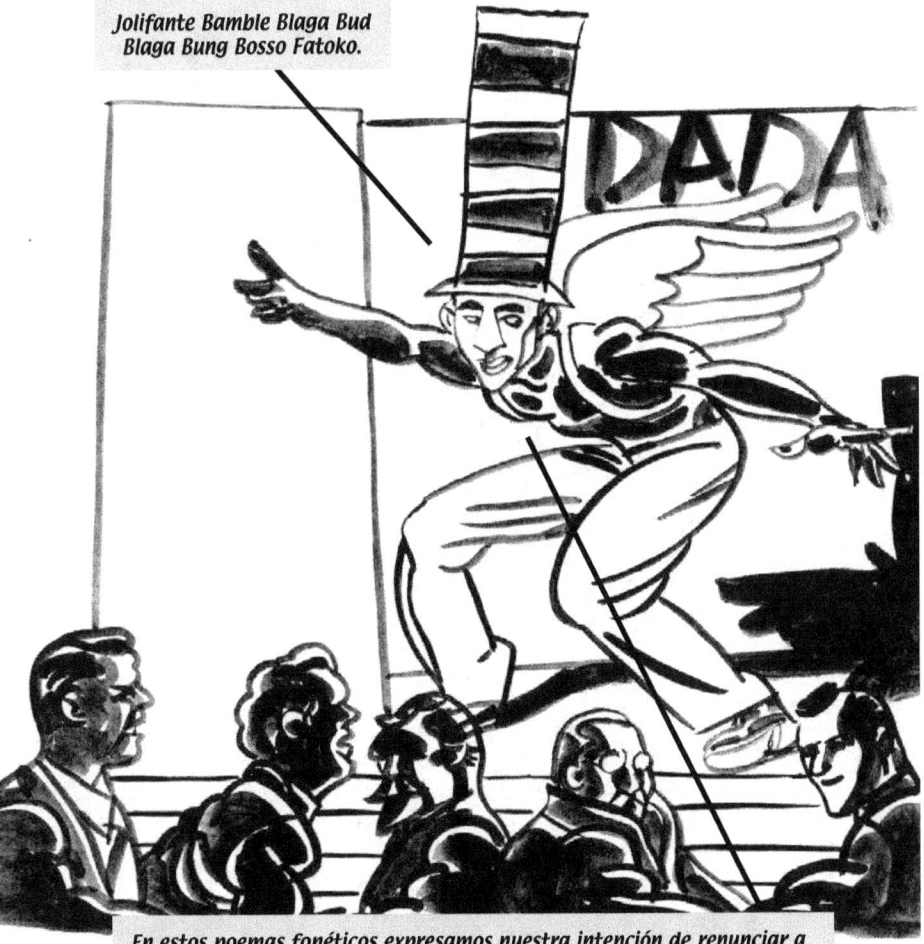

Jolifante Bamble Blaga Bud Blaga Bung Bosso Fatoko.

En estos poemas fonéticos expresamos nuestra intención de renunciar a un lenguaje que el periodismo ha agotado y tornado estéril. Debemos recurrir a la más profunda alquimia de la palabra para conservarle a la poesía su santuario más sagrado.

15

Creación por destrucción

Aunque valora y alenta la improvisación, Ball no es ningún improvisado. En las notas de su diario personal ya advierte que la imagen de la forma humana ha ido desapareciendo gradualmente de la pintura, y todos los objetos sólo aparecen en forma de fragmentos. El siguiente paso es acabar con el lenguaje: tiene que ser inventado de nuevo. El núcleo de los integrantes del Cabaret Voltaire sentará también, en este período, las bases de la poesía automática. Arp, Tzara y Werner Serner realizan en el Café de la Terrasse un ciclo poético llamado "La hipérbole del peluquero de cocodrilos y el bastón".

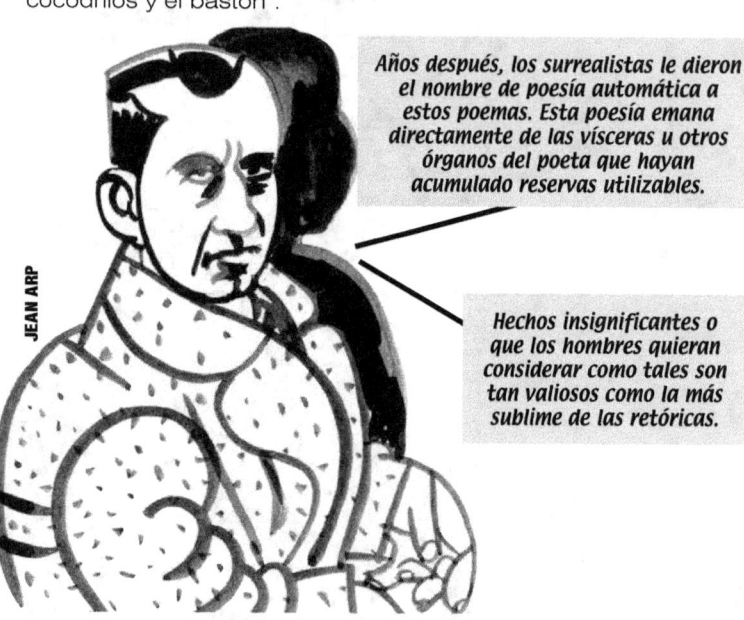

JEAN ARP

Años después, los surrealistas le dieron el nombre de poesía automática a estos poemas. Esta poesía emana directamente de las vísceras u otros órganos del poeta que hayan acumulado reservas utilizables.

Hechos insignificantes o que los hombres quieran considerar como tales son tan valiosos como la más sublime de las retóricas.

Al referirse a las creaciones de los dadaístas, muchas veces se habla de anti-arte. Pero, a lo sumo, de lo que sí se podría hablar es de un intento de destruir el arte establecido para crear un nuevo arte. El estímulo de Ball y su magnética personalidad sirven para canalizar y cohesionar todas las necesidades expresivas del grupo. El contexto permite que todo se mezcle: la poesía, la plástica, el teatro, el cine, la arquitectura, la música y la tipografía ya no son considerados como géneros, sino tan solo como simples medios para armar un camino nuevo.

Todo vale

En una oportunidad, Arp, insatisfecho con los resultados de uno de sus dibujos, desgarra la hoja en pedazos, que caen al suelo. Al ver las forma que el azar le ha dado a esos pedazos, se sorprende al ver que eso era lo que estaba buscando. Sin dudarlo, pega cuidadosamente los pedazos de la forma en que estaban. A partir de entonces, el azar pasa a ser considerado como un nuevo estimulante para la creación artística.

La ley del azar, que contiene en sí todas las demás leyes y es inasible como las fuentes insondables de donde emana la vida, sólo puede captarse mediante una entrega total al subconsciente. Sostengo que quien se somete a esta ley alcanza la vida eterna.

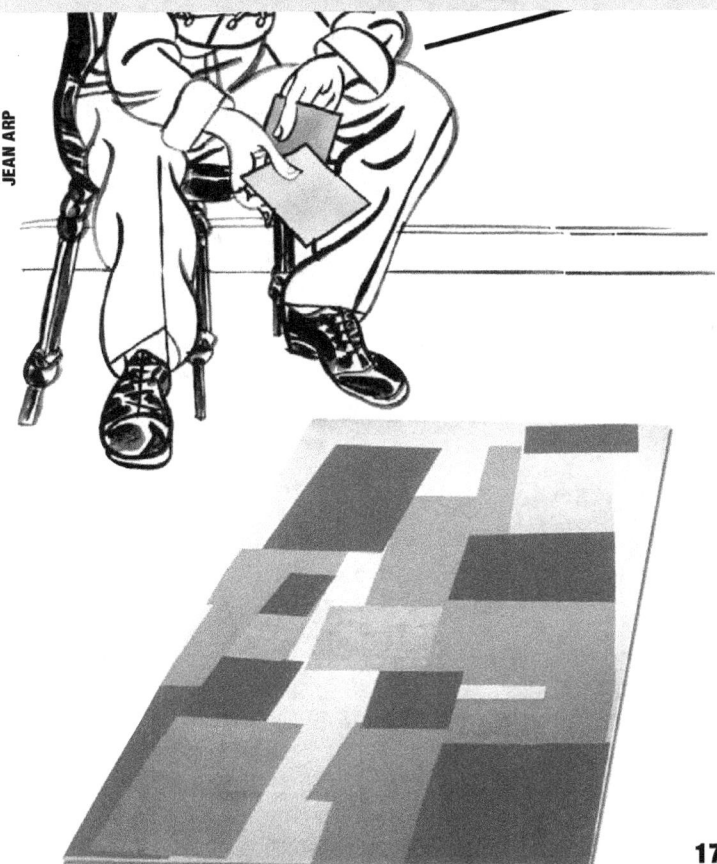

JEAN ARP

El descubrimiento del azar

Tal vez sea éste el aporte más importante de dadá. En su obra literaria, Tristan Tzara lleva el principio del azar a sus máximos extremos, componiendo poemas con recortes de palabras tomadas de periódicos, los cuales mete en un cucurucho de papel, los sacude y los arma desparramándolos sobre la mesa.

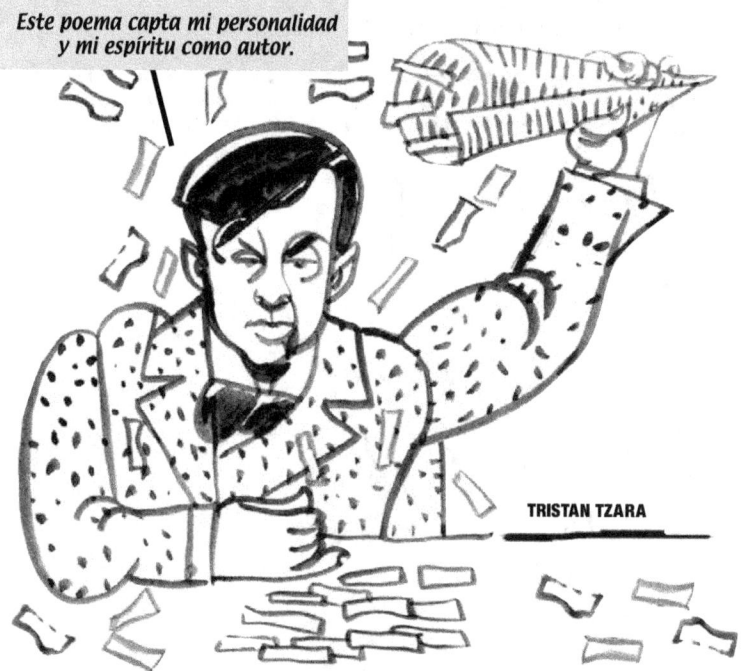

Este poema capta mi personalidad y mi espíritu como autor.

TRISTAN TZARA

En cierta medida, la idea del azar es equivalente al subconsciente que Freud ha descubierto en 1900. Mediante la casualidad, el azar y el inconsciente, dadá le escapa a la creencia general en la infalibilidad de la razón lógica. Abandonados a las leyes del azar, enviciados con el escándalo y manteniendo siempre una actitud absolutamente desafiante, los dadaístas consiguen cada vez más publicidad. Ante el fervor del público, Tzara y Werner Serner toman la costumbre de agredir a la audiencia, buscando su reacción, ya sea anunciando duelos ficticios o involucrando a personas sin el menor respeto por la edad o la celebridad.

Movimiento antiprograma

Poco después, Ball parte a Berna, con la intención de incursionar en la vida política. Años después, se convertirá en conductor de televisión. Hacia el final de sus días, junto a Hennings, Ball volverá al cristianismo.

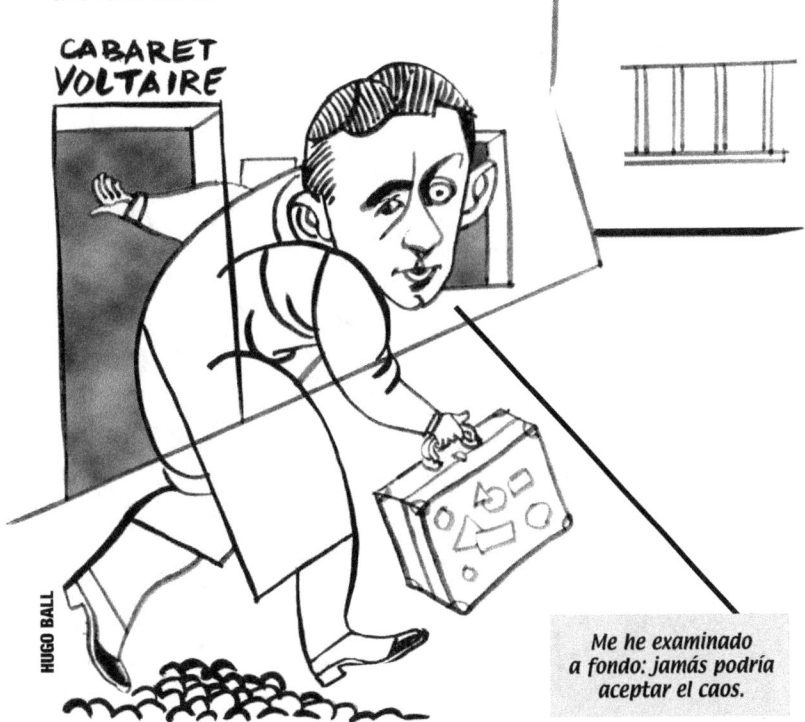

CABARET VOLTAIRE

HUGO BALL

Me he examinado a fondo: jamás podría aceptar el caos.

Para Huelsenbeck, que idolatra a Ball, su partida será dramática y lo dejará en un estado crítico. Pero para Tzara, su partida significa quedar al mando del Cabaret Voltaire. A diferencia de Ball, Tzara no sólo acepta el caos, también lo busca y lo provoca. De todas formas, su capacidad para conseguir importantes obras plásticas en préstamo de Italia, Alemania y Francia, así como su ingenio al editar, dirigir, promover y administrar la revista Dadá demuestran una inteligencia y una astucia innatas. De todas formas, el espíritu negativo y destructivo de Tzara hace del dadaísmo un movimiento absolutamente "antiprograma".

19

El 9 de abril de 1919, en la gran velada Saal der Kaulfleute, el escándalo llega a su apogeo. Werner Serner es corrido por el público, que rompe un maniquí que estaba en escena. Con su monóculo y su actitud arrogante, este poeta es doctor de profesión y es, a su manera, un moralista. Extremadamente pobre, Serner cultiva una imagen atildada y elegante. En su monólogo toma una actitud provocativa, que alcanza su momento álgido cuando exclama una frase, que, vista en perspectiva, es tan cierta como inofensiva.

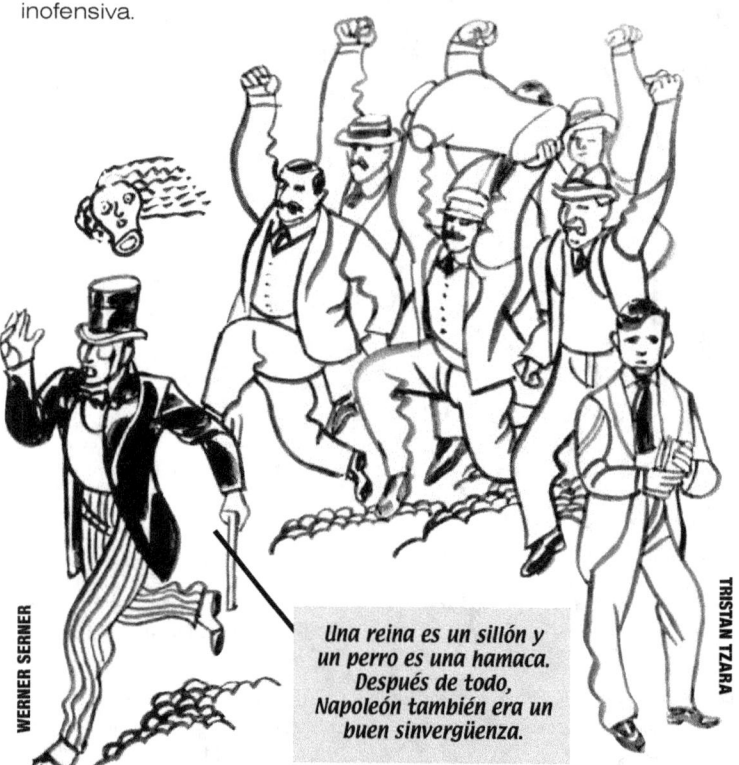

WERNER SERNER

TRISTAN TZARA

Una reina es un sillón y un perro es una hamaca. Después de todo, Napoleón también era un buen sinvergüenza.

La jornada termina envuelta en un caos tremendo, pero es un éxito: Tzara, el astuto agitador dadá, recauda con el evento 1.200 francos. Finalizada la Guerra, en octubre de 1919 se edita en Zurich la revista Der Zeltweg, con la participación de Tzara, Arp y demás dadaístas. A pesar de la calidad de los textos y de las obras, algo se ha apagado en Zurich; las chispas generadas por el Cabaret Voltaire no tardarán en expandirse.

20

Como poeta moderno, Tzara se preocupa por establecer vínculos con poetas y escritores modernos de otros países, como Guillaume Apollinaire, André Breton, Jean Cocteau y Pierre Reverdy, quienes intercambiarán colaboraciones con dadá y sus respectivas revistas. Para el rumano, las últimas experiencias dadaístas han sido reveladoras.

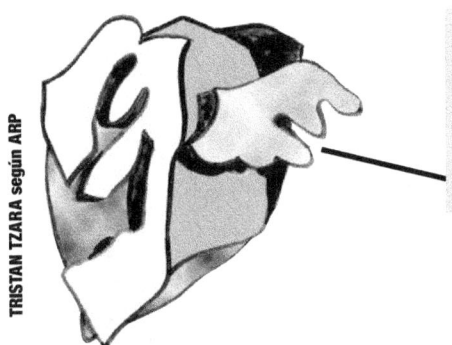

TRISTAN TZARA según ARP

Hemos logrado romper el circuito de la inconsciencia absoluta en el público, que olvidó las fronteras de la educación de los prejuicios y experimentó la conmoción de lo nuevo.

Para Tzara, convertido en el príncipe del dadaísmo, encarnación del espíritu de negación del movimiento, la aventura dadaísta recién ha comenzado: todavía queda mucho por destruir.

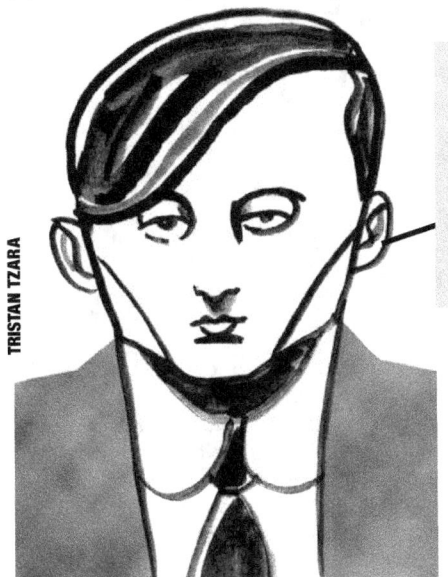

TRISTAN TZARA

No escribo por oficio y no tengo ambiciones literarias. Me habría convertido en un aventurero de gran envergadura, con gestos elegantes, si hubiera tenido la suficiente fuerza física y la resistencia necesaria para llevar a cabo este único intento: no aburrirme.

Dadá internacional

Del internacional Cabaret Voltaire, con Tzara como principal emisario, el espíritu de negación y destrucción de dadá se extiende por todo el continente. En palabras de Henry Lefebvre, la esencia de la revolución dadaísta no se limita a la simple destrucción de las convenciones, sino a las consecuencias liberadoras de un proceso mucho más complejo.

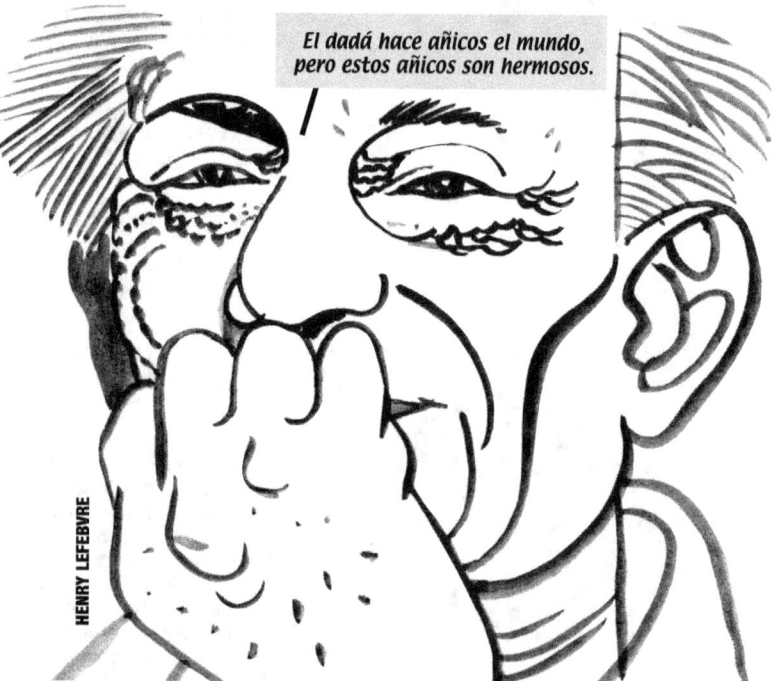

El dadá hace añicos el mundo, pero estos añicos son hermosos.

HENRY LEFEBVRE

Pero no nos adelantemos. La siguiente estación en la revuelta dadaísta es Berlín, ciudad que viene de atravesar cuatro años de Guerra en la que ambos bandos han quedado diezmados. En este contexto, el movimiento dadaísta de Berlín será mucho más neurótico que el de Zurich. Su aparición coincide con la creación de la Comuna de Berlín, un breve período en el que se forman consejos de soldados y obreros, que se reúnen para solucionar sus problemas. Richard Huelsenbeck, el poéta médico que había participado en forma activa del Cabaret Voltaire, llega a la ciudad en 1917.

Al poco tiempo de llegar se contacta con Joannes Baader, un curioso y extravagante personaje que más tarde se presentará como diputado al Reichstag. Conocido en los círculos dadaístas como "Oberdada", Baader no dudará en nombrarse a sí mismo como presidente de la empresa "Cristo, Sociedad de Responsabilidad Limitada".

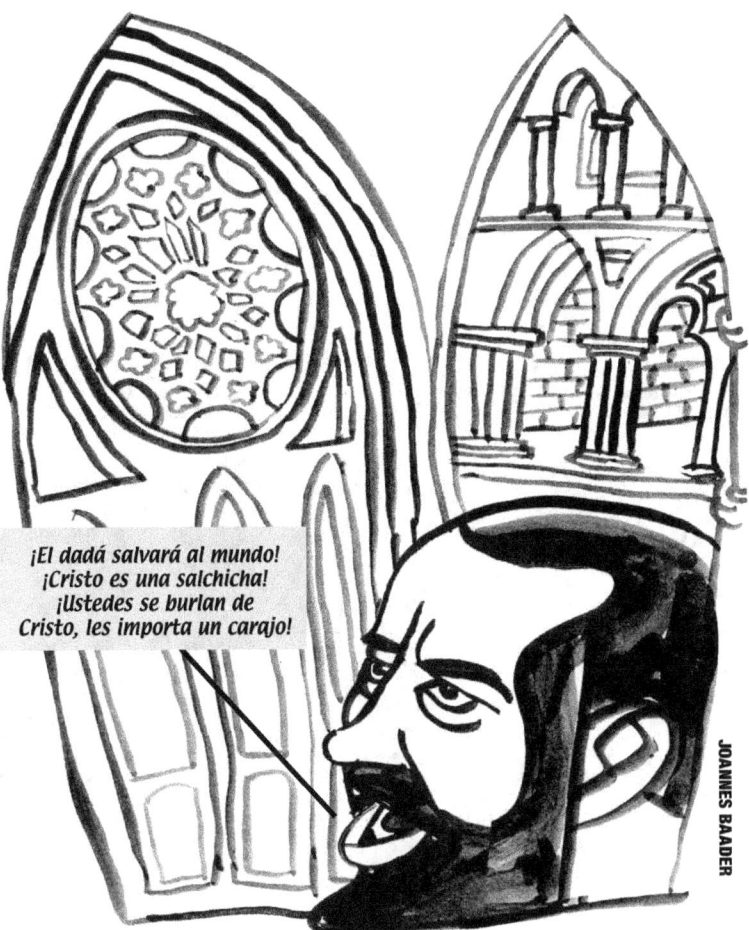

¡El dadá salvará al mundo!
¡Cristo es una salchicha!
¡Ustedes se burlan de
Cristo, les importa un carajo!

JOANNES BAADER

Pronto, Baader y Huelsenbeck potenciarán sus facetas más creativas y más demenciales.

La tercera figura esencial de este movimiento es la del pintor checo Raoul Hausmann, que también se destaca como escritor, filósofo, modista y fotomontajista. Juntos y por separado, los tres tomarán una actitud radical, que los llevará a declamar todo tipo de arengas políticas: entre ellos, la pedantería y los delirios místicos están a la orden del día. Pero a pesar del evidente humor de sus acciones, Dadá Berlín vive a fondo sus propios delirios.

En realidad, la política es un excelente material para sus actividades dadaístas.

De los múltiples aportes de Hausmann, verdadero fanático del movimiento, también conocido como el "Dadásofo", el más importante será el del uso del fotomontaje, más conocido como "colage". Con esta técnica se abren nuevas posibilidades a la creación de imágenes que plasman nuevas experiencias y nuevas ideas, a la vez que se recicla la información para convertirla en arte. Cortando periódicos, fotos o pedazos de cartas viejas, los dadaístas berlineses se las ingenian para crear panfletos, poemas y retratos de una belleza visceral y revulsiva.

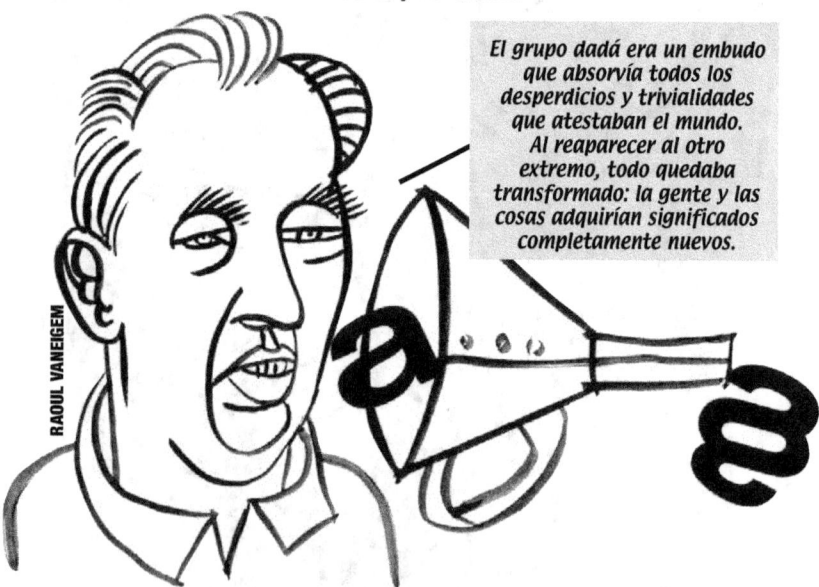

RAOUL VANEIGEM

El grupo dadá era un embudo que absorvía todos los desperdicios y trivialidades que atestaban el mundo. Al reaparecer al otro extremo, todo quedaba transformado: la gente y las cosas adquirían significados completamente nuevos.

En 1918, este polifacético creador escribe un "Manifiesto de la ley de los sonidos", que se adelanta a la aparición de la escritura automática.

24

Otra de las figuras destacadas del movimiento berlinés es Georg Grosz. Con sus admirables caricaturas (en las que incorpora hallazgos formales provenientes del cubismo), Grosz desnuda todas las miserias del espíritu, todas las ridiculeces y los vicios de la sociedad burguesa, a la que desprecia con furia mucho antes de la irrupción del movimiento dadaísta. Grosz conoce muy bien la casta militar prusiana, ya que su madre trabaja en un club de oficiales en Pomerania. En realidad, sus dibujos están estrechamente vinculados con el expresionismo, pero su actitud (que lo lleva a escapar del nazismo en 1932) y la seriedad con la que interpreta su papel de Marschalldadá son fundamentales durante ese período.

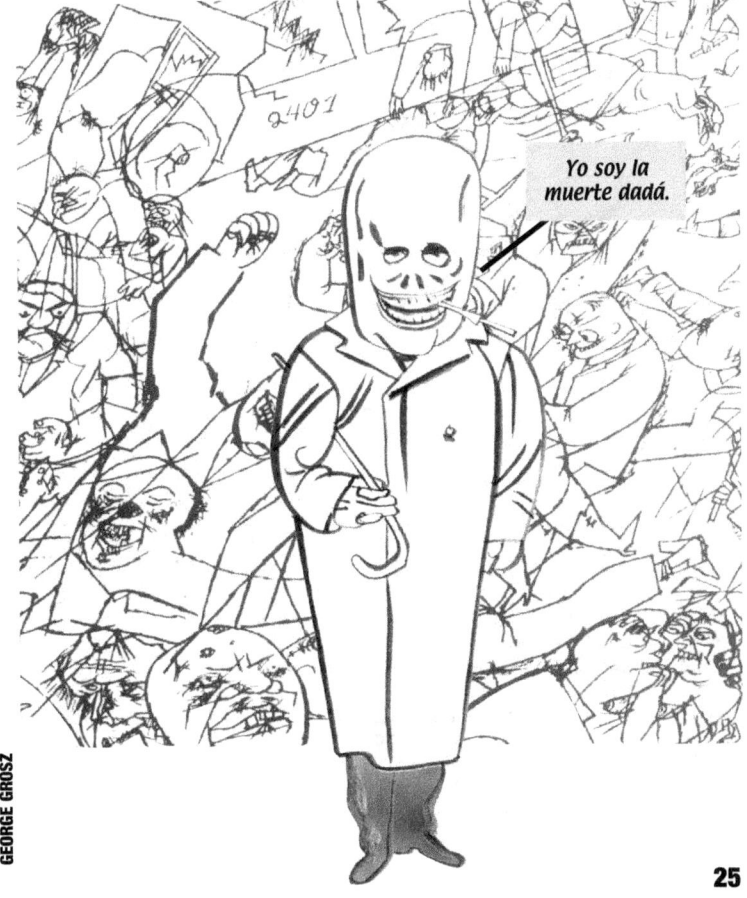

GEORGE GROSZ

En Zurich, dadá se convertirá en una pesadilla cultural hecha realidad. A través de sus publicaciones, sus feroces manifiestos, sus anuncios callejeros, gritándolo desde las calles, el Evangelio Dadá trae la nueva noticia de la destrucción total: el fin del mundo. Dadá propone un juego nuevo, en el que el odio y la destrucción son algo sano y divertido.

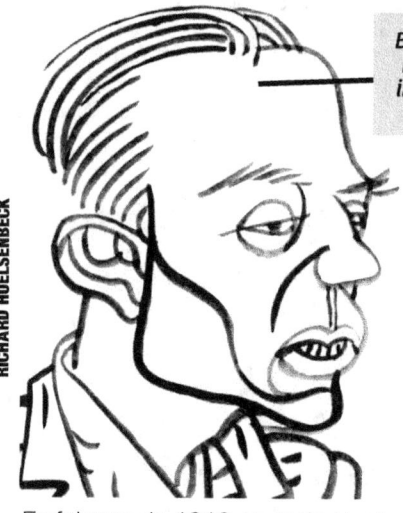

RICHARD HUELSENBECK

El dadá es el mercado negro secreto. El dadá es el único banco que paga intereses durante toda la eternidad. ¡Invierta en el dadá!

En febrero de 1918, cuando Huelsenbeck pronuncia su primer discurso dadá en Alemania, el valor que tiene el manifiesto como formato queda en evidencia.

RICHARD HUELSENBECK

El Manifiesto permite condensar muchas de nuestras sensaciones y de nuestros pensamientos. Desde los primeros días del Cabaret Voltaire hemos leído y escrito manifiestos con un máximo de intensidad vocal, como un desafío. Nos importaba no perder tiempo, queríamos sacudir a nuestro adversario para incitarlo a la oposición y, si fuera necesario, crearnos nuevos enemigos.

Entre 1918 y 1920, el Club Dadá organiza 12 veladas y sesiones de conferencias. En todas sus actividades, la actitud de antiautoritarismo, la libertad y la independencia individual se conjugan con un sentido del humor tan agudo como grotesco.

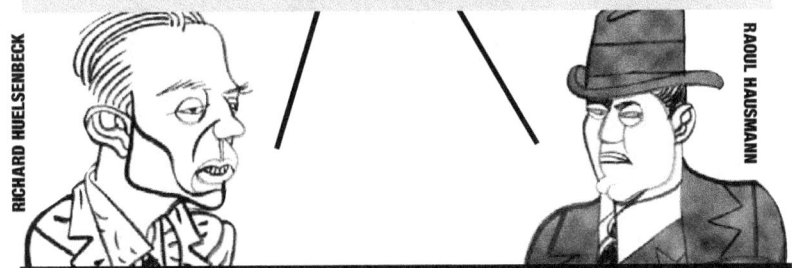

El dadaísmo exige:
• La introducción progresiva del desempleo a través de una mecanización global de todos los campos de actividad.
• Adhesión compulsiva de todos los clérigos y maestros a los artículos de fe dadaístas.
• La introducción del poema simultáneo como una oración estatal comunista.
• Regulación inmediata de las relaciones sexuales según los puntos de vista del dadaísmo internacional mediante el establecimiento de un centro sexual dadaísta.

RICHARD HUELSENBECK

RAOUL HAUSMANN

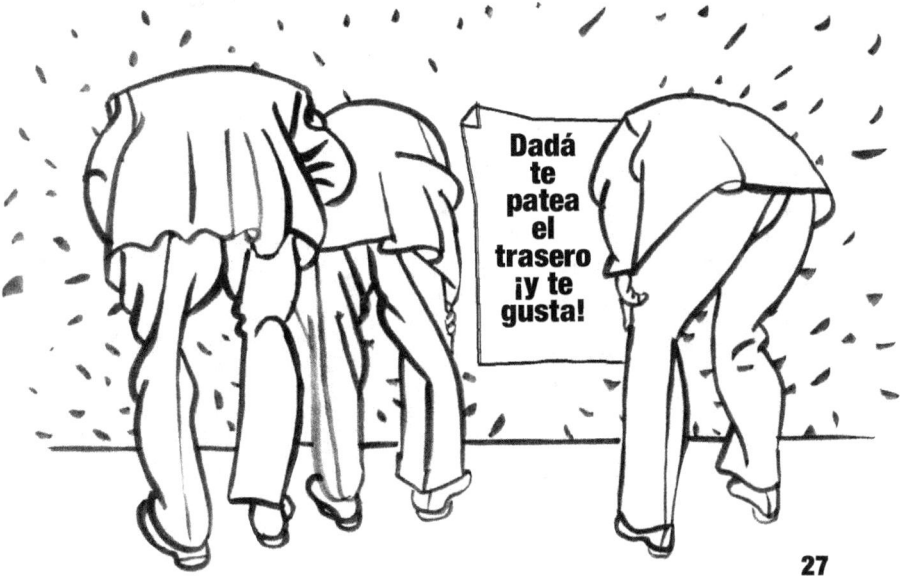

Dadá te patea el trasero ¡y te gusta!

Hoy en día, los añicos dejados por dadá siguen siendo tan hermosos como contradictorios: durante años, los mismos integrantes del Cabaret Voltaire discuten larga y absurdamente acerca de cuál de ellos ha inventado el término dadá.

Tzara inventó la palabra dadá una mañana en un café. Yo me encontraba entonces con mis 12 hijos y llevaba un panecillo en la nariz.

Ball acababa de comerse un bol de sopa de tallarines y yo acaba de echar a los últimos borrachos del Cabaret Voltaire, cuando Ball dijo: 'da... da'. En ese momento se me otorgó la responsabilidad de una misión: yo empuñé el dadaísmo.

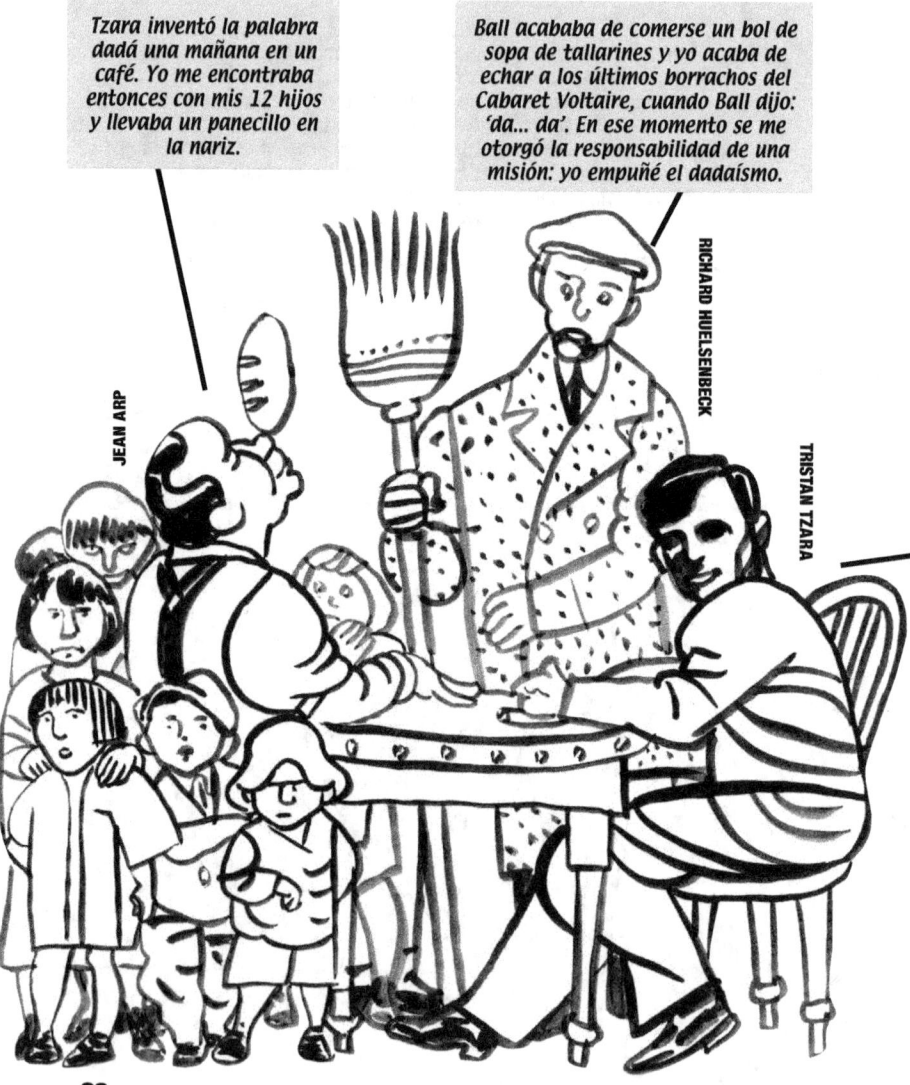

JEAN ARP

RICHARD HUELSENBECK

TRISTAN TZARA

28

Dadá en Hannover

La historia del dadaísmo no puede omitir el aporte de la obra de Kurt Schwitters. Instalado en Hannover, este personaje crea la revista Merz (también nombre de su agencia de publicidad), donde se mezclan distintas disciplinas artísticas en una unidad artística personal regida por el azar. Merz cuenta con la participación de Arp y el Lissitzky. Hacia 1918, Schwitters es rechazado por Huelsenbeck del Club Dadá, ya que su aspecto de "pequeño burgués" le resulta repugnante. De hecho, Schwitters es sumamente hábil para los negocios. Sus colages realizados con cartones yuxtapuestos, maderas, alambres y demás materiales desechados; sus hilarantes recitales de poesía fonética y sus aportes a la revolución tipográfica lo convierten en un singular e inclasificable exponente del movimiento. Su Schwitters-Saule (columna Schwitters), una creación indefinible, invendible e intransportable (se encontraba encastrada en el centro de una habitación de su casa) plasma todas sus aspiraciones. Alrededor de 1925, la columna se ha convertido en una estructura cambiante que se expande por varias habitaciones de su departamento.

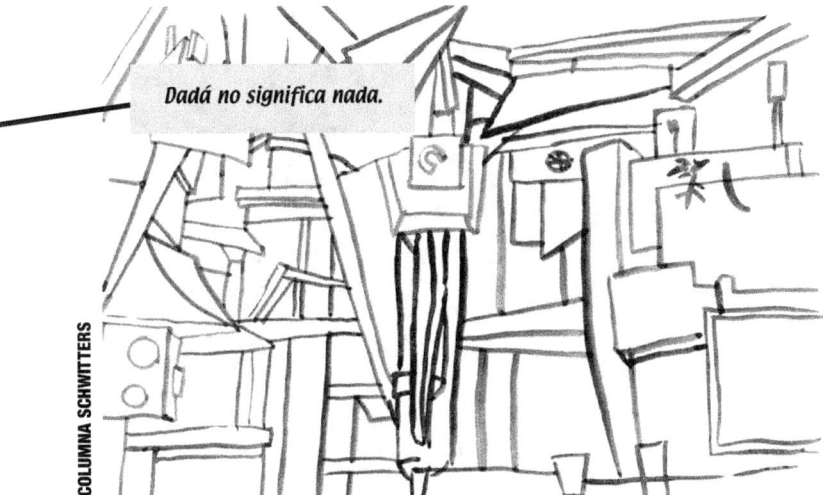

COLUMNA SCHWITTERS

Dadá no significa nada.

Mientras tanto, los pedazos surgidos del Cabaret Voltaire siguen expandiéndose por Europa. Su belleza destructiva pronto llegará a Colonia, otra de las ciudades que tienen su propio movimiento dadaísta.

Dadá en Colonia

Mucho menos politizado que el movimiento dadá de Berlín, este movimiento sirve como nexo entre el dadaísmo de Zurich y el de París. Aquí la figura de Max Ernst será el eje de casi todas las actividades, que estarán más orientadas a las preocupaciones estéticas. En el período entre 1918-1919, Ernst y su amigo Theodore Baargeld editarán el Boletín D, que alcanza a vender veinte ejemplares hasta que es finalmente prohibido. Baargeld, hijo de banqueros, es un profesional del escándalo y llega a montar manifestaciones subversivas que anticiparán lo que hoy llamamos happenings.

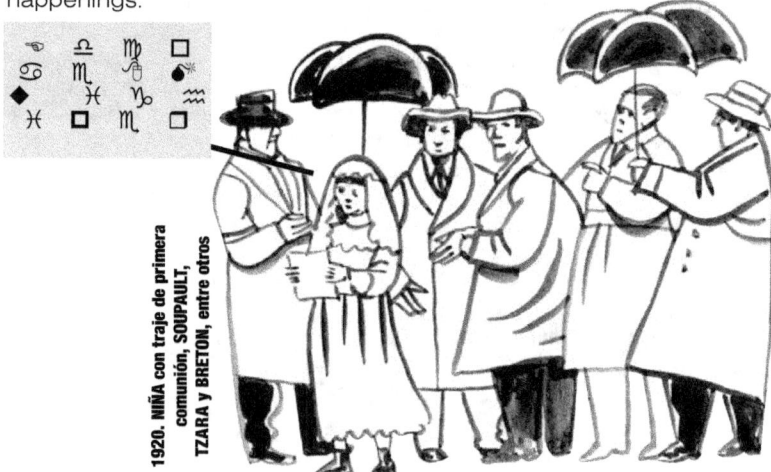

1920. NIÑA con traje de primera comunión, SOUPAULT, TZARA y BRETON, entre otros

Con la ayuda económica del padre de Baargeld (que ve con buenos ojos que su hijo se acerque al dadaísmo con tal de que deje de lado sus peligrosas ideas comunistas), y con la colaboración de Jean Arp, Ernst editará la revista El ventilador (Dier Ventilator), en el que también saben participar los poetas franceses André Breton, Paul Eluard y Louis Aragón, futuros pilares del movimiento surrealista.

El caso de Max Ernst es paradigmático de la situación que viven muchas de las personalidades del mundo de la cultura y del arte durante este período: hasta 1923, Ernst es considerado como un referente de la plástica dadaísta. Tras la edición del Primer Manifiesto, en el año 1924, Ernst pasará a ser considerado un pintor surrealista, aunque el estilo de sus obras no se modifica sustancialmente durante esos años.

30

Para el escritor mexicano Carlos Fuentes, Max Ernst es el último descendiente de los hermanos Grimm, recopiladores de los cuentos fantásticos de los oscuros bosques alemanes. Valiéndose de esta tradición, Ernst hace visibles los más oscuros rincones del sueño y de la pesadilla. Sus colages extraños y esotéricos se diferencian de los de Hausmann y los de Heartfield por su contenido literario e intelectual. Valiéndose de imágenes recortadas de manuales de divulgación científica, ilustraciones de novelas pasadas de moda, de escenas de viajes y exploraciones, láminas anatómicas o paleontólogicas, Ernst le da vida a paisajes de junglas y carnavales nunca antes vistos. Su cultura filosófica y su exuberante imaginación le permiten ilustrar los deseos más profundos de la psique humana. Separando el objeto de su medio habitual, las partes separadas se encuentran libres de sus correspondencias figurativas, por lo que se establecen relaciones totalmente nuevas con otros elementos.

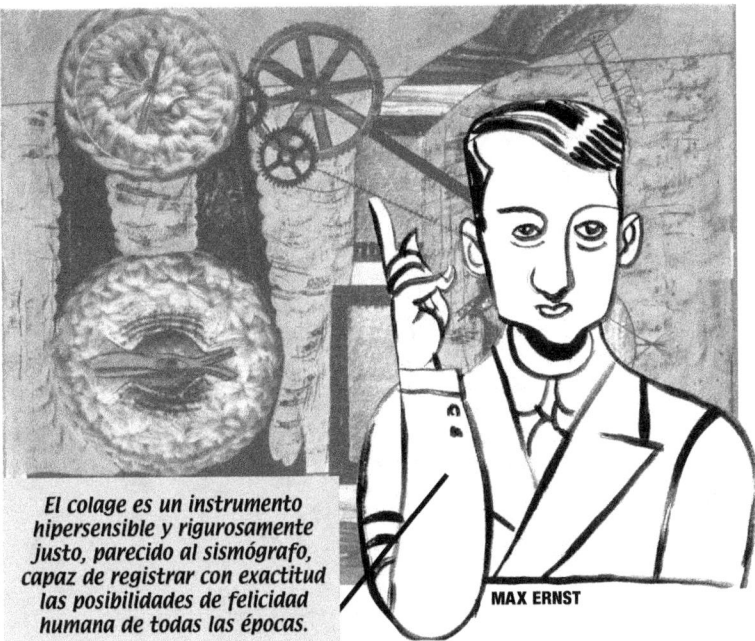

El colage es un instrumento hipersensible y rigurosamente justo, parecido al sismógrafo, capaz de registrar con exactitud las posibilidades de felicidad humana de todas las épocas.

MAX ERNST

En sus colages, las máquinas se tornan humanas y los seres humanos se convierten en cosas que se mueven, dándole vida a un mundo mágico e inquietante.

A sus investigaciones le debemos otro hallazgo técnico digno de ser destacado: el llamado frottage...

Fascinado por los extraños dibujos que forman las vetas o los dibujos que se forman en la superficie de la madera, aplica una hoja de papel sobre esos diseños naturales y los frota con un lápiz. A partir de estas experiencias surgirán las texturas de bosques y maderas que reaparecen constantemente en sus obras.

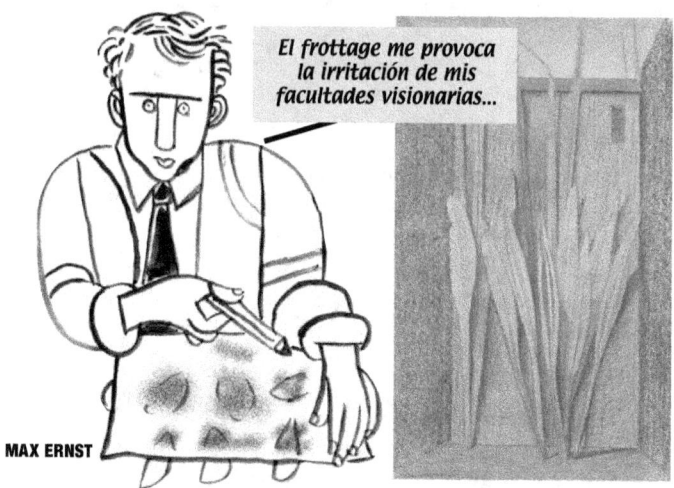

El frottage me provoca la irritación de mis facultades visionarias...

MAX ERNST

En sus cuadros de bosques y junglas, el principio destructor femenino recuerda la influencia de las Madres Fáusticas, con sus inquietantes y monstruosas visiones. La influencia de sus obras en la pintura surrealista será enorme, y particularmente evidente en las obras de Dalí, y en la de pintoras cercanas al surrealismo como Leonora Carrington (que fue su mujer), Leonor Fini, Dorothea Tanning y la suiza Meret Oppenhein.

... y me permite asistir como espectador a la mayoría de mis obras.

MAX ERNST

En algunos individuos, el espíritu dadá se encarna en forma definitiva. Tal es el caso de Francis Picabia, inclasificable y genial artista plástico y poeta, que con su actitud irreverente y su vida itinerante genera y difunde muchas de las ideas y expresiones de dadá. Hijo de un español nacido en Cuba y de una dama de la alta burguesía francesa, su origen acomodado le permite llevar una vida dedicada apasionadamente a la creación artística de una forma radicalmente anticonvencional.

Su llegada en septiembre de 1918 al Cabaret Voltaire ayuda sin lugar a dudas a potenciar el nihilismo de Tzara. Las "Máquinas irónicas", sus obras de ese entonces, buscan trascender el contenido del cuadro más allá de su marco apelando a la poesía, la ilustración o la polémica. Acompañado por su mujer, Gabrielle Buffet Picabia, hija de un senador francés, Picabia es respetado tanto por los artistas plásticos como por los literatos y es el editor de la revista 391, versión dadá proveniente de Barcelona que ya ha hecho su escala en Nueva York (de hecho, el nombre está inspirado en 291, la revista del fotógrafo Alfred Stieglitz, personaje de la vanguardia artística neoyorquina).

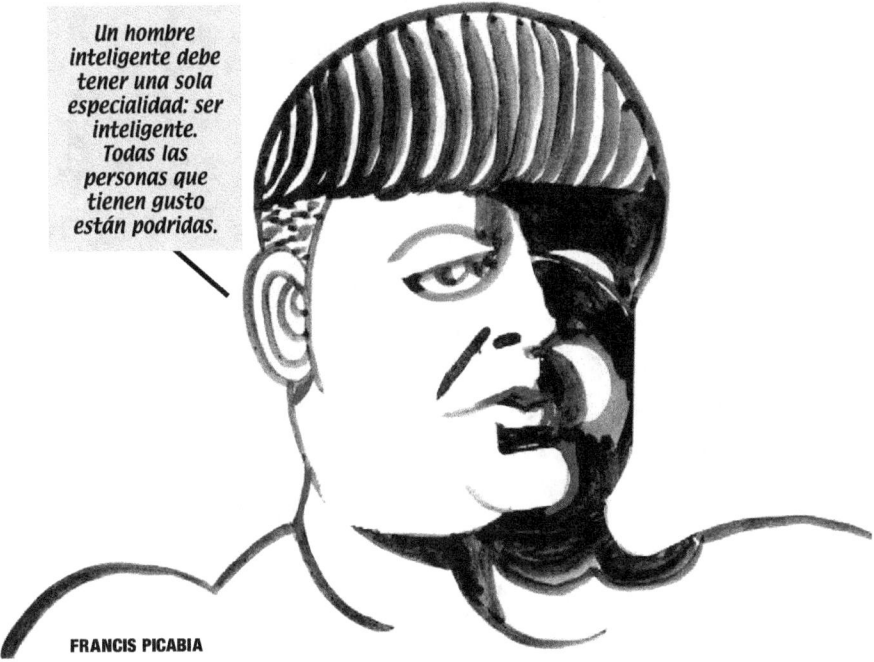

Un hombre inteligente debe tener una sola especialidad: ser inteligente. Todas las personas que tienen gusto están podridas.

FRANCIS PICABIA

La amistad entre Picabia y Tzara será clave en la expansión internacional del dadaísmo. Su condición de hombre de mundo, su inagotable talento para la pintura, para la poesía y para editar su revista le permitieron estar conectado con las vanguardias de la década de 1910 (dadaísmo) y ser también un referente esquivo pero inevitable para las de la década del 1920 (surrealismo).

• En 1913 expone en Nueva York dieciséis obras abstractas y participa en el Armony Show.

• En 1916, en Barcelona, edita el primer número de 391, en donde se relaciona con un grupo de refugiados, entre los que encontramos a Marie Laurencin, Albert Gleizer y Arthur Cravan, el poeta boxeador, que a su vez se ha hecho famoso en el ambiente artístico con su revista Maintenant, en la que se despacha con insolencia y desparpajo contra todo el mundillo artístico parisino. Al igual que Picabia y su amigo Ribemont-Dessaignes, Arthur Cravan vive su vida como un gesto dadaísta. Cravan (boxeador aficionado que llega a desafiar al campeón del mundo Jack Johnson, quien lo noquea en el primer round), desaparece en algún lugar de América Central, tras zarpar con un pequeño navío desde México...

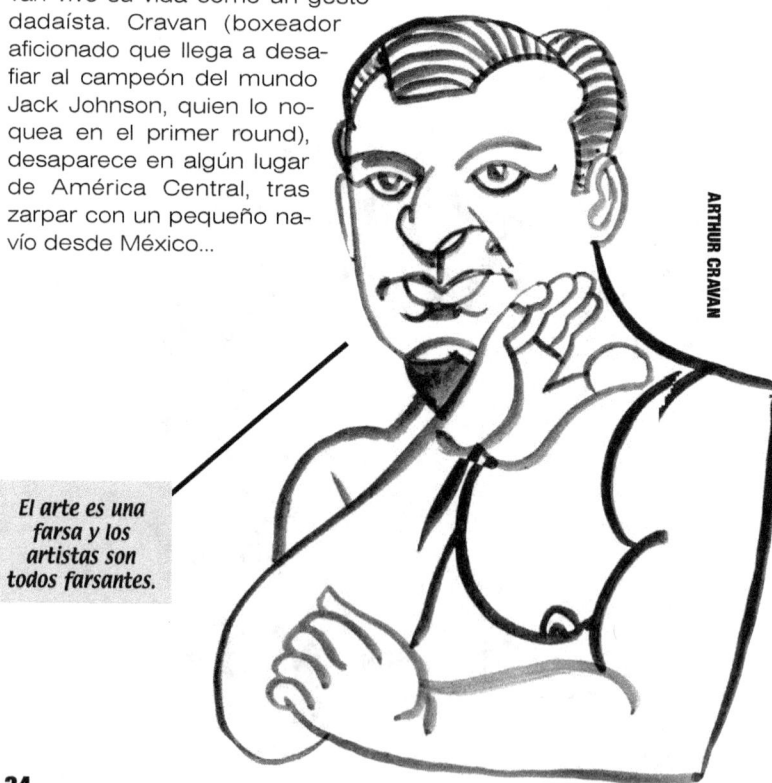

ARTHUR CRAVAN

El arte es una farsa y los artistas son todos farsantes.

34

Yendo de la literatura a la plástica y de ésta al dibujo, y negándose siempre a mantener un estilo, Picabia (asiduo lector de la obra de Nietzsche) es uno de los artistas fundamentales en la evolución del arte del siglo XX, aunque a menudo se ha optado por soslayar la importancia de una obra en permanente estado de cambio.

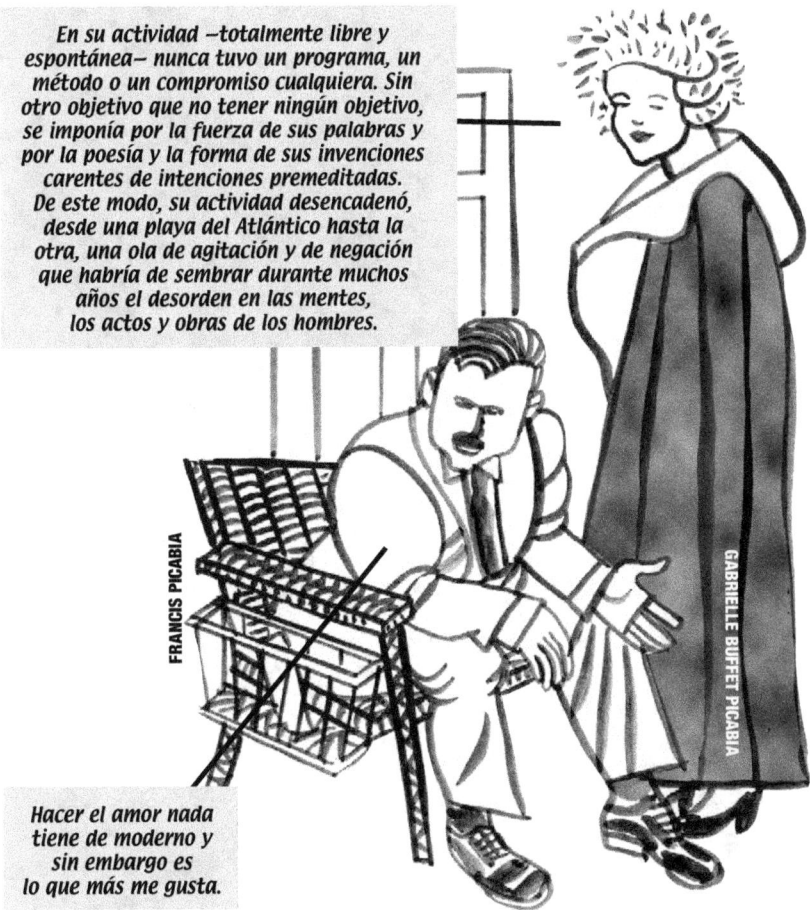

En su actividad –totalmente libre y espontánea– nunca tuvo un programa, un método o un compromiso cualquiera. Sin otro objetivo que no tener ningún objetivo, se imponía por la fuerza de sus palabras y por la poesía y la forma de sus invenciones carentes de intenciones premeditadas. De este modo, su actividad desencadenó, desde una playa del Atlántico hasta la otra, una ola de agitación y de negación que habría de sembrar durante muchos años el desorden en las mentes, los actos y obras de los hombres.

FRANCIS PICABIA

GABRIELLE BUFFET PICABIA

Hacer el amor nada tiene de moderno y sin embargo es lo que más me gusta.

Es entendible que la próxima estación en el itinerario dadaísta de Picabia sea Nueva York: allí está su amigo Marcel Duchamp, cuyas obras ejercen durante este período una fuerte influencia sobre las obras de su etapa "maquinista".

35

Figura ineludible en la historias del dadaísmo y el surrealismo es la de Marcel Duchamp. Personaje esquivo, individualista y enigmático, Duchamp es íntimo amigo de Francis Picabia y también es artista plástico, aunque su obra se expande hacia lo conceptual, rompiendo cualquier tipo de convención estética o artística. Desde sus primeras intervenciones, Duchamp se convierte en un artista marginal.

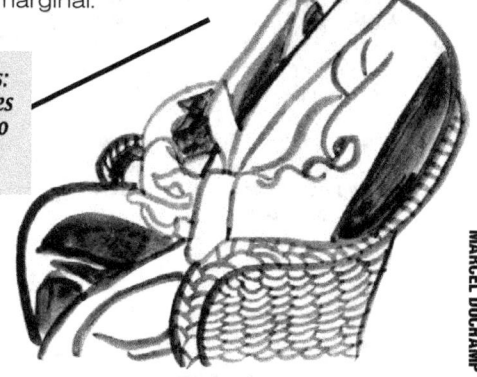

Existen dos tipo de artistas: los que mantienen relaciones con la sociedad y los que no mantienen ningún tipo de relación con la sociedad.

MARCEL DUCHAMP

En 1912, su cuadro "Desnudo bajando de una escalera" es rechazado del Salón des Indépendets por Albert Gleizes y Jean Metzinger, teóricos del cubismo analítico, que consideran el título como una ofensa a la estética cubista. Por otra parte, el cuadro causaría ese mismo año una honda impresión en Joan Miró, un joven catalán de diecinueve años, que luego se convertirá en uno de los más importantes pintores surrealistas. A su vez, en los Estados Unidos, durante la exposición de Arte Moderno realizada en el Armory Show en 1913, el mismo cuadro generaría un gran escandalo, convirtiéndolo de la noche a la mañana en un artista célebre.

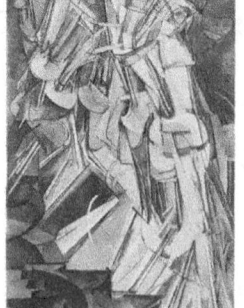

Este cuadro introdujo la luz como movimiento en la pintura.

36

Poco después, ya instalado en Nueva York, Duchamp sorprendería al mundillo del arte con un nuevo tipo de creación: el ready made. En 1913 monta una rueda de bicicleta sobre un taburete de cocina. En 1914, compra un portabotellas, para luego firmarlo como una escultura propia.

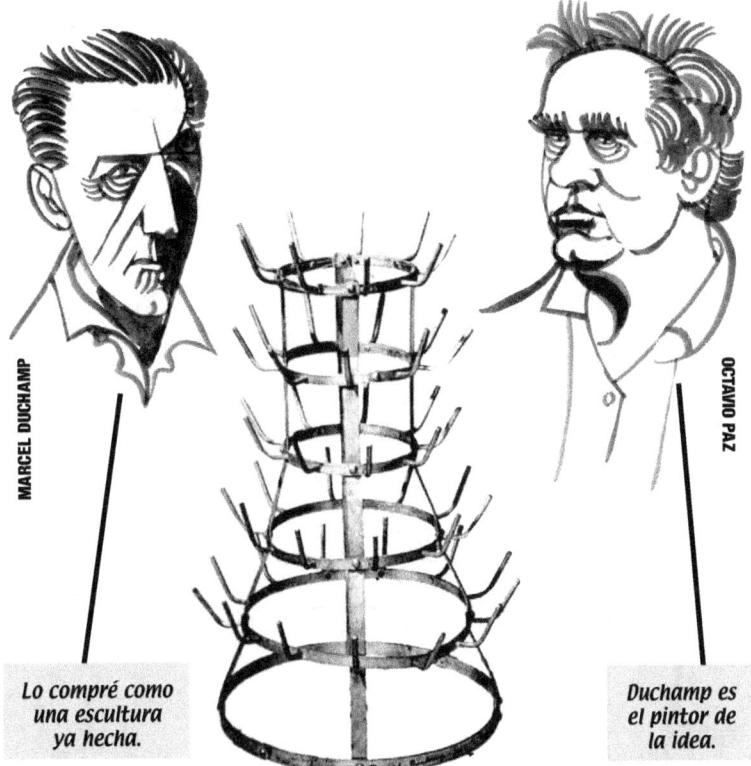

MARCEL DUCHAMP

OCTAVIO PAZ

Lo compré como una escultura ya hecha.

Duchamp es el pintor de la idea.

En todas estas obras (antecedentes directos de lo que décadas más tarde será conocido como "objeto surrealista" y de muchas de las expresiones del llamado "arte conceptual") lo fundamental es la "elección" del objeto. Lo más notable es que el objeto no es elegido por su valor estético, sino simplemente por una reacción de "indiferencia visual", en palabras del propio Duchamp. En todos estos casos, el artista se limita a crear un pensamiento nuevo para ese objeto, aunque él no haya participado en su producción.

37

Al igual que Picabia, Duchamp también le dará una especial importancia al uso de la palabras: su agudo y sutil sentido del humor le dan a sus ready mades una gran ambiguedad: sus obras son ricas en significados, ya que siempre proponen un juego intelectual entre la relación del título y el objeto. Si Tzara, Breton y su amigo Picabia son en cierto sentido serios, moralistas, anarquistas, deliberados y furibundos, en todas las intervenciones de Duchamp hay un toque de humor, una mirada distante que invita a valorar el azar como un elemento fundamental en la creación. De hecho, su ready made más famoso sería, sin dudas, "Fuente", expuesto en 1917 en la Exposición de los Independientes en Nueva York.

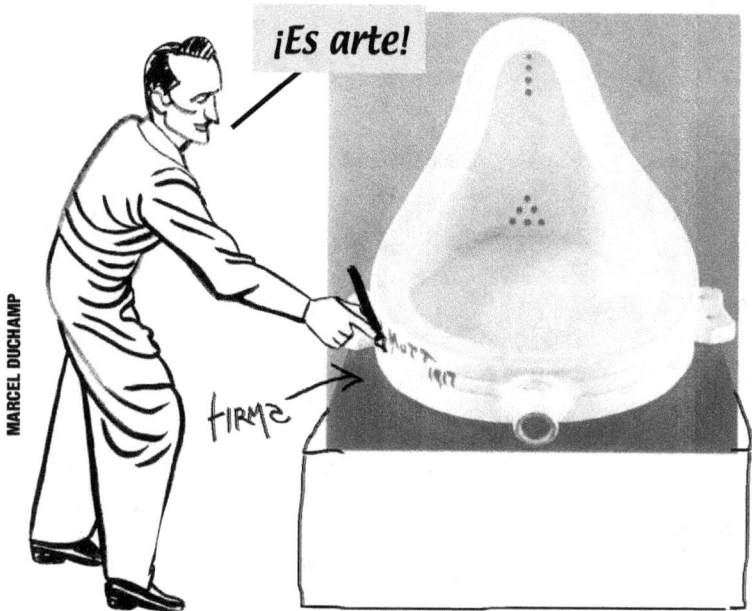

El contraste que se genera entre la utilización de obras producidas en serie por un lado, y la firma del artista y las exposiciones de arte por el otro, son una provocación de Duchamp que descubre que el mercado del arte, que le da mayor valor a la firma que a la obra, es una institución cuestionable. Aunque sea evidente que esta provocación tiene su valor en su momento, también es cierto que en demasiadas oportunidades se ha copiado este gesto de Duchamp en nombre del "arte conceptual".

Siempre en contacto con las publicaciones dadaístas y luego las surrealistas, Duchamp sostiene a rajatabla su decisión de mantener una libertad individual completa. En 1920, esta actitud despreocupada lo lleva a realizar un ready made, Rose Selavy, en el que cambia de sexualidad. Es una ventana en la que aparece una foto de Man Ray, donde se ve a Duchamp travestido y transformado en una mujer, Rose Selavy, cuyo nombre es una muestra de su habilidad para los juegos de palabras: Rose era el nombre francés de mujer más vulgar de ese entonces; Selavy es un juego de palabras de C'est la vie (en francés, "así es la vida"). Despreocupado y burlón, su alter ego femenino demostrará tener un raro talento por los juegos de palabras lascivos y elaborados en numerosos artefactos verbales y visuales. Posteriormente, por un error tipográfico, su alter ego femenino se convertirá en Rrose Selavy, hasta finalmente desaparecer en 1941.

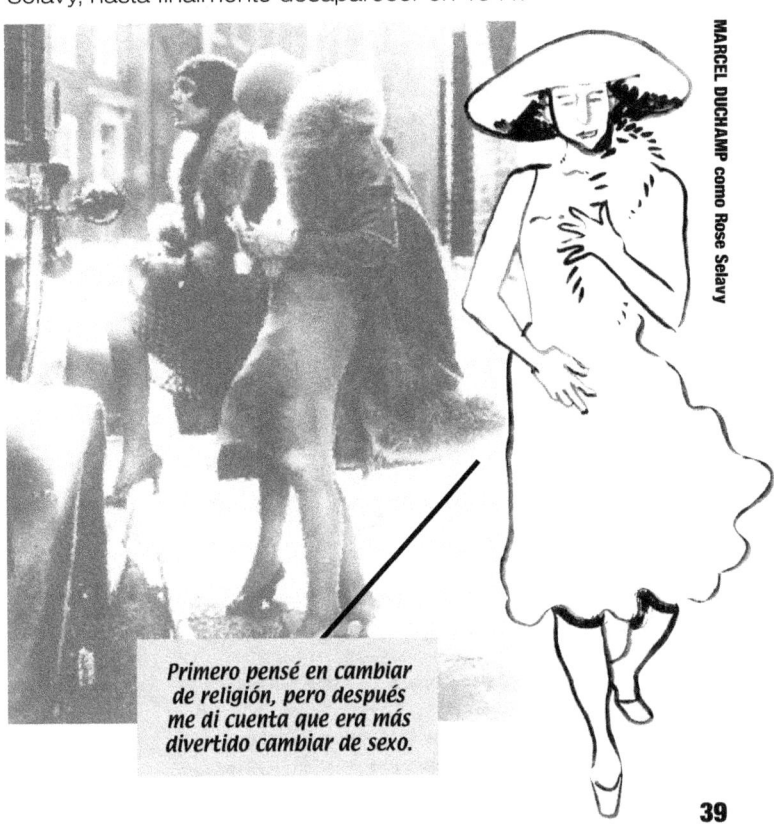

MARCEL DUCHAMP como Rose Selavy

Primero pensé en cambiar de religión, pero después me di cuenta que era más divertido cambiar de sexo.

De todas formas, la influencia de Duchamp sería enorme: en un número de 391 de Francis Picabia aparece otra de sus obras más famosas. Duchamp compra una reproducción barata de una postal de la Mona Lisa de Leonado da Vinci en la rue de Rivoli. La imagen más célebre del arte occidental se convertirá en un ready made rectificado. Duchamp lo realiza dotando a la famosa dama de unos bigotes en lápiz negro y agregando al pie en letras mayúsculas las siglas L.H.O.O.Q, que, leídas en voz alta obtienen la frase: "Ella tiene el culo caliente".

> *Para dadaístas y surrealistas, Duchamp siempre será el príncipe ausente, admirable e irreprochable.*

CALVIN TOMKINS

Luego de realizar estas obras, Duchamp limita de a poco su producción, dedicándose a terminar su "Gran Vidrio", y más tarde se retiraría a jugar al ajedrez.

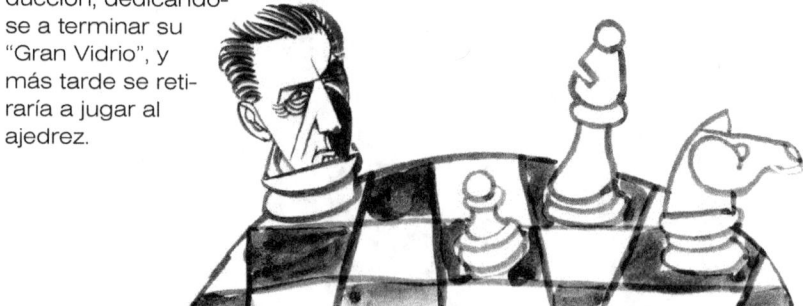

Amigo y compinche de Duchamp, el estadounidense Man Ray es la otra figura esencial del dadaísmo neoyorquino. Dibujante, pintor, fotógrafo e inventor, Man Ray es un espíritu lúdico y lúcido que supo aprovechar, con su propio estilo, algunos de los hallazgos de su amigo Marcel. Con su cámara (es fotógrafo de modas) y sus insólitas creaciones, es testigo y protagonista durante décadas de muchos hitos del dadaísmo y el surrealismo.

40

Dadá en París

Por último, pero no por eso menos importante, el dadaísmo también tiene su expresión parisina. En París, las premisas están dadas para que el movimiento dadaísta alcance su momento de mayor gloria, lo que finalmente significa su muerte y su posterior metamorfosis en el surrealismo. En esta ciudad, todas esas ideas que se generaban y se dispersaban en el seno del dadaísmo germinarán en un nuevo movimiento y tomarán una nueva dimensión. París terminaría asimilando al movimiento dadaísta, convirtiéndolo en otra cosa distinta, menos dispersa y más organizada.

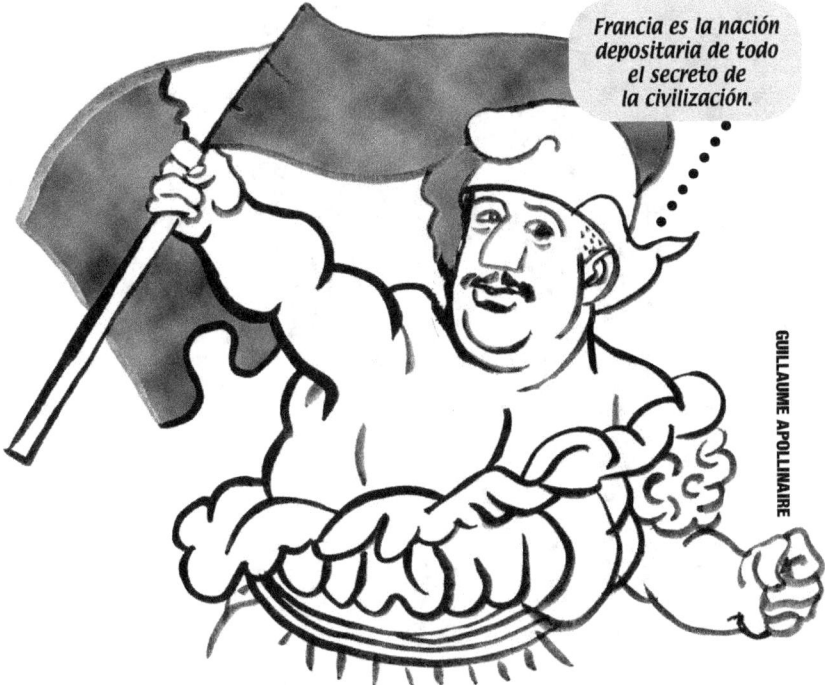

Francia es la nación depositaria de todo el secreto de la civilización.

GUILLAUME APOLLINAIRE

Con su intensa bohemia, su rico legado cultural y su efervescencia artística, París ya es en ese entonces la capital más importante del mundo artístico y cultural. De hecho, hasta se puede hablar de un cierto sentimiento de superioridad de los parisinos, basado en la posición de Francia como paradigma del progreso, de lo sofisticado y lo elegante. Y, también, de lo esnob.

41

Durante el transcurso del siglo XIX, la ciudad ha generado toda una serie de movimientos contraculturales en los que se reivindica la conducta como medio de expresión personal. De ahí a rendirle culto a la extravagancia personal hay sólo un paso. Las revoluciones juveniles siempre reivindicaron la individualidad valorando la importancia del gesto y la actitud.

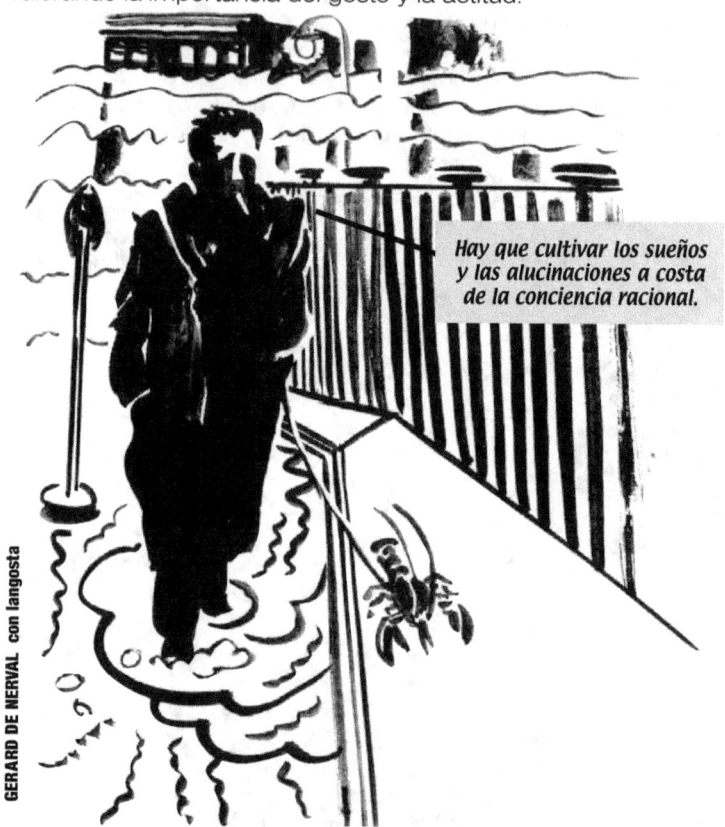

Hay que cultivar los sueños y las alucinaciones a costa de la conciencia racional.

GÉRARD DE NERVAL con langosta

Las tres consignas de la bohemia romántica francesa, a menudo subestimada, son Miseria, Sueño y Liberación. Desde 1830, la bohemia permite el surgimiento de nuevos estilos de vida que muestran su rebelión contra las ideas establecidas. Hacia 1860, los fantasistas, entre los que se pueden destacar Theodore de Banville y Catulle Mendés, se oponen al conformismo y la moralina del pensamiento oficial.

En las últimas décadas del siglo XIX y a principios del siglo XX podemos ubicar a los simbolistas, quienes, en cierta medida, le darán a los surrealistas su imaginario onírico y una postura bastante peculiar: los simbolistas franceses viven en un aislamiento aristocrático y se consideran prácticamente como "iniciados". En realidad, los simbolistas no son un grupo, ya que son todos diferentes entre sí, pero coinciden en un punto esencial: todos ellos creen en el poder de la literatura. Obsesionados por las correspondencias, por el valor de los símbolos y por la imagen interior, la poesía es "el" medio para darle un sentido a los misterios de la existencia.

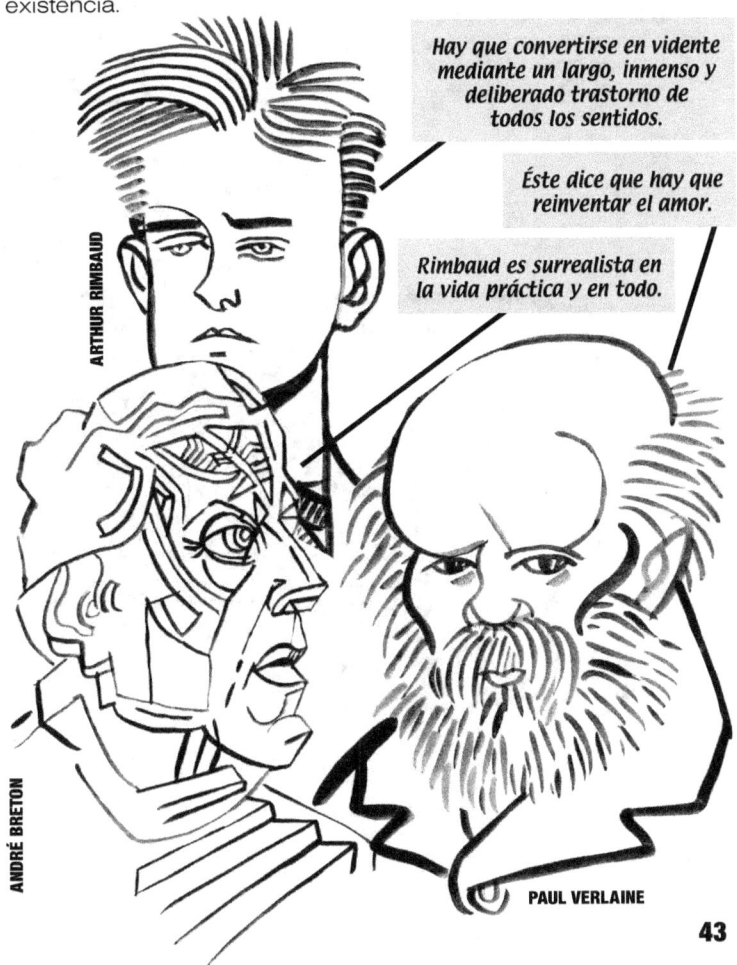

Hay que convertirse en vidente mediante un largo, inmenso y deliberado trastorno de todos los sentidos.

Éste dice que hay que reinventar el amor.

Rimbaud es surrealista en la vida práctica y en todo.

ARTHUR RIMBAUD

ANDRÉ BRETON

PAUL VERLAINE

43

Figura omnipresente en esta historia, que hace las veces de coro, de protagonista y de comentarista, André Breton se nutre en su formación poética de los poetas simbolistas, mucho antes incluso de participar de la aventura dadaísta.

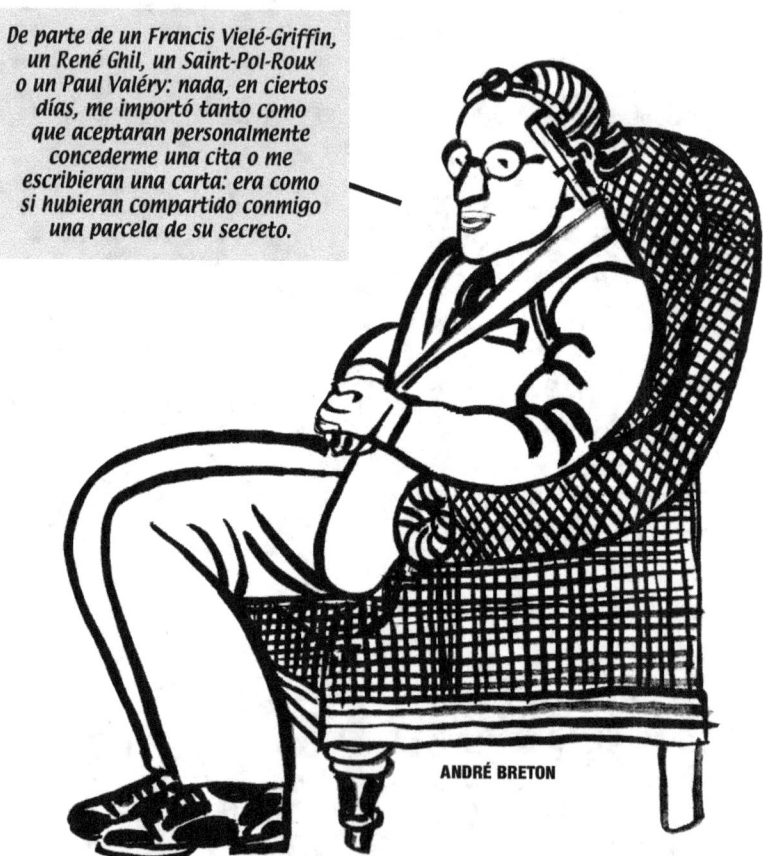

De parte de un Francis Vielé-Griffin, un René Ghil, un Saint-Pol-Roux o un Paul Valéry: nada, en ciertos días, me importó tanto como que aceptaran personalmente concederme una cita o me escribieran una carta: era como si hubieran compartido conmigo una parcela de su secreto.

ANDRÉ BRETON

Hijo de un gendarme de Nantes, Breton estudia por entonces medicina y pertenece a ese universo mágico, individual, cargado de sensualidad y de poesía que existe en París a principios del siglo XX. Su importancia, en gran medida, está dada por su capacidad para seguir los acontecimientos y para rescatar algo de cada uno de estos artistas, futuros pilares del surrealismo.

El culto a la libertad individual ha alcanzado en esta ciudad su máxima expresión en algunos de estos personajes, cuyas vidas y obras ejercen enorme influencia en toda una nueva generación de intelectuales y artistas deseosos de encontrar nuevos referentes para emprender sus propias búsquedas.

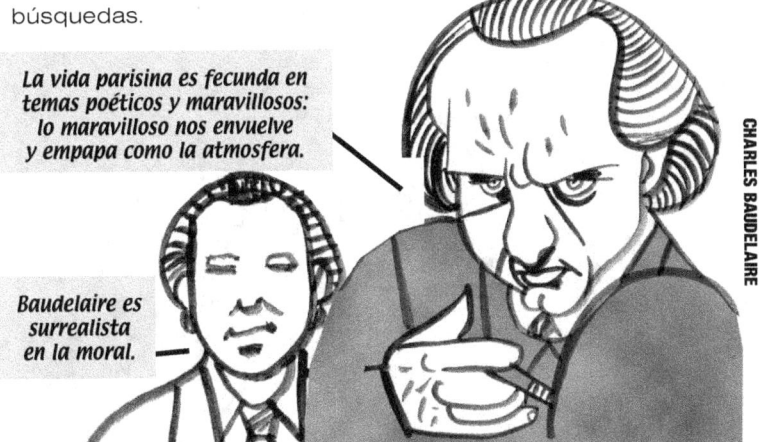

La vida parisina es fecunda en temas poéticos y maravillosos: lo maravilloso nos envuelve y empapa como la atmosfera.

Baudelaire es surrealista en la moral.

CHARLES BAUDELAIRE

Alfred Jarry: autor de Ubú Rey, fundador de la patafísica, cultiva un sentido del humor absolutamente salvaje y monstruosamente absurdo.

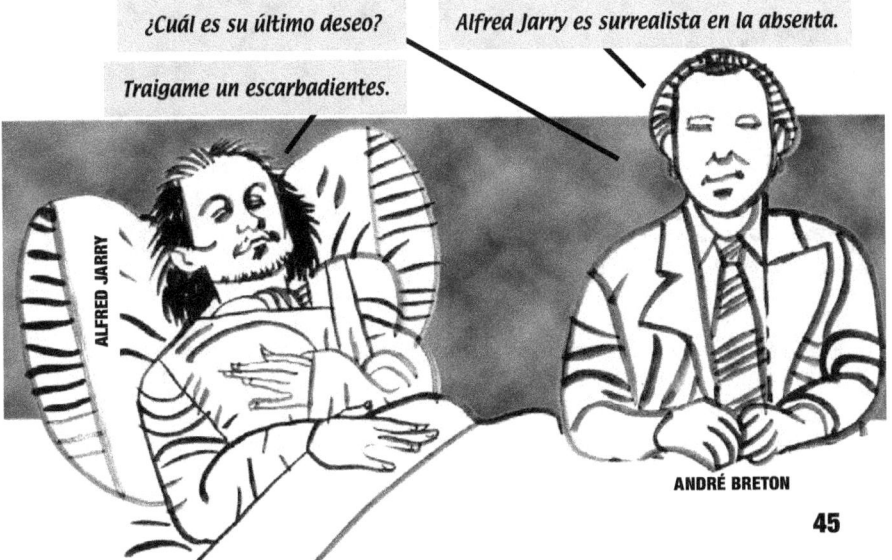

¿Cuál es su último deseo?

Alfred Jarry es surrealista en la absenta.

Traigame un escarbadientes.

ALFRED JARRY

ANDRÉ BRETON

45

En otros casos, los ejemplos parten exclusivamente de trabajos cuyas originales concepciones representan un desafío, que obliga a replantearse el sentido del lenguaje y los misteriosos poderes de la creación artística.

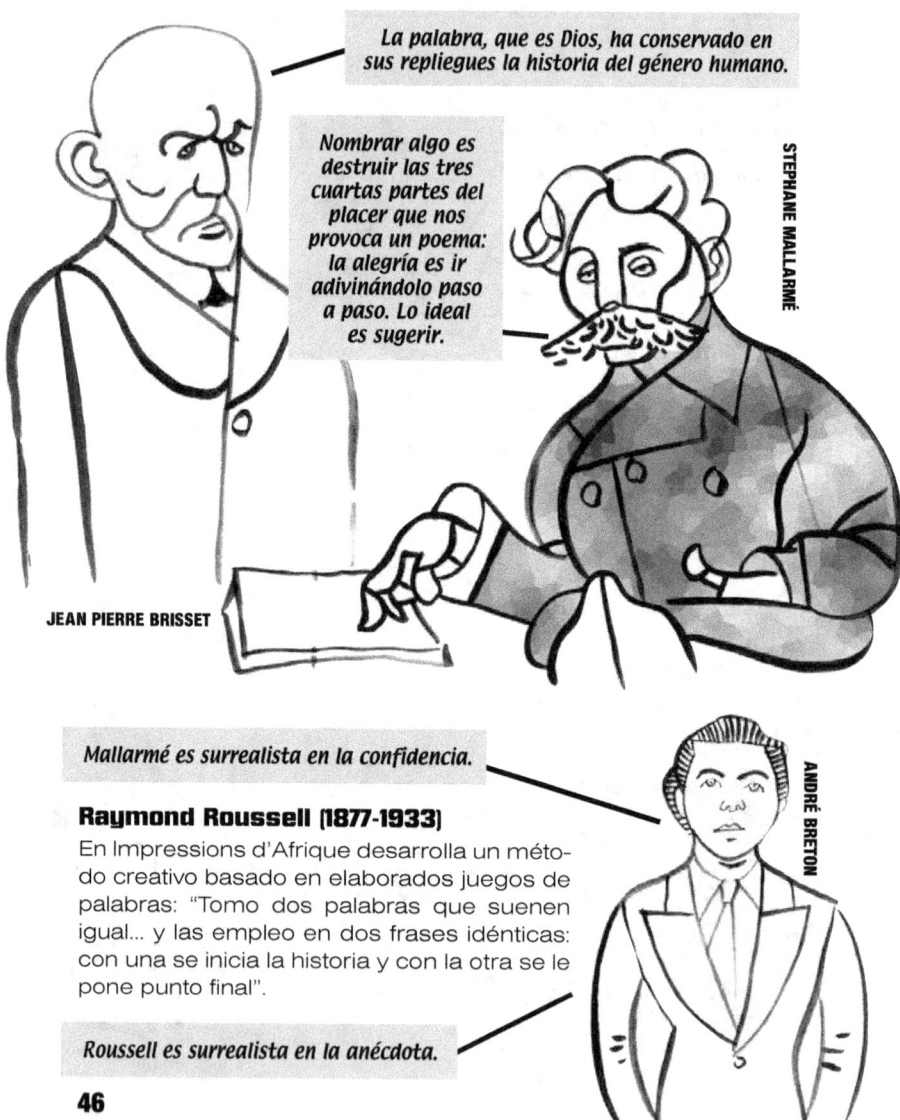

La palabra, que es Dios, ha conservado en sus repliegues la historia del género humano.

Nombrar algo es destruir las tres cuartas partes del placer que nos provoca un poema: la alegría es ir adivinándolo paso a paso. Lo ideal es sugerir.

STEPHANE MALLARMÉ

JEAN PIERRE BRISSET

Mallarmé es surrealista en la confidencia.

Raymond Roussell (1877-1933)

En Impressions d'Afrique desarrolla un método creativo basado en elaborados juegos de palabras: "Tomo dos palabras que suenen igual... y las empleo en dos frases idénticas: con una se inicia la historia y con la otra se le pone punto final".

Roussell es surrealista en la anécdota.

ANDRÉ BRETON

46

El principio de siglo trae también nuevas ideas provenientes del ámbito científico, que generan ansiedad y deseos de cambiar.

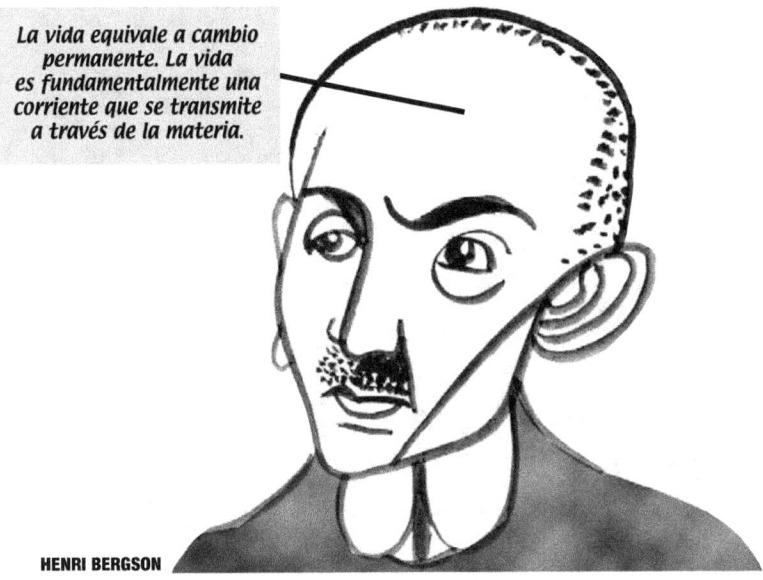

La vida equivale a cambio permanente. La vida es fundamentalmente una corriente que se transmite a través de la materia.

HENRI BERGSON

La edición en 1912 de su libro La evolución creadora ejerce una enorme influencia sobre el pensamiento y la cultura del siglo XX. Su filosofía se basa en su idea del "élan vital", que afirma que la vida equivale a cambio permanente.

Símbolo de este París cosmopolita, culto, moderno, progresista y glamoroso, es el poeta y periodista Guillaume Apollinaire, polaco de nacimiento. Desde sus poemas, en los que cuestiona el uso convencional del lenguaje y sus artículos periodísticos en los que difunde las nuevas corrientes de la plástica, Apollinaire se convierte de buena ley en el abanderado del "Nuevo Espíritu" en las artes.

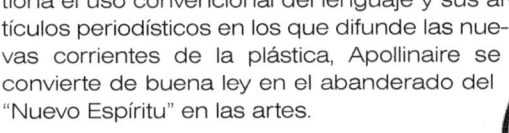

El hombre está en busca de un nuevo lenguaje, al que la gramática de ninguna lengua podrá decirle nada.

GUILLAUME APOLLINAIRE

Sensible a los nuevos medios de producción, como el cine, el fonógrafo, el teléfono, la radio, nuevos medios de conservar y difundir el lenguaje que generan nuevas formas de comunicación, Apollinaire se propone, en "Caligramas" (una extraordinaria serie

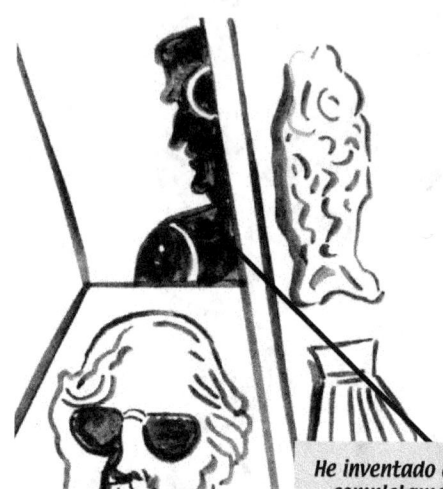

de "ideogramas líricos" editados en 1914), adecuar el cuerpo del poema a las alteraciones que se están produciendo en la mirada del nuevo lector: una nueva poesía, para un nuevo hombre. Así, teorizando sobre el "Nuevo Espíritu" que encuentra en Parade (una colaboración de Jean Cocteau, Erik Satie y Pablo Picasso) llega a la conclusión de que "El Espíritu Nuevo contiene una noción de surrealismo".

He inventado el adjetivo surrealista, que define completamente bien una tendencia en arte.

Haciéndose cargo de su propio desafío, el subtítulo de su obra "Las tetas de Triesias", de 1917 es el de "drama surrealista".

Y también soy pintor.

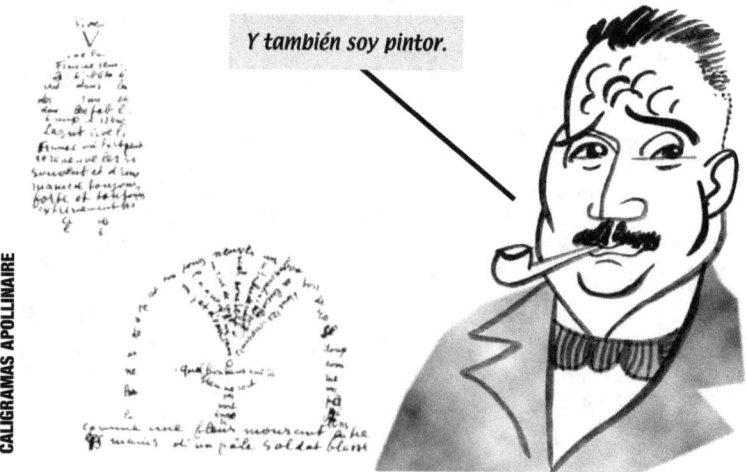

Hacia 1918, de visita en casa de Apollinaire, de quien se siente legítimo heredero como vocero del "nuevo espíritu", André Breton conoce a Philippe Soupault. Viajero, distante, amable y extremadamente fino, Soupault también aportará su fascinación por otro poeta, aún más oscuro e ignorado que los anteriores: el Conde de Lautréamont.

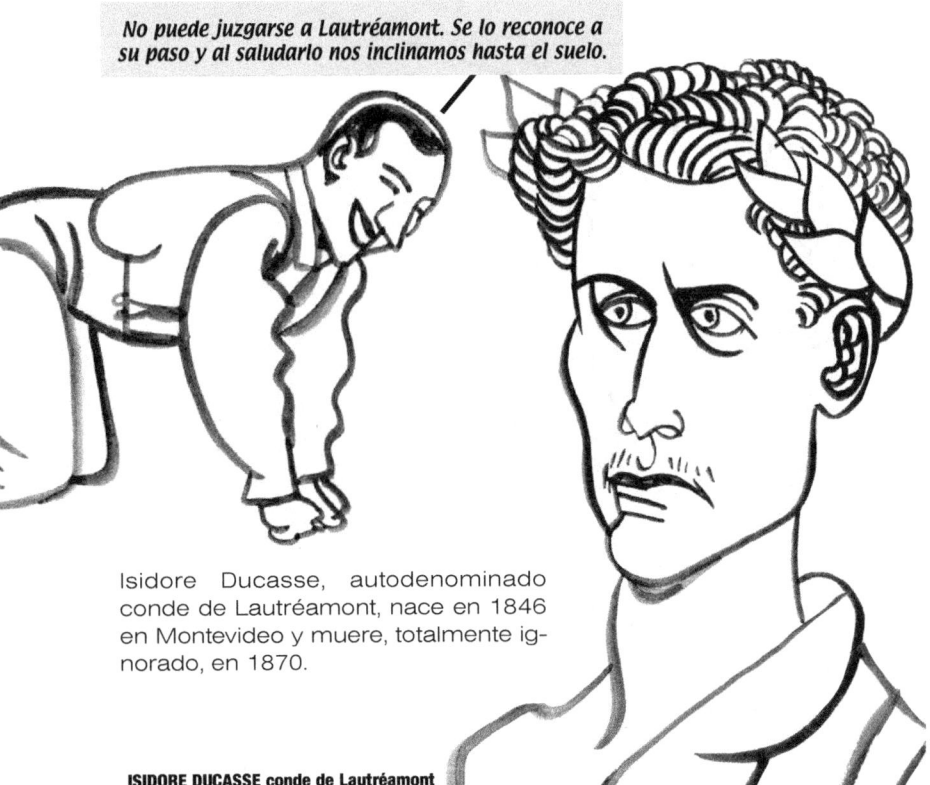

No puede juzgarse a Lautréamont. Se lo reconoce a su paso y al saludarlo nos inclinamos hasta el suelo.

Isidore Ducasse, autodenominado conde de Lautréamont, nace en 1846 en Montevideo y muere, totalmente ignorado, en 1870.

ISIDORE DUCASSE conde de Lautréamont

Venerados por los surrealistas, sus Cantos de Maldoror lo convierten en una figura de culto de la vanguardia parisina que considera su obra como una fuerza liberadora de la imaginación. Con su escepticismo radical, Lautréamont se rebela contra el Dios del Antiguo Testamento y se destaca por su extraordinaria inventiva y por la originalidad de su estilo, así como por su horror ante la falta de humanidad del hombre para sus semejantes.

49

Particularmente, una frase de Lautréamont define la idea de belleza que buscarían estos poetas en sus imágenes:

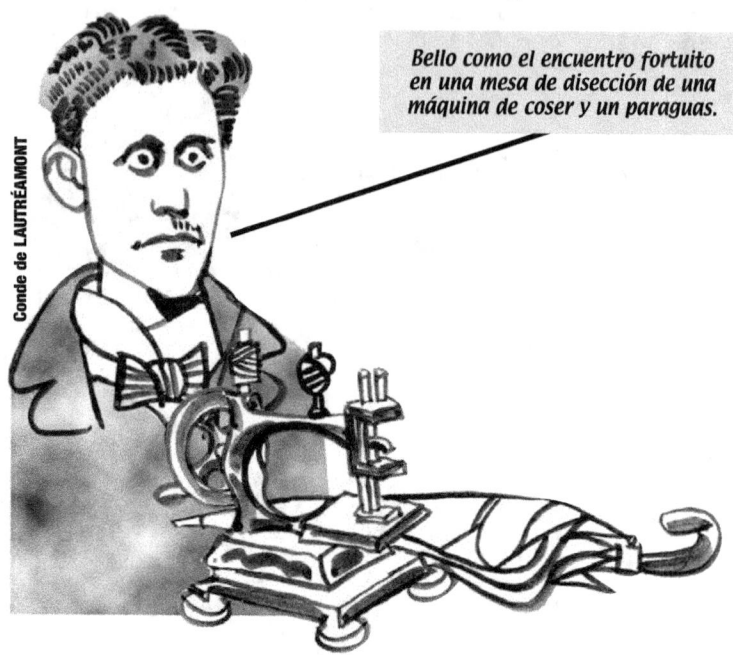

Bello como el encuentro fortuito en una mesa de disección de una máquina de coser y un paraguas.

Conde de LAUTRÉAMONT

La imagen bien podría pertenecer a una pintura de Giorgio De Chirico. Entre 1911 y 1917, sus cuadros brindan una visión nueva: plazas desiertas, bordeadas con palacios, espacios vacíos, con sombras largas e inquietantes, maniquíes sin rostro, estatuas y arcadas pueblan un universo onírico y metafísico, cargado siempre por un sentimiento de extrañamiento que cautivará y sorprenderá a los surrealistas.

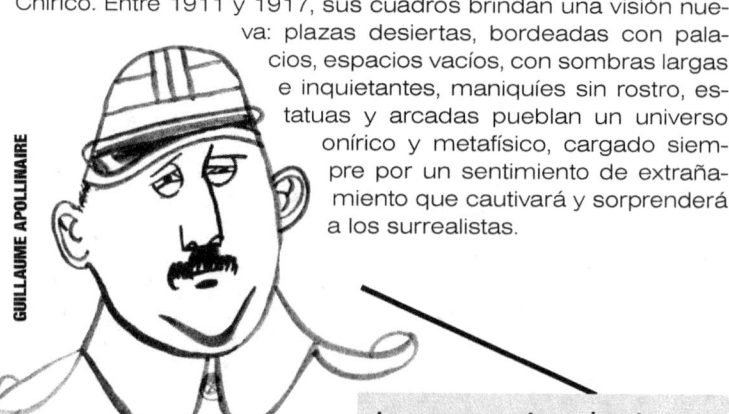

GUILLAUME APOLLINAIRE

La sorpresa es el gran impulso nuevo.

Una influencia más teórica es la que ejercerá sobre el surrealismo Pierre Reverdy, director de la revista Nord Sud.

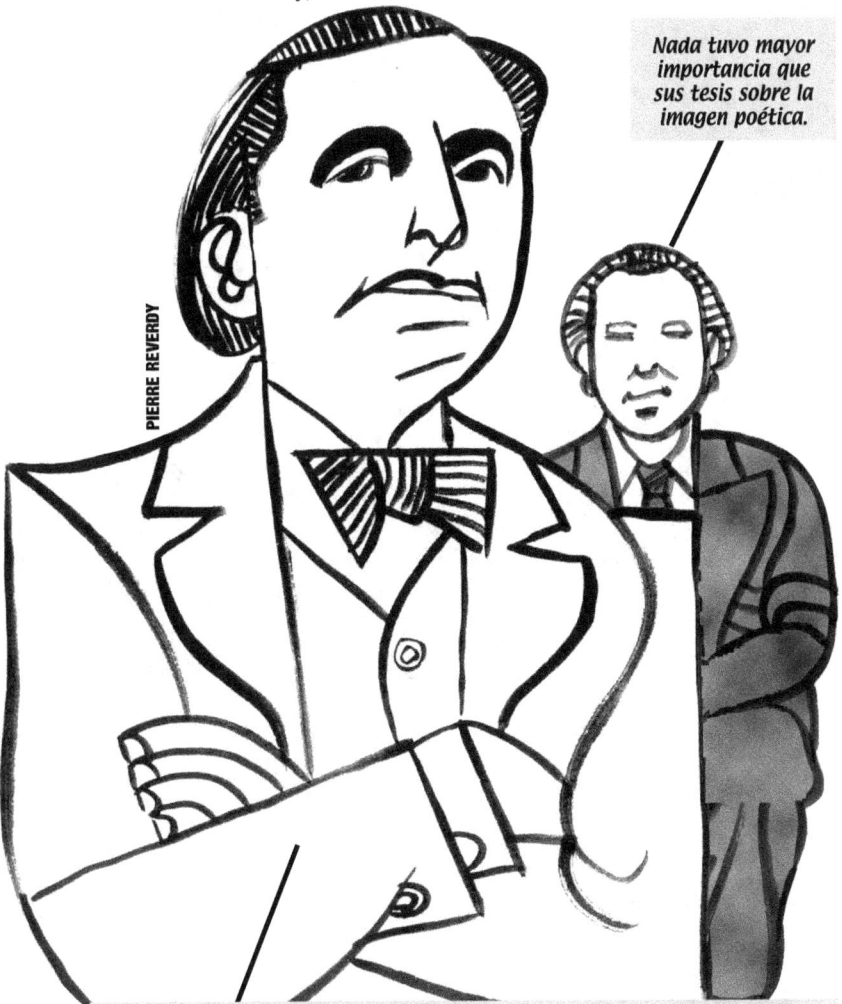

PIERRE REVERDY

Nada tuvo mayor importancia que sus tesis sobre la imagen poética.

La imagen es una creación pura del espíritu. La imagen no puede nacer de una comparación, sino del acercamiento de dos realidades más o menos lejanas. Cuanto más lejanas y justas sean las concomitancias de las dos realidades-objeto de aproximación, más fuerte será la imagen, más fuerza emotiva y más realidad poética tendrá.

51

Más radical y marginal es la figura de Jacques Vaché. Si el simbolismo aporta a Breton y a Soupault su imaginario misterioso y onírico, y Apollinaire le marca el rol que Breton va a tomar para sí, Vaché, escritor del que apenas conocemos su correspondencia, aporta una actitud de vida radical que destruye el mundo establecido, desacralizando todo valor y oponiéndole un desinterés total que descalifica incluso el arte. La independencia de pensamiento y de acción de Vaché marcarían a fuego a André Breton.

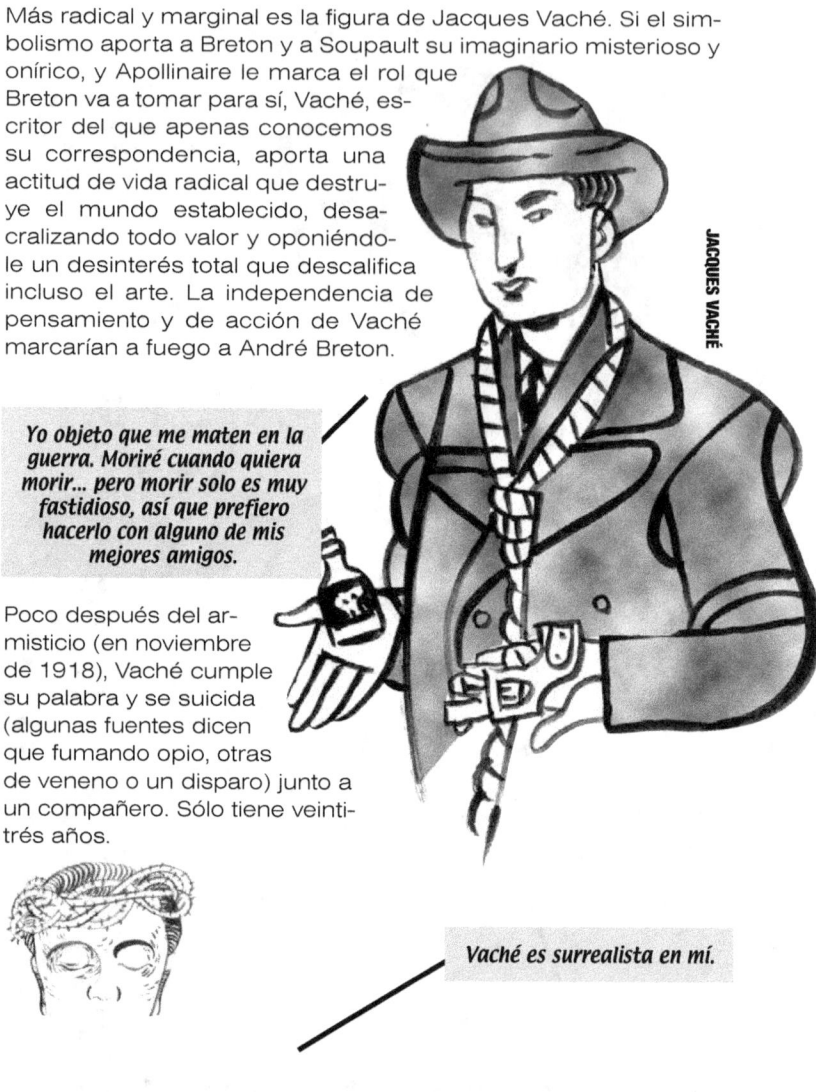

Yo objeto que me maten en la guerra. Moriré cuando quiera morir... pero morir solo es muy fastidioso, así que prefiero hacerlo con alguno de mis mejores amigos.

Poco después del armisticio (en noviembre de 1918), Vaché cumple su palabra y se suicida (algunas fuentes dicen que fumando opio, otras de veneno o un disparo) junto a un compañero. Sólo tiene veintitrés años.

Vaché es surrealista en mí.

La idea del suicidio como una posible solución a la existencia será una constante en la historia surrealista, y tiene en Vaché a su antecedente más notable.

Además de estar embriagado de todas estas ideas, André Breton también atraviesa durante la Guerra una experiencia decisiva. Durante 1917 y parte de 1918, Breton, por ese entonces estudiante de medicina, cumple sus funciones como asistente del doctor Raoul Leroy en el centro psiquiátrico del ejército.

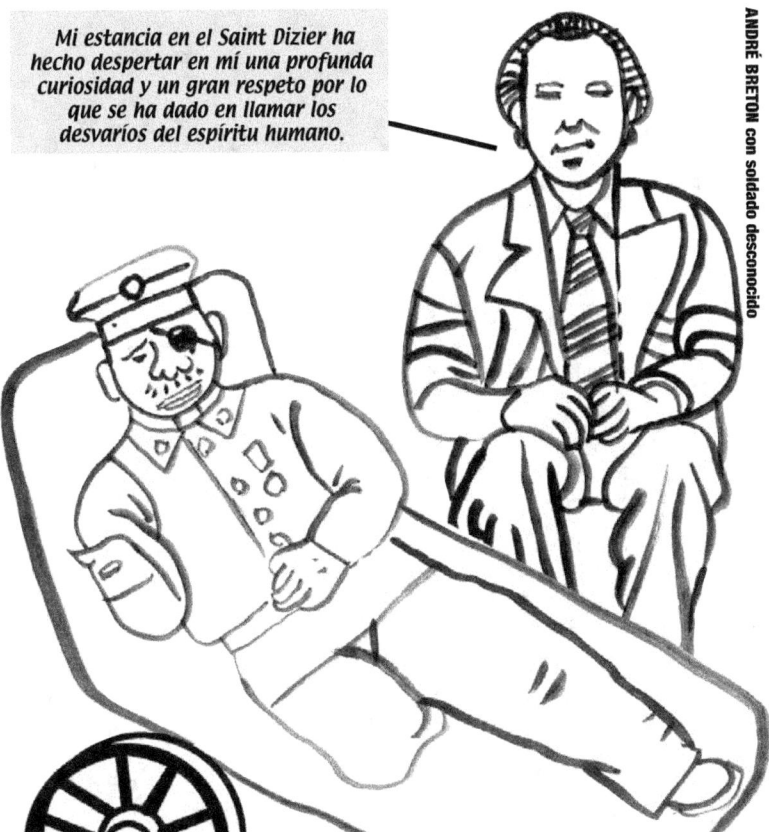

Mi estancia en el Saint Dizier ha hecho despertar en mí una profunda curiosidad y un gran respeto por lo que se ha dado en llamar los desvaríos del espíritu humano.

ANDRÉ BRETON con soldado desconocido

Como estudiante de medicina, es inevitable para Breton el entrar en contacto con las ideas del psiquiatra Sigmund Freud y sus teorías sobre el inconsciente y el consciente. En Saint Dizier, Breton empieza a experimentar sobre los enfermos los procedimientos de investigación del psicoanálisis, particularmente la anotación, para su posterior interpretación, de los sueños y las libres asociaciones de ideas.

53

Mientras tanto, las afinidades electivas de Breton y Soupault los llevan a conocer a otro poeta tan talentoso y vehemente como ellos: Louis Aragón. El perfil de Aragón es diferente al de sus amigos: valiente y vanidoso, Aragón ha obtenido la cruz de guerra en el frente y mostrará en los años siguientes la misma necesidad de estar al servicio de un ideal. En sus versos sabe plasmar una especie de vida escondida de la ciudad, demostrando una capacidad innata para descubrir siempre lo insólito y lo ambiguo de cada hecho.

Mitos nuevos nacen bajo cada uno de nuestros pasos. Ahí donde el hombre ha vivido comienza la leyenda. ¿Tendré por mucho el sentimiento de lo maravilloso cotidiano? No hay un solo paso que dé hacia el pasado donde no encuentre ese sentimiento de lo extraño.

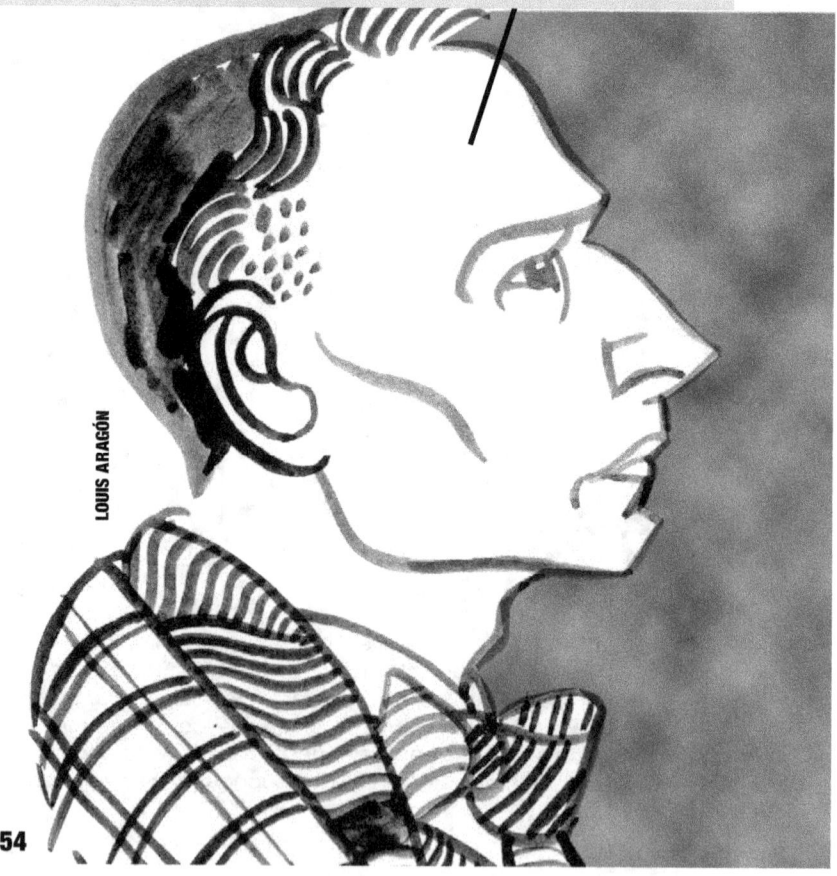

LOUIS ARAGÓN

Juntos, André Breton, Philippe Soupault y Louis Aragón editarían en marzo de 1919 el primer número de Litterature. Mucho menos atrevida que las publicaciones dadaístas, la revista en un principio cuenta con la colaboración de importantes figuras del mundo cultural francés, como el propio Apollinaire, Paul Morand, Blaise Cendrars, André Salomón, Max Jacob y sobrevivientes del simbolismo francés como Valéry, André Gide y León Paul Fargué.

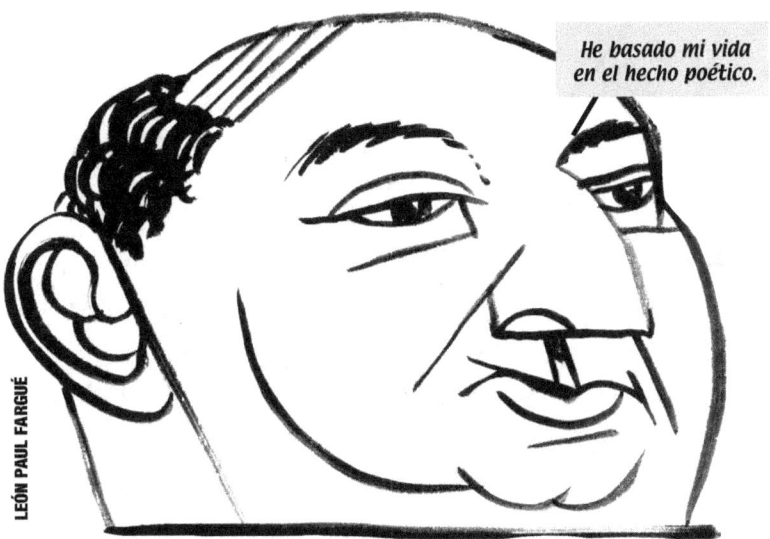

He basado mi vida en el hecho poético.

LEÓN PAUL FARGUÉ

En el número cinco de Litterature ya aparece como colaborador Tristan Tzara. La correspondencia entre ambos poetas irá acercando, progresivamente, a Breton al movimiento dadaísta, que encuentra encarnado en el poeta rumano el mismo espíritu de su amigo Vaché.

Si tengo una confianza ciega en usted es porque me recuerda a un amigo, mi mejor amigo, Jacques Vaché, muerto hace meses. Antes de actuar me pongo casi siempre de acuerdo con usted.

Por su parte, André Breton empieza a colaborar con la revista Dadá de Zurich. La conexión con el Cabaret Voltaire ya está hecha.
A él lo seguirían Louis Aragón, Philippe Soupault y Ribemont-Dessaignes. Carismático y dueño de un oscuro sentido del humor,
Breton posee una enorme capacidad de liderazgo.

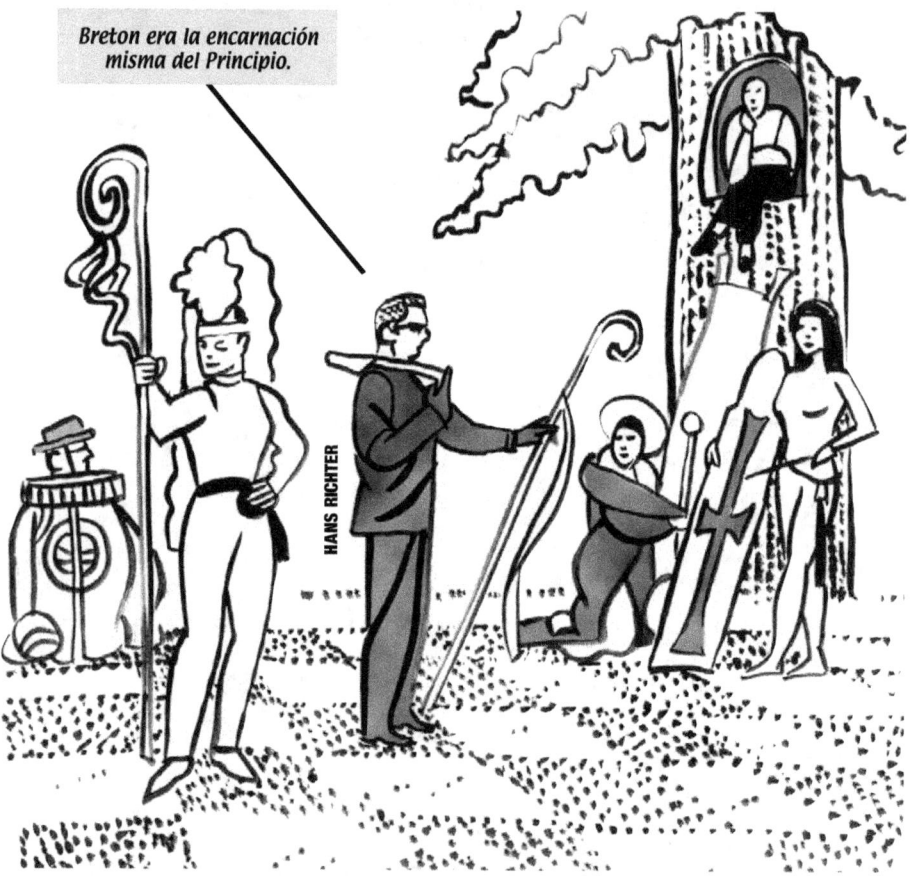

Breton era la encarnación misma del Principio.

HANS RICHTER

Desde los inicios de la revista, ya se hace notorio que André Breton siente que dirige un círculo mágico. Pronto aparecen nuevos
colaboradores, a la vez que las figuras que inicialmente han dado
peso a la publicación son dejadas de lado. Así se suman al grupo los poetas Benjamin Pèret y Jacques Rigaut. Con ellos, la revista va adquiriendo su propia idiosincracia.

56

Pronto se sumará al staff de la revista otro poeta genial: Paul Eluard. Dueño de una mirada muy singular, este maravilloso poeta también edita por su cuenta Proverbe. Esta revista demuestra la importancia que los dadaístas parisinos le dan al lenguaje, a la poesía y a las cuestiones de lenguaje: el secreto de las palabras, el misterio de gramática, las frases reversibles, las oposiciones que no se contradicen son los materiales de esta revista.

Eluard es el poeta más prestigioso del movimiento surrealista. Con Paul Eluard llega Gala, una mujer atrevida y sumamente sexual.

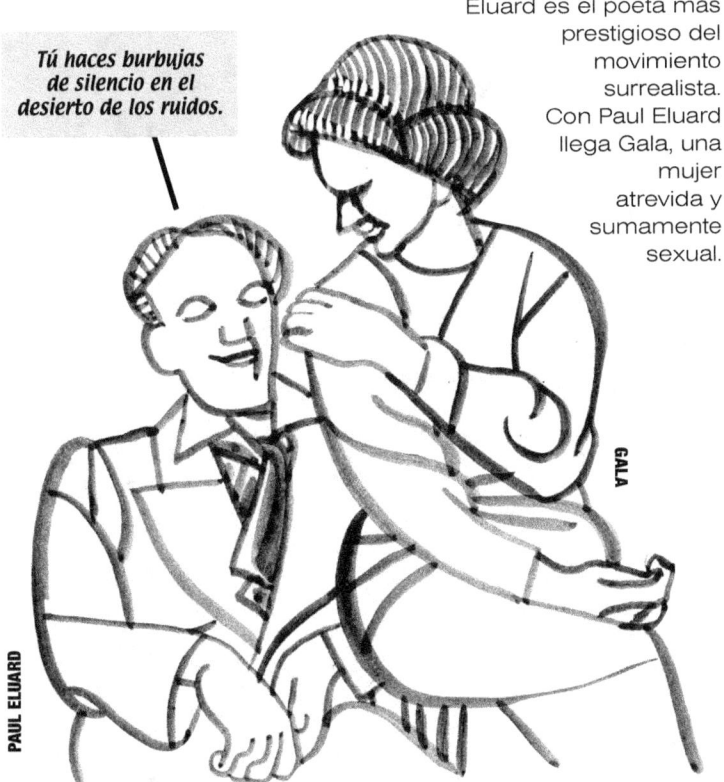

Tú haces burbujas de silencio en el desierto de los ruidos.

PAUL ELUARD

GALA

Rusa de nacimiento, Gala se suma al grupo de los surrealistas y enseguida llama la atención por su vida libertina y por su capacidad para inspirar a grandes artistas: pronto el gran Max Ernst se unirá a los juegos eróticos de la pareja. Como ambos (Eluard y Gala) ven con buenos ojos los intercambios de pareja, pronto se convierten en una de las parejas más activas y pintorescas del París de esa época.

Mientras tanto, las ideas de Sigmund Freud empiezan a ser utilizadas por Breton y Soupault. En noviembre y diciembre de 1919 salen publicados los tres primeros capítulos de Champs magnetiqués (Campos magnéticos), en los que Soupault y Breton dan cuenta de sus investigaciones poéticas: en ellas, los poetas llegan a realizar jornadas de 8 a 10 horas consecutivas aplicando la técnica de la escritura automática.

Esta colaboración nos dio la ilusión de una fecundidad extraordinaria: obtuvimos un considerable conjunto de imágenes de una calidad que no hubiésemos sido capaces de conseguir, ni siquiera una sola, escribiendo lentamente.

PHILIPPE SOUPAULT

Ambos tienen la certeza de haber encontrado algo importante: el método para acceder a la "materia prima", en el sentido alquimista, del lenguaje. Una vez encontrada esa fuente primordial de la poesía, pueden volver a ella cuando quieran. Más allá de sus méritos literarios, este trabajo sería fundacional para el movimiento.

Conociendo los métodos de examen que Freud había tenido la ocasión de practicar con enfermos durante la guerra, decidí obtener lo que se procura obtener de ellos: un monólogo, lo más rápido posible, sobre el que el espíritu crítico del paciente no formule juicio alguno que, en consecuencia, quede libre de toda reticencia y que sea, en lo posible, equivalente a pensar en voz alta.

ANDRÉ BRETON

La poesía automática, pilar de la "doctrina surrealista", ha entrado en escena. No tardaría mucho en expandir su influencia.

1920

A pesar de la importancia de este descubrimiento, hay un hecho que lo hará quedar, por un tiempo, en segundo plano: la llegada de Tristan Tzara a París. Instalado en casa de Francis Picabia (que ya ha preparado el terreno hablando sobre las bondades del dadaísmo) y Gabrielle Buffette Picabia, Tzara sirve como catalizador para el hervidero de ideas revolucionarias que ya existen allí. De inmediato, su presencia se convierte en el centro de atención de los círculos intelectuales parisinos. Además del sentimiento de superioridad parisino, en Francia existe una tradición revolucionaria.

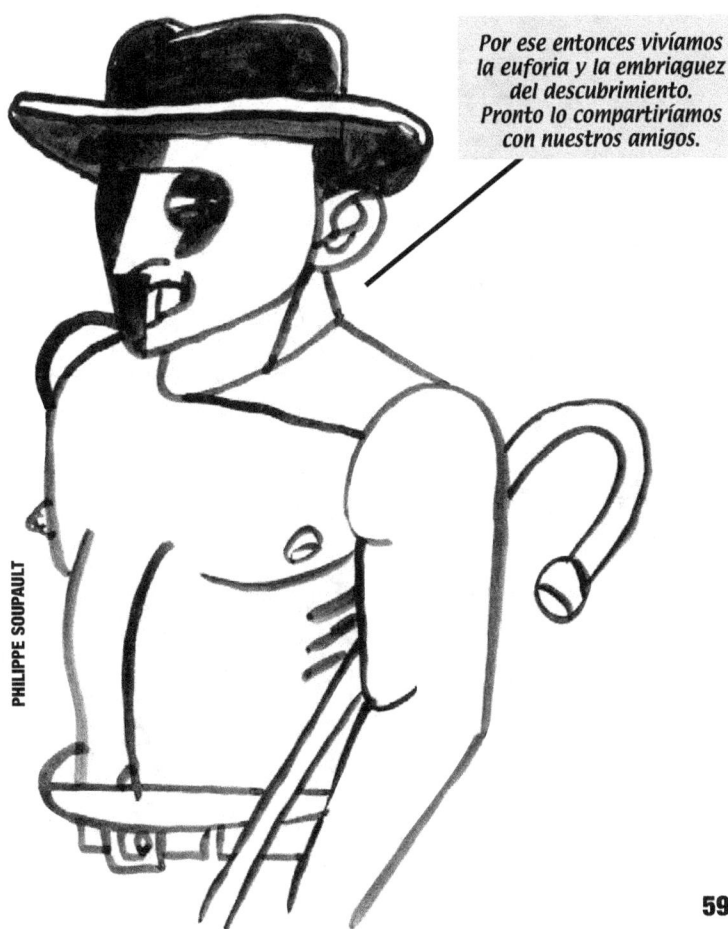

Por ese entonces vivíamos la euforia y la embriaguez del descubrimiento. Pronto lo compartiríamos con nuestros amigos.

PHILIPPE SOUPAULT

Mientras tanto, el movimiento dadaísta parisino va sumando adeptos: Georges Ribemont-Dessaignes y su amigo, el siempre polémico Francis Picabia, se suman al staff de la revista.

Con ellos, los cambios de dirección dentro de Litterature se tornan inevitables. Las actitudes radicales de sus nuevos integrantes quedarán en evidencia de inmediato: el 5 de febrero de 1920, en el Salón de los independientes, treinta y ocho personas se turnan para dar lectura a los manifiestos de Picabia, Ribemont-Dessaignes, Breton, Dermeé, Eluard, Aragón y Tzara. Cada manifiesto es entonado como si se tratara de un salmo, ante los insultos del público: el escándalo dadá ha hecho su entrada triunfal en París.

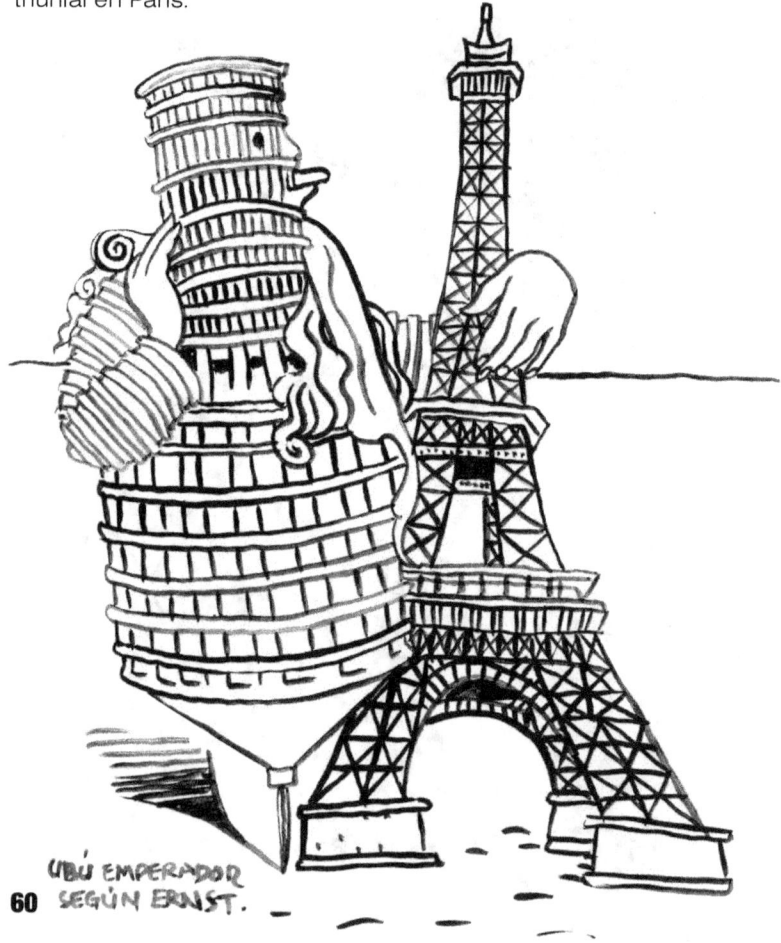

UBÚ EMPERADOR
SEGÚN ERNST.

60

Otro acto público, en el club del Barrio de la Universidad Popular anticipa una de las singularidades de lo que a todas luces ya es un nuevo tipo de movimiento dadaísta: su deseo de internarse seriamente en cuestiones políticas. Allí los dadaístas franceses intentan, sin éxito, hacer comprender sus ideas a la clase proletaria. El número de mayo de 1920 ya incluye los 23 manifiestos del Movimiento Dadá. La coqueta y culta París ha encontrado una nueva moda, una nueva tendencia: el escándalo dadaísta. A su vez, Litterature sucumbe al síndrome dadá.

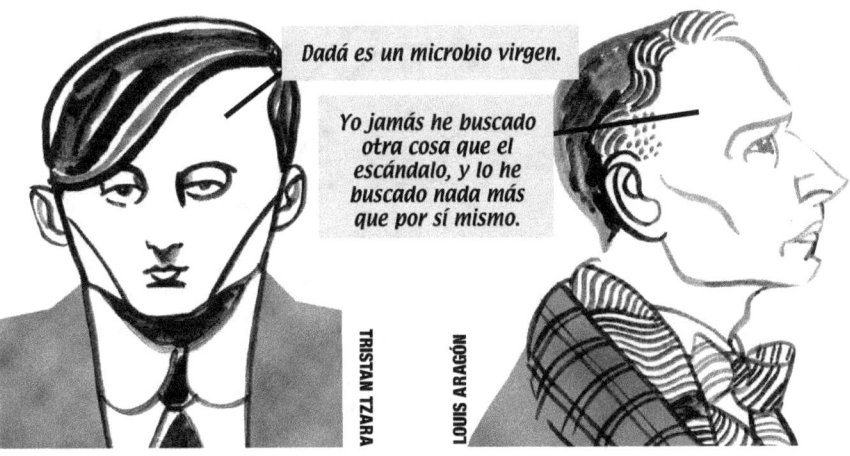

Arengados por Picabia (que también edita por su parte la revista Cannibale) y Tristan Tzara, el grupo de dadaístas franceses es permanentemente incentivado a proponer ideas para generar nuevos escándalos.

Por su parte, Paul Dermeé edita Z, una curiosa revista que tiene una única edición y Tzara hace lo propio con su Bulletin Dadá.

61

El 26 de mayo de 1920, la presentación del grupo en la Sala Gaveau sirve como excusa para que André Breton demuestre sus contactos y su astucia publicitaria: el evento genera un escándalo tan impresionante que la Nouvelle Revue Francaise realiza una cobertura sobre el fenómeno.

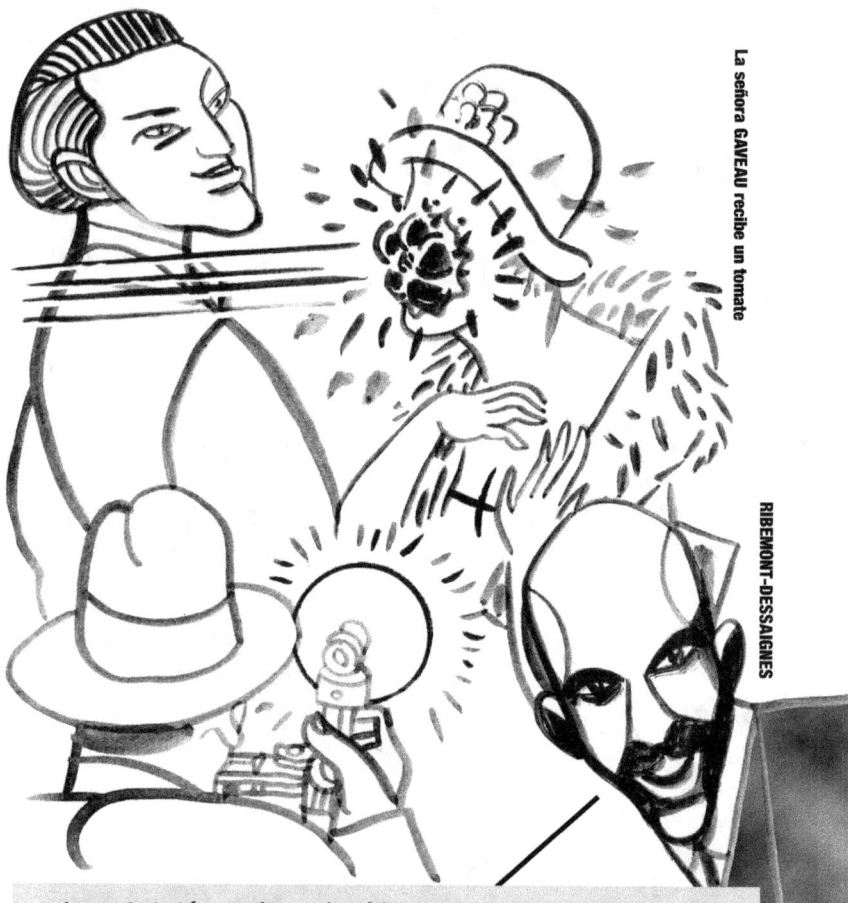

La señora GAVEAU recibe un tomate

RIBEMONT-DESSAIGNES

La gente había acudido excitadísima, buscando un espectáculo. Los dadaístas se burlaban de todas las creencias, valores, conductas, y el auditorio se consideraba con derecho a pasar al contrataque abucheando, gritando, silbando. Al mismo tiempo experimentaba la sensación de haber conseguido lo que había ido a buscar: un escándalo. La situación les ofrecía nuevas perspectivas. Se trataba de un espectáculo.

La situación no dejaba de resultar paradójica. El desprecio absoluto que sienten los dadaístas hacia el "sentido común" de la burguesía es incuestionable. Pero a la vez estas escandalosas performances (antepasados directos de los happennings) están cada vez más orientadas a generar publicidad. Es el principio del fin: lo que ha sido inicialmente un movimiento espontáneo y sumamente idealista, se ha convertido en un entretenimiento a la vez autodestructivo y autocomplaciente. Con todo, algunas de las manifestaciones dadá son inolvidables. Y, a nivel poético, el movimiento es sumamente productivo: este año saldrán a la luz, editados por la editorial Ausein Pareil, una impresionante serie de libros de poesía:

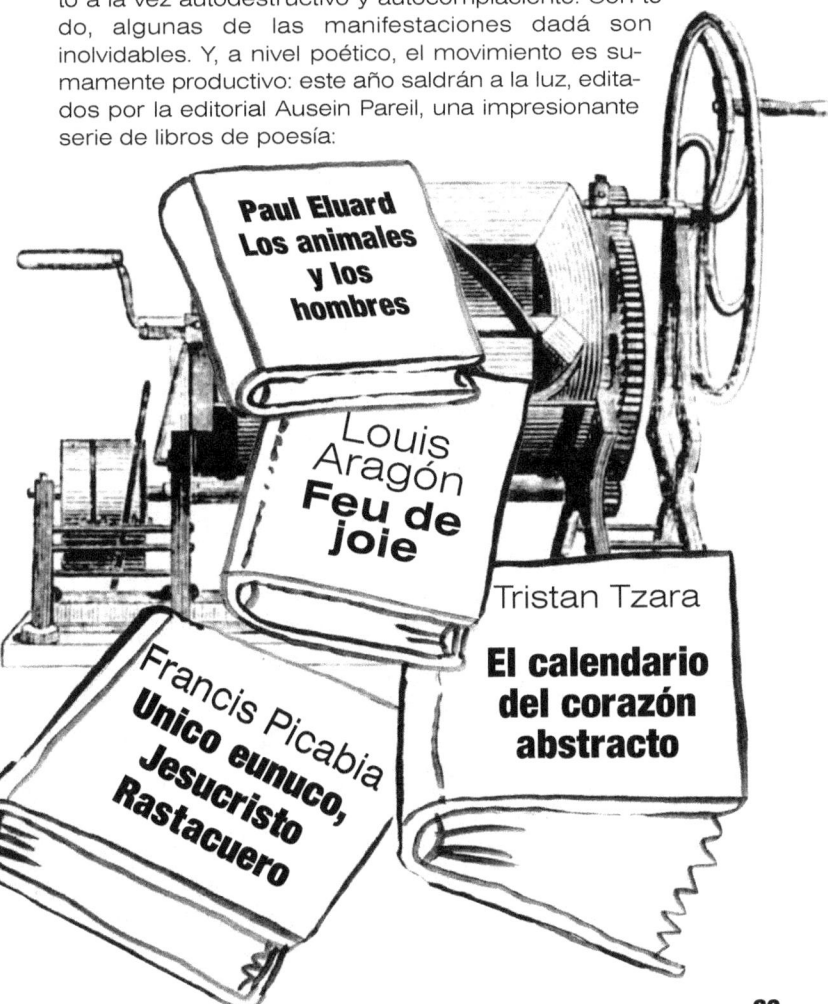

Paul Eluard
Los animales
y los
hombres

Louis
Aragón
Feu de
joie

Tristan Tzara

El calendario
del corazón
abstracto

Francis Picabia
Unico eunuco,
Jesucristo
Rastacuero

1921

No deja de resultar curiosa la visita que Breton le hace a Freud durante este año: el inspirador de la poesía automática, que luego se convertirá en el principal dogma surrealista, no demuestra ningún interés por las ideas de Breton sobre la supremacía del inconsciente sobre lo consciente. Mientras tanto, los experimentos automáticos continúan.

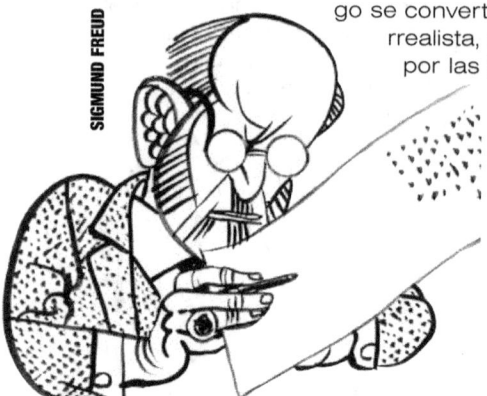

SIGMUND FREUD

Atentos al dictado del pensamiento, Breton y sus compañeros dadaístas han encontrado una forma de escapar al gusto y a cualquier preocupación estética o moral...

Los efectos de la poesía automática pronto se harán sentir. No debe olvidarse que el grupo de dadaístas franceses del que surgiría el surrealismo original es un grupo de poetas: Breton, Soupault, Aragón, Eluard y Peret tienen una conciencia lingüística de la realidad y confían en el lenguaje como vía de acceso a realidades nuevas. Pronto el lenguaje surrealista de la poesía automática construiría una nueva realidad: la realidad surrealista.

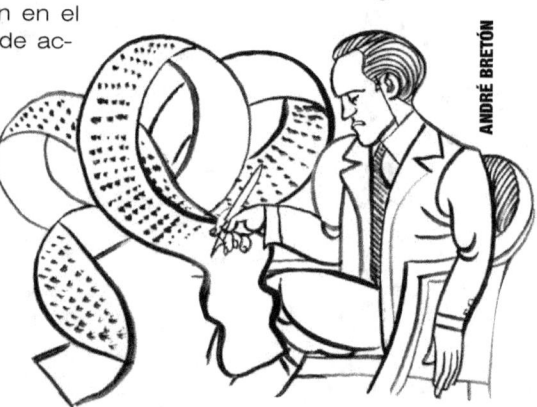

ANDRÉ BRETÓN

A principios de 1921, el Dadá Internacional se encuentra en un callejón sin salida. Por más que el panfleto "Dadá Subleva todo" confirma el caracter internacional del movimiento (con firmantes de Francia, Alemania, Italia, Suiza y Bélgica), para dadá, conquistar París ha sido el principio del fin.

Concientes de su estancamiento, los dadaístas parisinos, siempre arengados por Francis Picabia, proponen nuevas ideas: entre ellas surge la de realizar un juicio a Maurice Barrès. El Proceso Barrès, realizado el 16 de mayo de 1921 en el Salón de las Sociedades Culturales con el título de "Acusación y juicio al Señor Maurice Barrès" pone en evidencia cuán profundas son las divergencias en el seno del dadaísmo. El antagonismo entre Breton y Tzara se hace a partir de este evento insalvable. Para muchos de los presentes, Barrès ha sido un ejemplo del dandy, del escritor fino y agudo, cuya vuelta a la extrema derecha, de la que se había convertido en portavoz en L'Echo de París, ha sido vista como una traición. Lo importante no es el talento literario (en este caso indiscutido), sino las ideas y la conducta de un intelectual que, en este caso, pone su talento al servicio de ideas totalmente reaccionarias.

El señor presidente convendrá conmigo en que nosotros no somos más que una cálifa de sinvergüenzas y que, por lo tanto, las mínimas diferencias entre un gran sinvergüenza y un pequeño sinvergüenza carecen de importancia.

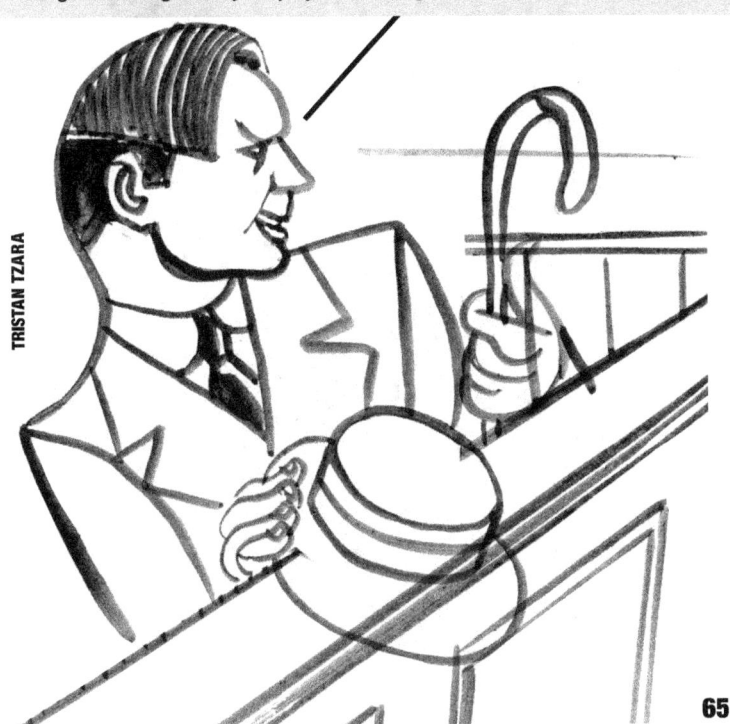

TRISTAN TZARA

André Breton, en el rol de juez, inicia el juicio acusando al otrora héroe de la juventud de "delito contra la seguridad de espíritu". Este hecho demuestra a las claras que Breton ya se siente con la autoridad suficiente para erigirse públicamente como el "Guardián del Espíritu." Barrès está representado por un maniquí y participan Louis de Aragón (que ha admirado el dandismo de Barrès) y Philippe Soupault como defensores. Por su parte, la actitud de Tristan Tzara, dedicado a hacer bufonadas dadaístas al punto tal que termina su testimonio entonando una canción, se opone a la seriedad con que Breton ha encarado el acto.

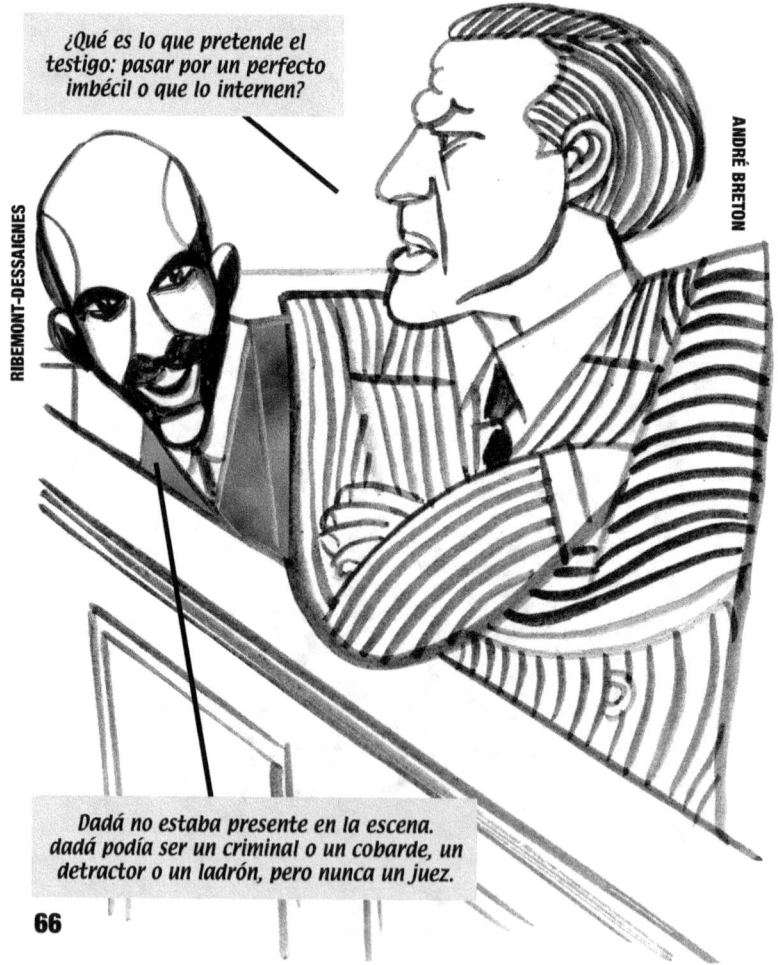

66

La rivalidad entre André Breton, ansioso por tomar el poder y dar una organización al grupo de dadaístas franceses, y Tristan Tzara, encarnación del caos dadaísta, siempre burlón e irreverente, será a partir de entonces terrible.

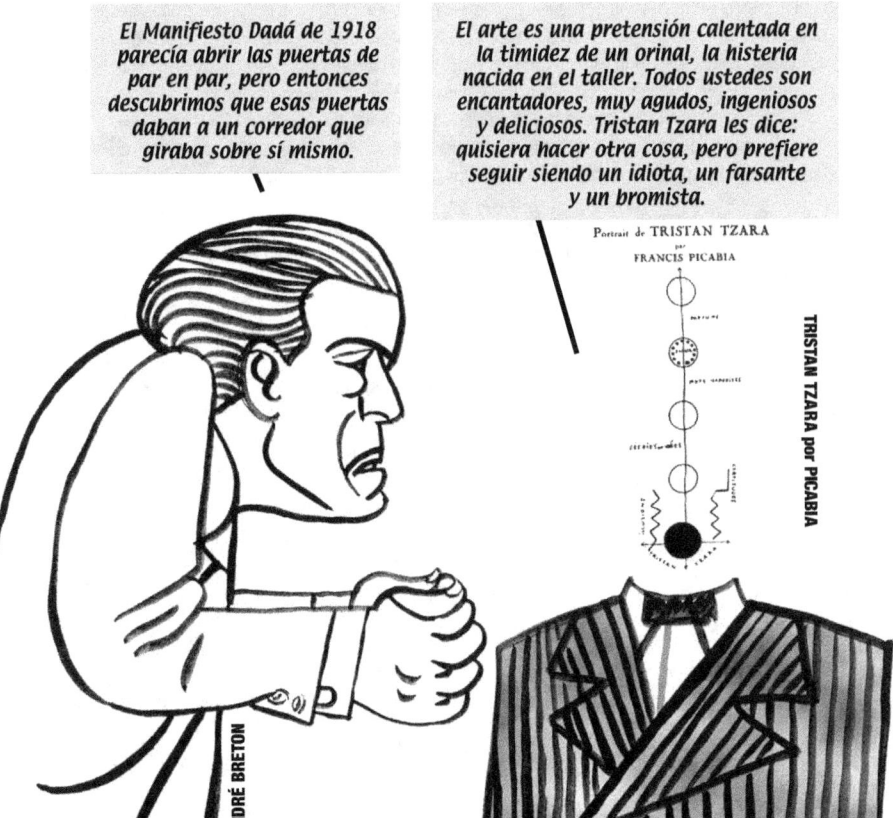

El Manifiesto Dadá de 1918 parecía abrir las puertas de par en par, pero entonces descubrimos que esas puertas daban a un corredor que giraba sobre sí mismo.

El arte es una pretensión calentada en la timidez de un orinal, la histeria nacida en el taller. Todos ustedes son encantadores, muy agudos, ingeniosos y deliciosos. Tristan Tzara les dice: quisiera hacer otra cosa, pero prefiere seguir siendo un idiota, un farsante y un bromista.

Portrait de TRISTAN TZARA par FRANCIS PICABIA

TRISTAN TZARA por PICABIA

ANDRÉ BRETON

A su manera, cada uno defiende su posición personal y tiene sus razones para hacerlo: como vocero de la vanguardia dadaísta, Tristan Tzara no puede escapar a su nihilismo: para él, la institución arte de la sociedad burguesa no ofrece ninguna perspectiva. Breton, futuro líder de la vanguardia surrealista, tiene en cambio una intención más constructiva, aunque igualmente crítica. El tiempo demostrará que ambos son coherentes, a su manera, a su forma de ser y pensar.

1922

Se trata, definitivamente, de una lucha por el poder. La ruptura definitiva llega con el intento de André Breton de organizar un ambicioso encuentro en el que se van a reunir diversas personalidades para determinar en un sentido constructivo las nuevas tendencias del arte "moderno". Este ambicioso proyecto se va a realizar bajo el título de "Congreso Internacional para la determinación de las directivas y la Defensa del Espíritu Moderno" y Breton se ha abocado a pleno a su realización. La actitud burlona de Tzara, que boicotea junto a Picabia la iniciativa, sirve como detonante para que explote la ira de Breton.

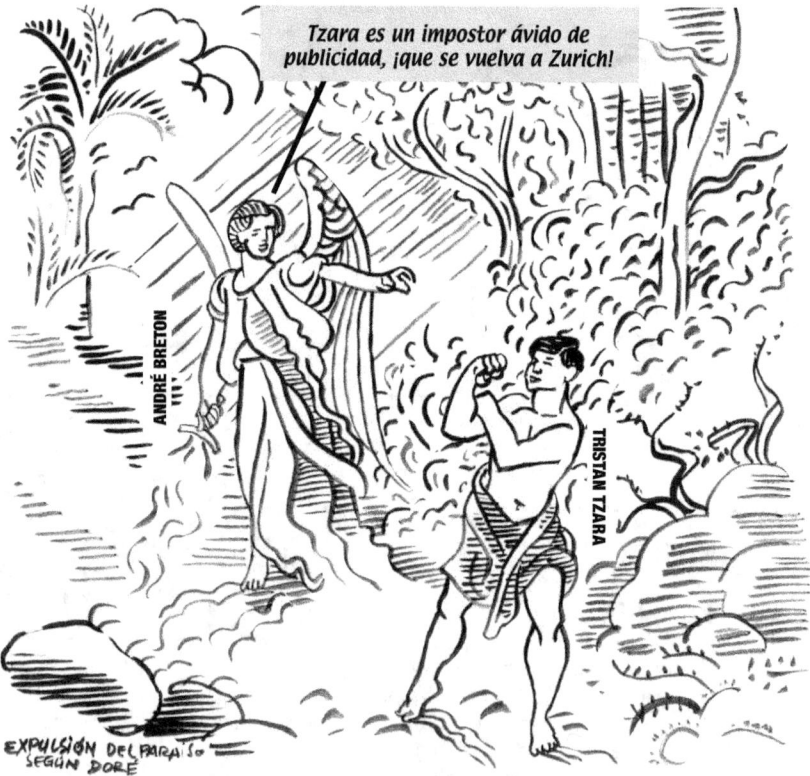

Con el tiempo, André Breton lo reconocerá: "Fue un error". No será el único. La batalla entre los dadaístas todavía alcanzará mayores niveles de histeria y de violencia.

André Breton desea la organización y se siente capaz de hacerse cargo. Pero todavía tiene que "luchar" por el liderazgo con Tzara, y el carismático y genial poeta ha editado el contramanifiesto "El corazón barbudo", con el que demuestra su prestigio y su poder de convocatoria.

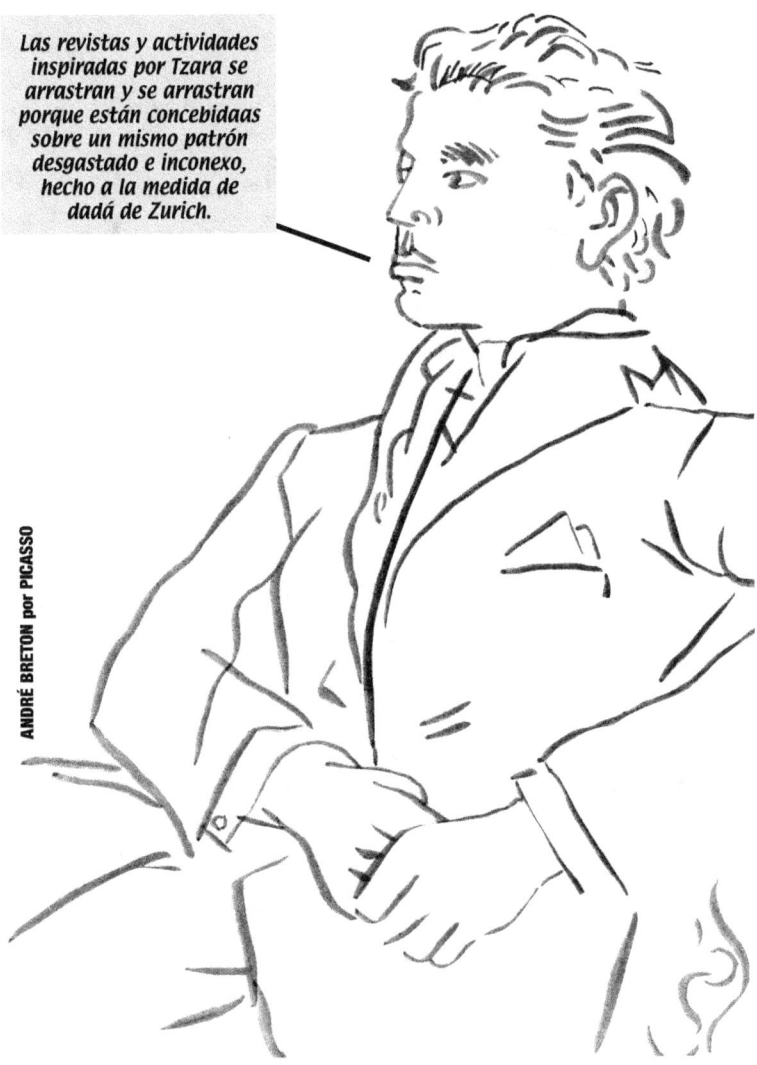

Las revistas y actividades inspiradas por Tzara se arrastran y se arrastran porque están concebidaas sobre un mismo patrón desgastado e inconexo, hecho a la medida de dadá de Zurich.

ANDRÉ BRETON por PICASSO

1923

El 6 de julio en el Teatro Michel, Tristan Tzara se presta a interpretar "El corazón a gas", con la participación de todo un seleccionado de artistas modernos, que incluyen vestuarios de Sonia Delaunay y decorados de Van Doesbur. De pronto, André Breton salta al escenario y ataca a los actores. Abofetea a Crevel y, de un bastonazo, le rompe un brazo Pierre Massot. A él se le unen Aragón, Péret y Eluard, que terminan golpeados, con la ropa destrozada y en la calle: el dadaísmo francés ha llegado a una extinción absoluta.

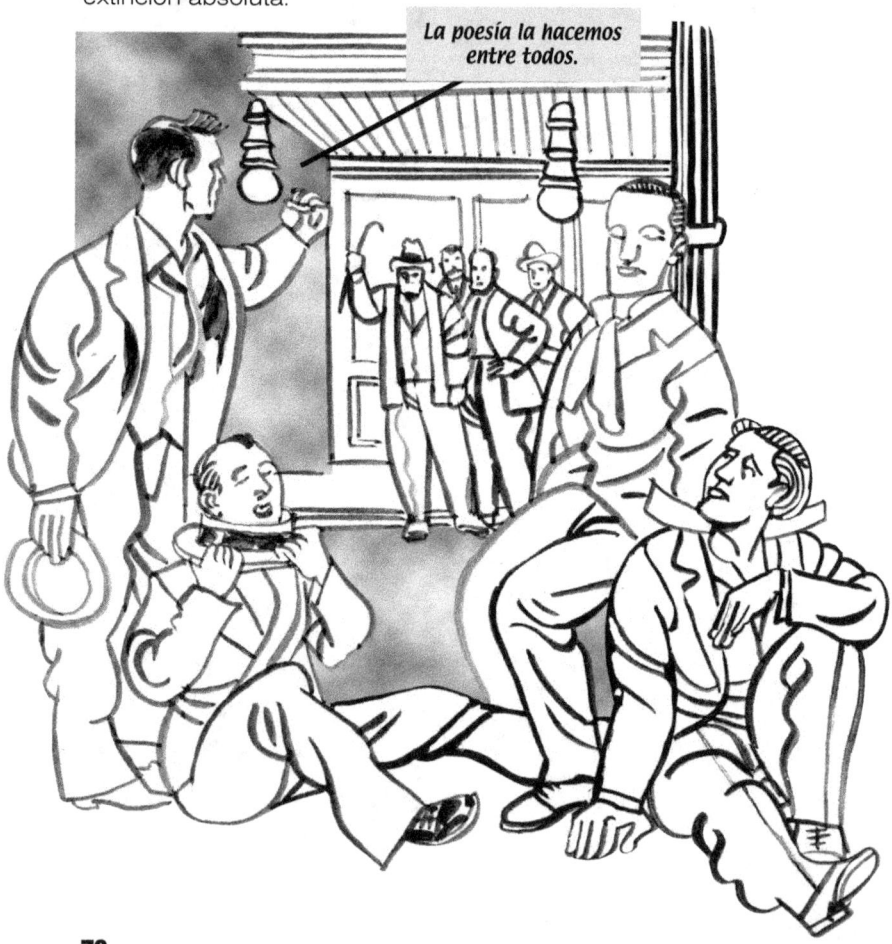

La poesía la hacemos entre todos.

El surrealismo

Tras el colapso definitivo con los dadaístas, una nueva serie de ediciones de Littérature, del período 1922-23, logran posicionar a André Breton como líder indiscutido de un grupo más cohesionado en sus búsquedas. Aunque aún no tiene nombre, ya podemos considerar a este grupo como surrealista. A Breton se le suman sus fieles ex compañeros de aventuras dadaístas, como Louis Aragón, Paul Eluard, Max Ernst, ya radicado en París, y Benjamin Péret. A la colaboración de algunos importantes ex dadaístas como Ribemont-Dessaignes y Fra-

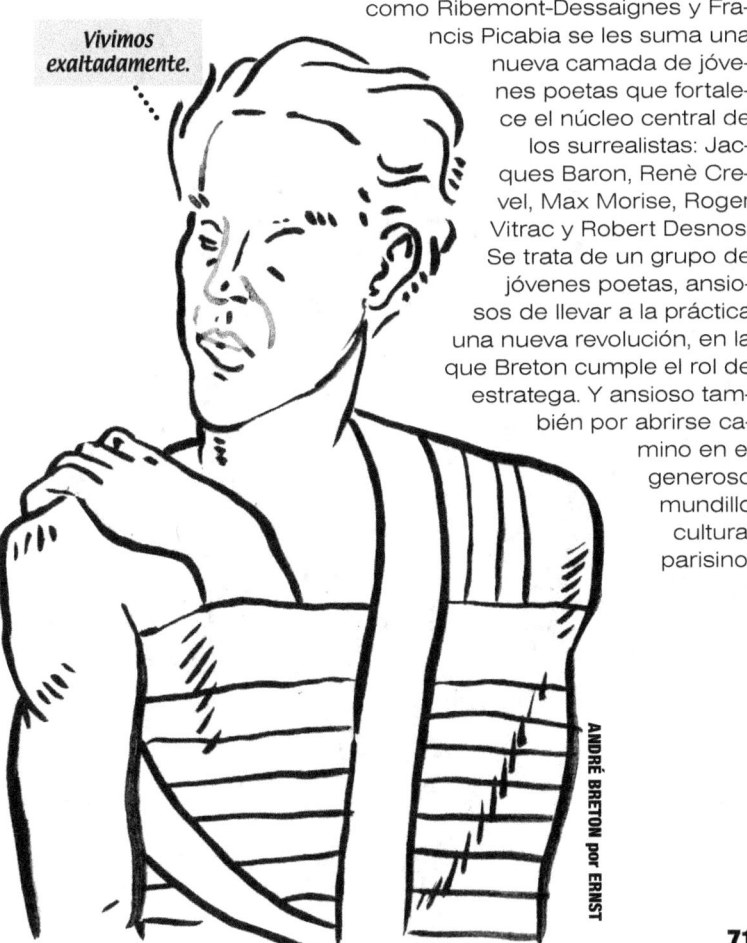

Vivimos exaltadamente.

ncis Picabia se les suma una nueva camada de jóvenes poetas que fortalece el núcleo central de los surrealistas: Jacques Baron, Renè Crevel, Max Morise, Roger Vitrac y Robert Desnos. Se trata de un grupo de jóvenes poetas, ansiosos de llevar a la práctica una nueva revolución, en la que Breton cumple el rol de estratega. Y ansioso también por abrirse camino en el generoso mundillo cultural parisino.

ANDRÉ BRETON por ERNST

71

Con este nuevo elenco, ya librados de la cruzada autodestructiva del dadaísmo, las actividades se vuelcan al desarrollo intensivo de la poesía automática y a realizar diversas exploraciones del universo onírico. Prestándole atención a los llamados "estados secundarios", los poetas surrealistas encuentran la posibilidad de escapar a las limitaciones de la lógica, de la moral y del gusto. Durante varios meses, hasta la edición en 1924 del Primer Manifiesto Surrealista, el grupo se aboca a organizar debates sobre la actividad onírica, a la vez que exploran el terreno del sueño provocado o hipnótico, conjugando las enseñanzas de Freud (influencia fundamental en la redacción del Primer Manifiesto) con las tesis sobre hipnosis del Dr. Charcot y la llamada escuela de Nancy. Con estos actos de sesiones hipnóticas, el grupo se convierte en una especie de "Bund", es decir, un grupo cuyos miembros estàn relacionados únicamente por lazos escogidos. No es difícil percibir las intenciones iniciáticas del grupo.

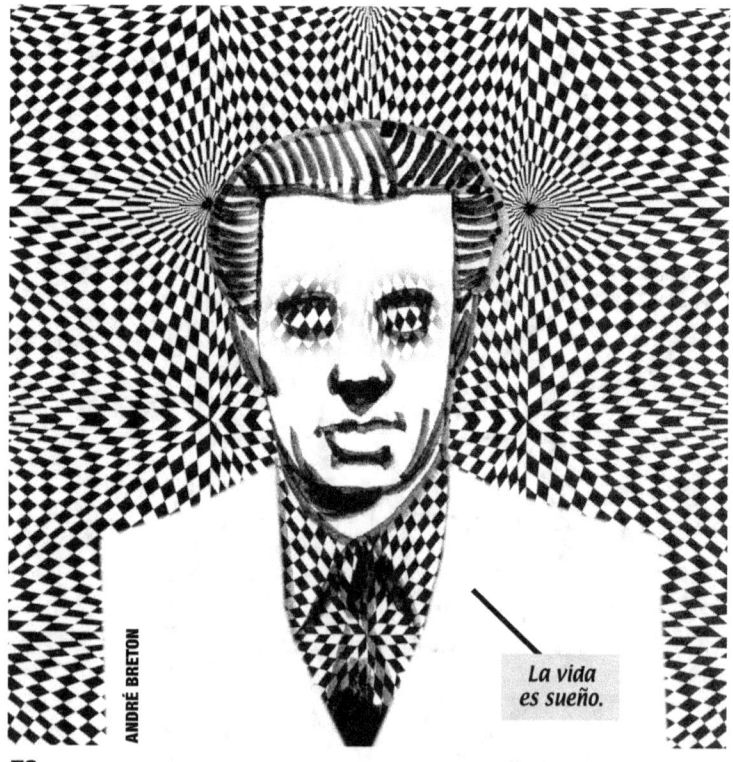

ANDRÉ BRETON

La vida es sueño.

72

Las ambiciones de Breton se hacen notorias en el tono proféti-
co de "Abandonadlo todo" (Los Pasos Perdidos), un texto de
ese período.

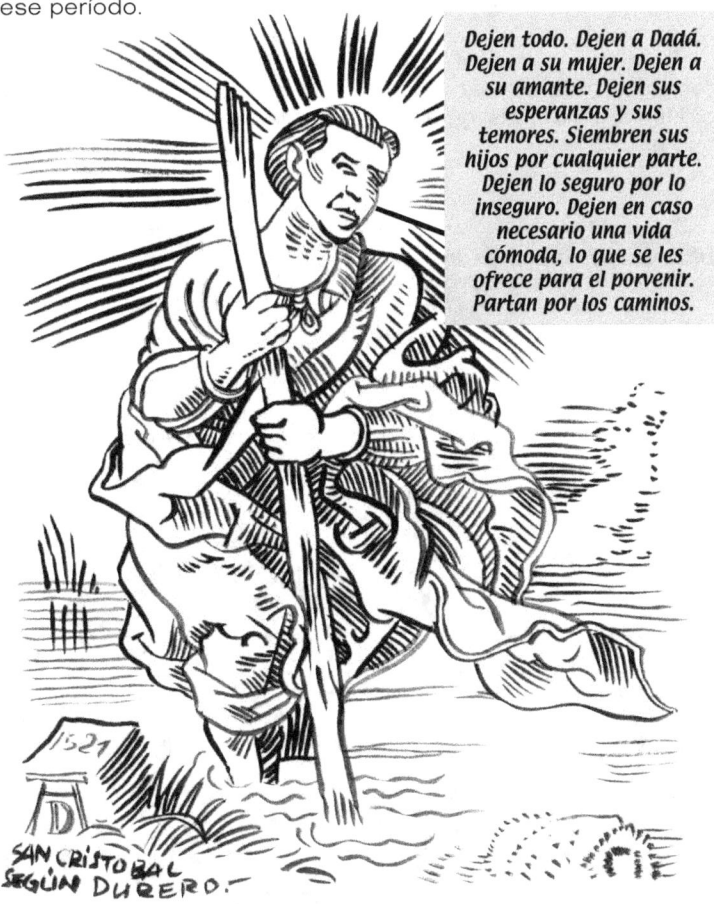

*Dejen todo. Dejen a Dadá.
Dejen a su mujer. Dejen a
su amante. Dejen sus
esperanzas y sus
temores. Siembren sus
hijos por cualquier parte.
Dejen lo seguro por lo
inseguro. Dejen en caso
necesario una vida
cómoda, lo que se les
ofrece para el porvenir.
Partan por los caminos.*

SAN CRISTOBAL
SEGÚN DURERO.

Siguiendo sus propios consejos, Breton y sus amigos Aragón,
Max Morise (su discípulo por ese entonces) y Roger Vitrac, realizan un viaje de menos de una semana, de carácter claramente iniciático. La idea es la de partir desde Blois, una ciudad ele-
gida al azar, y andar a la ventura mientras se dedican a vagar,
parando apenas para comer y dormir. Se trata de una explora-
ción del azar y del lenguaje en un contexto arbitrario: una experiencia surrealista.

73

A pesar de ser Freud una referencia permanente para el grupo, la intención de compartir las imágenes de los sueños y demás experiencias oníricas colectivas está en realidad más cerca del pensamiento de Carl Gustav Jung que el de Freud, quien, justamente, ha basado sus investigaciones en la importancia de la experiencia individual en el desarrollo del inconsciente.

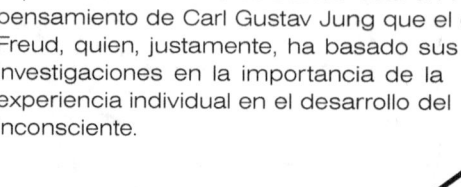

Entre nosotros se puso en práctica, sin ninguna reserva individual, la colectivización de las ideas.

Este contexto de permanente experimentación onírica brindará al grupo gran parte de su frenesí, de su pretendida mística visionaria y ese "cierto estado de furor" que autodefinirá al grupo surrealista. Los experimentos colectivos de automatismo poético contribuyen en gran medida a generar un estado de delirio e inspiración permanentes.

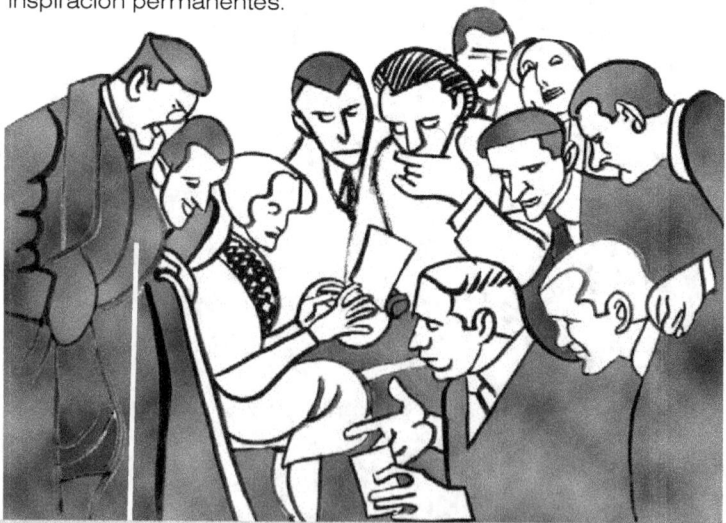

Era la época que nos reuníamos a la tarde como los cazadores, para dar cuenta de la tarea diaria, del número de bestias que habíamos inventado, de las plantas fantásticas... de las imágenes cobradas...

Durante estas sesiones, Robert Desnos demuestra un talento prodigioso para trasladarse de las mediocridades de la vida normal a los delirios e iluminaciones del vértigo poético. La literatura y sus criterios no tienen nada que ver con estos estados. El grupo está, en mayor o menor medida, pendiente de los trances poético-oníricos de Desnos.

> En el café, en medio del ruido de las voces, en plena luz, recibiendo empujones, Robert Desnos no tiene más que cerrar los ojos y hablar, y todo un océano cae con sus estruendos proféticos. En cuanto interrogan a este estupendo durmiente, apenas lo incitan, ya surge la predicción, el tono de magia, de revelación, de revolución, el tono del fanático y del apóstol. Por poco que Desnos hubiese explotado este delirio, se pudo haber convertido en jefe de una religión, en fundador de una ciudad, en tribuno de un pueblo sublevado.

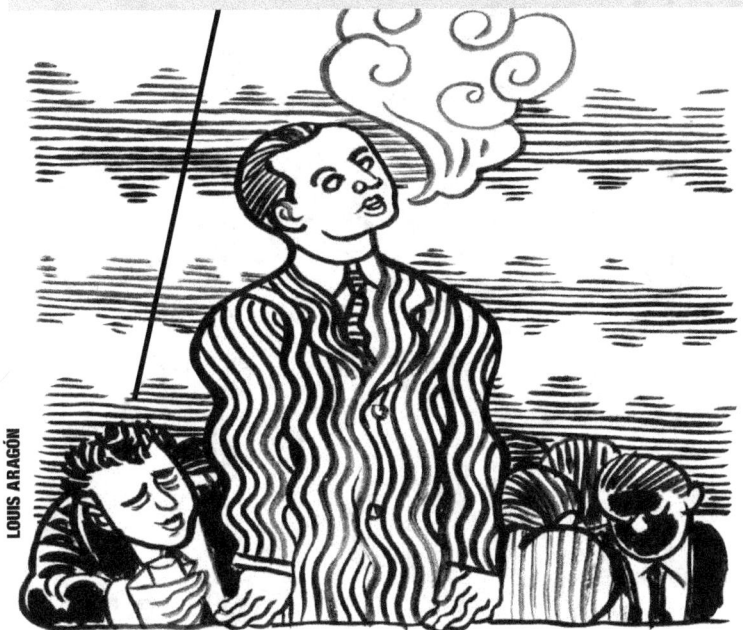

LOUIS ARAGÓN

En algunos casos, el poeta logra contactarse "telepáticamente" con Rose Selavy, alter ego femenino de Marcel Duchamp, que en ese entonces está en Nueva York. Para Breton, esos juegos de palabras son una demostración de que las palabras viven una vida propia, y de que, en su cualidad de "creadoras de energía" pueden llegar a gobernar el pensamiento.

75

1924

La edición durante este año de Una Ola de sueños de Louis Aragón es tal vez el testimonio más importante de toda esta época de frenesí onírico y de mística poética. Eufórico e inspirado, este texto tiene el carácter de un manifiesto.

"Sueños, sueños, sueños, el dominio de los sueños se extiende a cada paso... Experimentábamos toda la fuerza de las imágenes, ya fuera alucinaciones visuales, auditivas, táctiles. Habíamos perdido el poder de manejarlas, entregados a su dominación, encerrados dentro de su círculo. En la cama, en el momento de dormir, en la calle con los ojos desorbitados, con toda la escenografía del terror, dábamos la mano a fantasmas..."

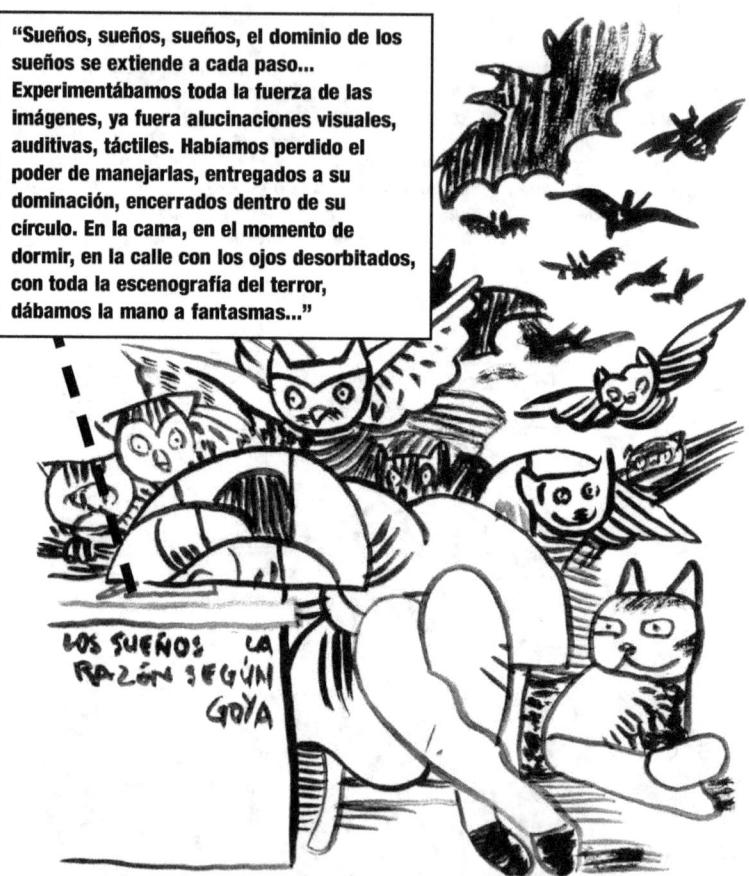

LOS SUEÑOS LA RAZÓN SEGÚN GOYA

La edición del Primer Manifiesto Surrealista (también de 1924) define la actitud del grupo, su filosofía, su ética y su estética. Repleto de arengas poéticas y políticas, el mismo marca una fuerte toma de posición, oponiendo al pasado racionalista un futuro surrealista en el que el mundo de los sueños y la imaginación van a proporcionar al ser humano una mayor plenitud espiritual.

76

La deuda del grupo con las ideas de Freud sobre los sueños servirá como soporte intelectual del manifiesto:

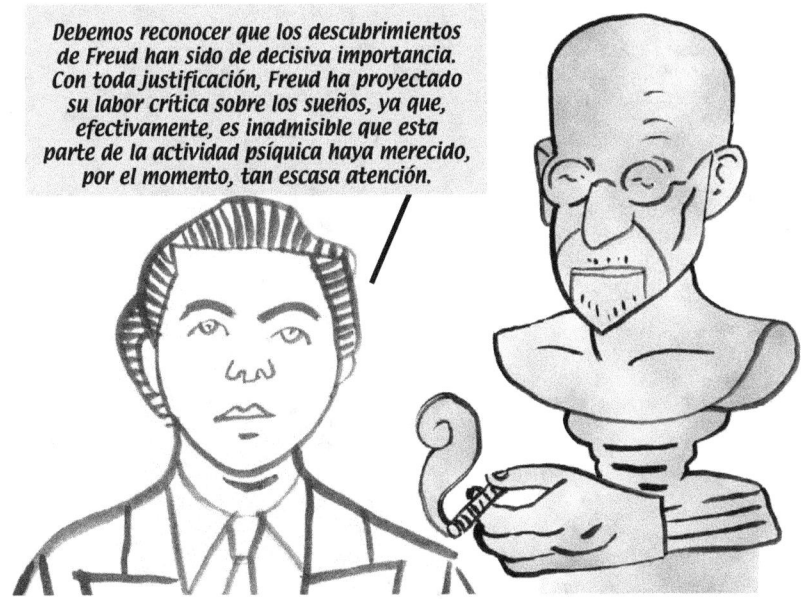

Debemos reconocer que los descubrimientos de Freud han sido de decisiva importancia. Con toda justificación, Freud ha proyectado su labor crítica sobre los sueños, ya que, efectivamente, es inadmisible que esta parte de la actividad psíquica haya merecido, por el momento, tan escasa atención.

Breton señala que la suma total de los momentos de sueño, desde un punto de vista temporal, y considerando solamente el sueño puro, el sueño de los períodos en que el hombre duerme, no es inferior a la suma de los momentos de realidad, o mejor dicho, de los momentos de vigilia. Según todas las apariencias, el sueño es continuo y es evidente que tiene una organización o estructura.

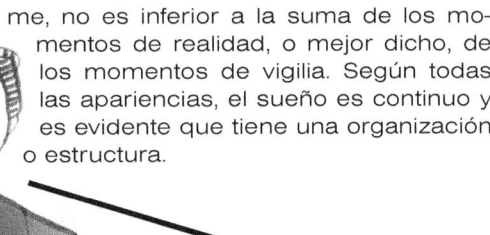

¿Cuándo llegará, señores lógicos, la hora de los filósofos durmientes? No cabe acaso emplear el sueño para resolver los problemas fundamentales de la vida? Estoy obligado a considerar el estado de vigilia como un fenómeno de interferencia.

77

La importancia histórica del surrealismo, nos dice Breton, es la de ser el único movimiento que se ha planteado integrar ambas realidades.

Creo en la futura armonización de estos dos estados, aparentemente tan contradictorios, que son el sueño y la realidad absoluta, en una sobrerrealidad o surrealidad, si así se la puede llamar.

André Breton tiene claro que el surrealismo es una fantasía, pero también sabe que todo el grupo que lo rodea está viviendo en la fantasía surrealista.

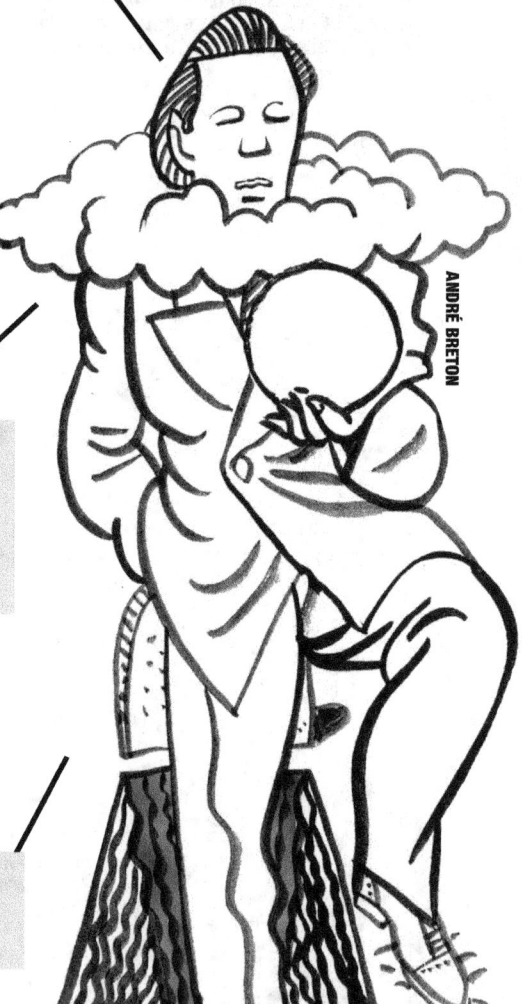

ANDRÉ BRETON

El idioma ha sido dado al hombre para que lo use de una manera surrealista. Las formas del lenguaje surrealista se adaptan todavía mejor al diálogo.

Los coqueteos con la muerte que caracterizarían al grupo hacen en este primer manifiesto su aparición.

El surrealismo los introducirá en la muerte, que es una sociedad secreta.

Al margen de todos los antecedentes antes mencionados de poesía automática, el primer manifiesto deja un importante precedente histórico en sus consejos sobre cómo utilizar las técnicas de la poesía automática. El primer manifiesto es la expresión de la Buena Noticia de la poesía automática. En algunos párrafos, casi didácticos, André Breton explica de qué forma se puede tomar posesión de la "ola de sueños" de la que habla Aragón.

> Escribid deprisa, sin tema preconcebido. Escribid lo suficientemente deprisa para no poder refrenaros, y para no tener la tentación de leer lo escrito. La primera frase se os ocurrirá por sí misma, ya que en cada segundo que pasa hay una frase, extraña a nuestro pensamiento consciente, que desea exteriorizarse. Ante todo debe imperar la arbitrariedad.

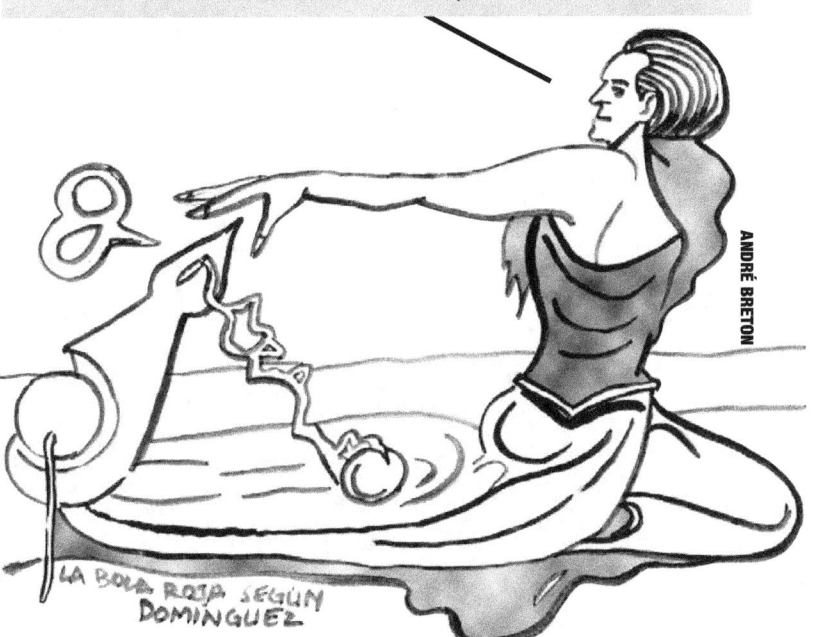

LA BOLA ROJA SEGÚN DOMINGUEZ

ANDRÉ BRETON

Partiendo de la idea de que la velocidad del pensamiento no es superior a la velocidad de la palabra, el ejercicio de la poesía automática, con su tendencia a hacer valer el libre ejercicio del pensamiento, permite al que lo practique aventurarse en las zonas más oscuras de la imaginación. Aún hoy, el surrealismo y sus propuestas siguen siendo un valioso método para aventurarse en las profundidades del inconsciente.

79

A su vez, las ideas sobre la imagen (en el manifiesto, Breton cita las teorías de Pierre Reverdy) ayudaban a establecer un credo estético basado en la imagen. El valor de una imagen está en función de la belleza de la chispa que produce. En consecuencia, está en función de la diferencia de potencia entre los dos elementos conductores. La imagen más fuerte es, entonces, aquella que contiene el más alto grado de arbitrariedad, aquella que más tiempo tardamos en traducir a lenguaje práctico. Para que quede claro, Breton se despacha con un buen número de imágenes descubiertas por sus amigos:

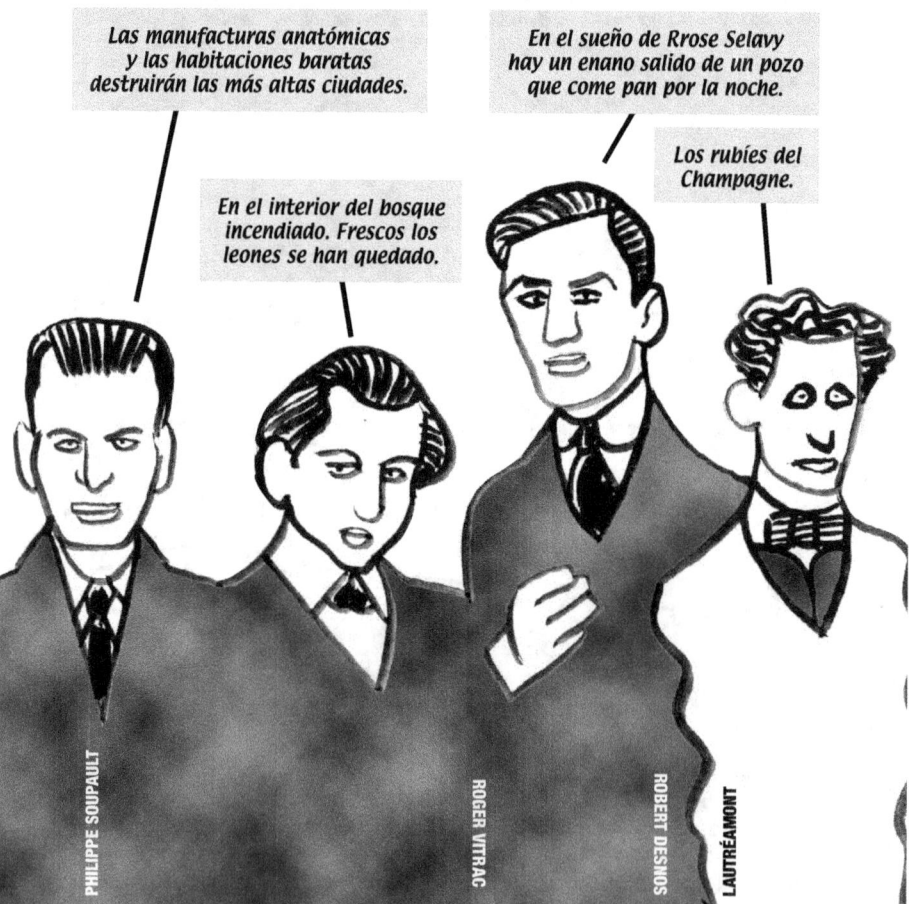

Las manufacturas anatómicas y las habitaciones baratas destruirán las más altas ciudades.

En el sueño de Rrose Selavy hay un enano salido de un pozo que come pan por la noche.

Los rubíes del Champagne.

En el interior del bosque incendiado. Frescos los leones se han quedado.

PHILIPPE SOUPAULT

ROGER VITRAC

ROBERT DESNOS

LAUTRÉAMONT

Como buen poeta que es (Breton es sin lugar a dudas un gran poeta), el primer manifiesto despliega todo un arsenal de metáforas sobre el surrealismo.

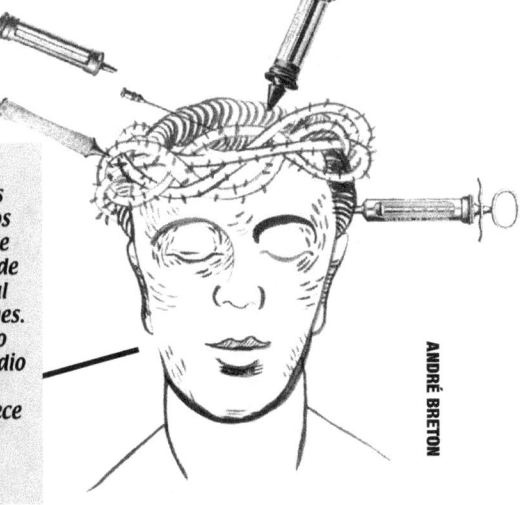

> *Todo induce a creer que el surrealismo actúa sobre los espíritus tal como actúan los estupefacientes. Al igual que éstos, crea un cierto estado de necesidad y puede inducir al hombre a tremendas rebeliones. El surrealismo es un paraíso artificial, que deriva del estudio de Baudelaire: en muchos aspectos, el surrealismo parece un vicio nuevo, que puede satisfacer a todos los que tienen gustos refinados.*

La atracción del surrealismo como droga pasa por su carácter orgánico: para intoxicarse con el surrealismo sólo hace falta ejercitar la imaginación con total libertad.

> *Amada imaginación, lo que más amo en ti es que jamás perdonas. Únicamente la palabra libertad tiene el poder de exaltarme. Me parece justo y bueno mantener indefinidamente este viejo fanatismo humano.*

En su apasionada defensa de la imaginación como territorio a conquistar, la locura pasa a ser vista desde otra óptica: los locos son víctimas de su imaginación. Pero, como bien saben los surrealistas, las alucinaciones y las visiones son una útil e interesantre fuente de placer.

> *Me pasaría la vida entera dedicado a provocar las confidencias de los locos. Son gente de escrupulosa honradez, cuya inocencia sólo se puede comparar con la mía.*

81

Evidentemente, Breton, respaldado por sus amigos, se siente como un conquistador de nuevos territorios. Claro que, apoyando su actitud y su autoridad, el staff del surrealismo es por entonces un verdadero "dream team poético":

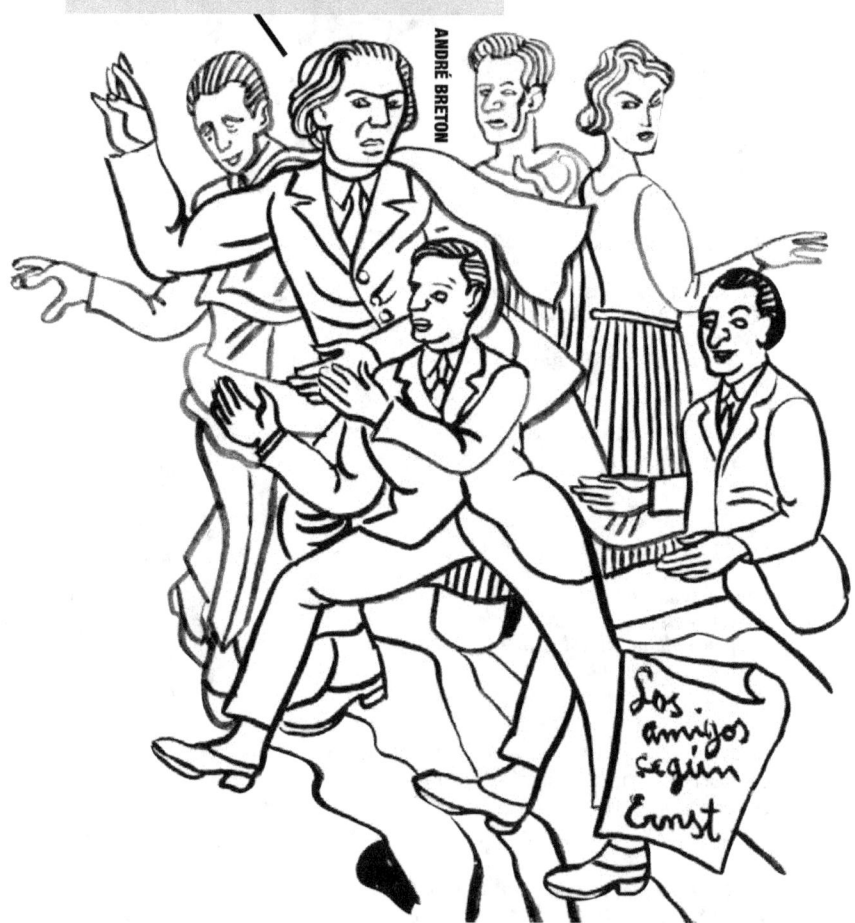

Colón tuvo que iniciar el viaje en compañía de locos. Y ahora podéis ver que aquella locura dio frutos reales y duraderos.

ANDRÉ BRETON

Los amigos según Ernst

Locos o no, los surrealistas por ese entonces son muchos y talentosos. Y han hecho "profesión de fe de Surrealismo Absoluto".

Desde cualquier punto de vista, el verbo apasionado de Breton, el enorme talento de Eluard, Aragón, Péret, Desnos, Soupault y demás integrantes del grupo, cuentan con un atractivo extra: la cohesión de sus integrantes, que han llevado la idea de colectivización del pensamiento a un nivel inédito. En distintas épocas, muchos artistas e intelectuales tomarán sus ideas y sus actitudes como punto de partida para sus actividades.

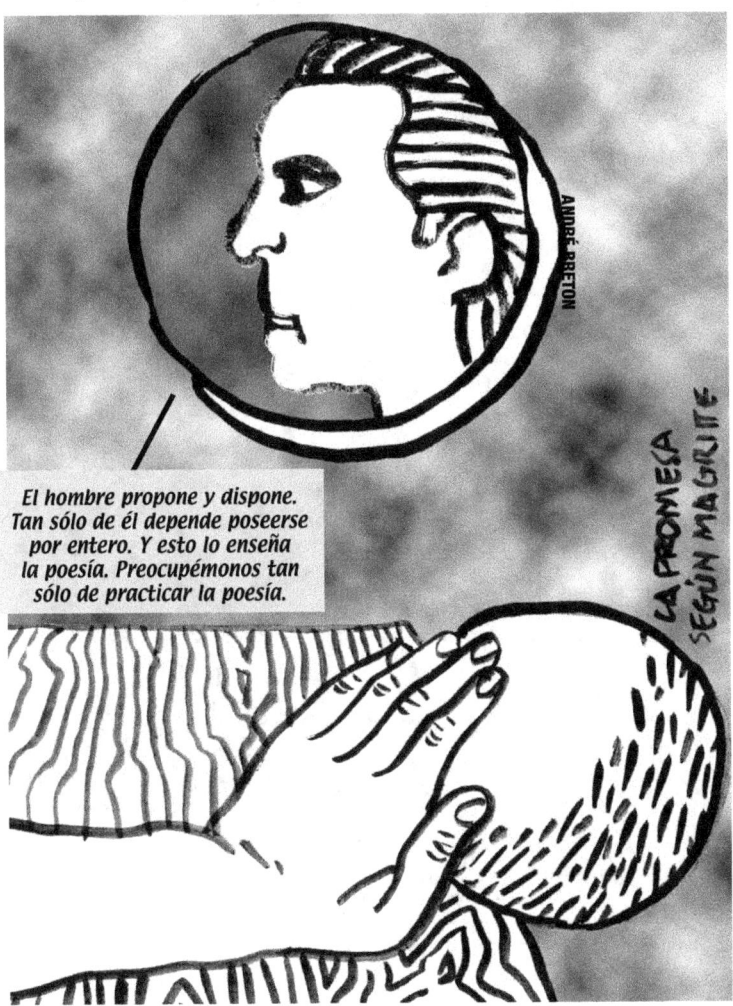

En el manifiesto, Breton destaca de entre todos los poetas surrealistas a Desnos, el más embriagado de automatismo, el que más "practica" la poesía.

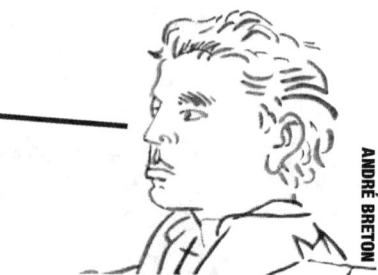

Robert Desnos quizá sea el que, en nuestro grupo, está más cerca de la verdad surrealista. En la actualidad, Desnos habla en surrealista cuando le da la gana. Desnos lee en sí mismo como en un libro abierto, y no se preocupa de retener las hojas que el viento de su vida se lleva.

ANDRÉ BRETON

Claro que practicar tanto la poesía puede llegar a generar un estado peligroso: de hecho, en una de las sesiones hipnóticas del grupo, Desnos es encontrado persiguiendo con un cuchillo a Eluard, a quien detesta.

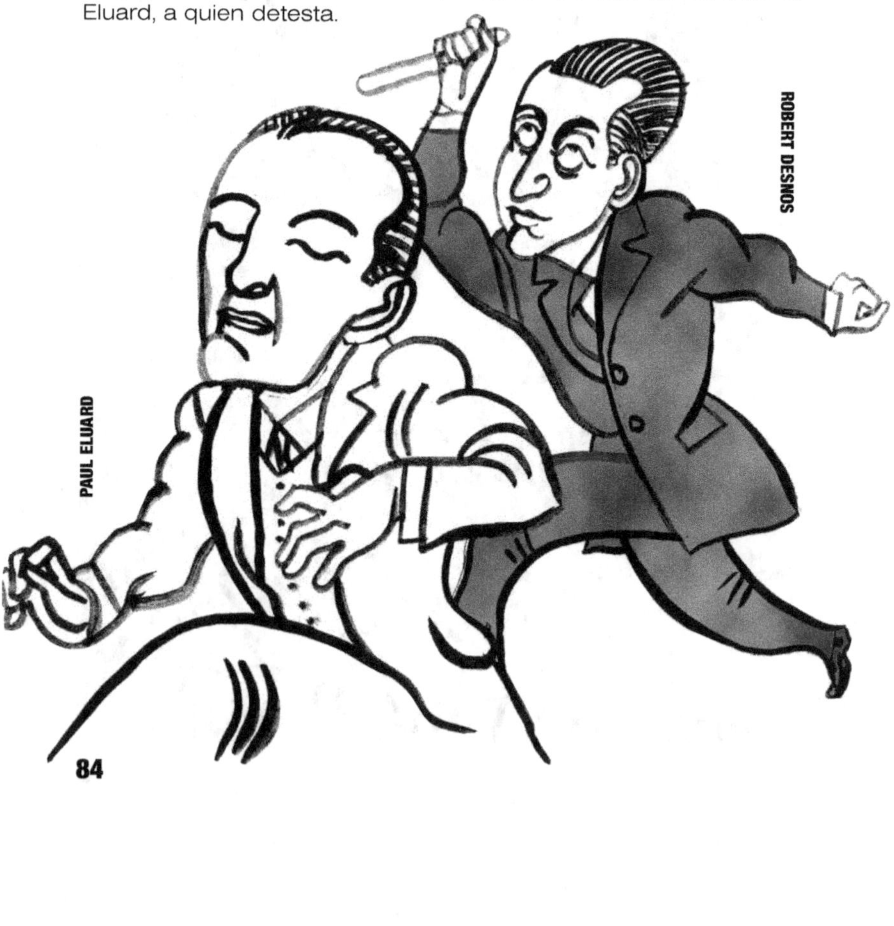

ROBERT DESNOS

PAUL ELUARD

Toda esa energía puesta en funcionamiento por la revolución surrealista debe ser controlada. Claro que para eso está Breton. Su prestigio por entonces es enorme, y sus proclamas se sostienen con su actitud. Los integrantes del movimiento lo aman, lo admiran y lo respetan, a la vez que se sienten apoyados por su autoridad.

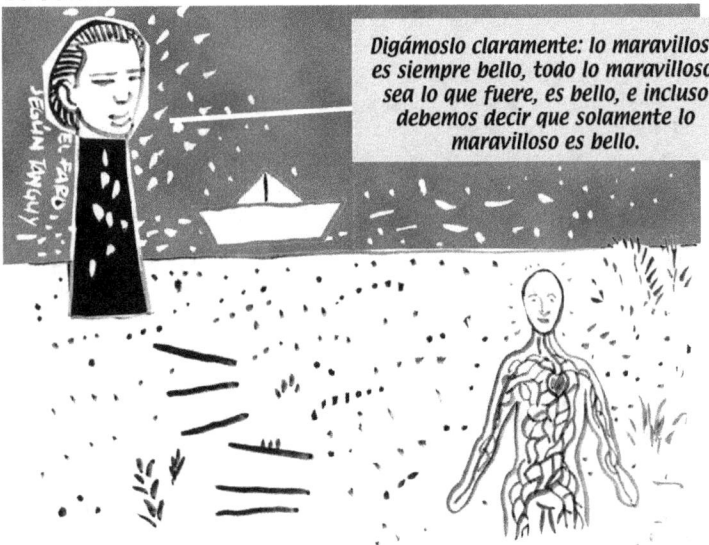

Digámoslo claramente: lo maravilloso es siempre bello, todo lo maravilloso, sea lo que fuere, es bello, e incluso debemos decir que solamente lo maravilloso es bello.

A pesar de todos estos peligros, que de hecho no dejan de dar también cierto atractivo a la propuesta del grupo, el manifiesto funciona como una arenga poética irresistible.

El espíritu que se sumerge en el surrealismo revive exaltadamente la mejor parte de su infancia. Quizá sea vuestra infancia lo que más cerca se encuentra de la verdadera vida; esa infancia en la que todo favorece la eficaz y sin azares posesión de uno mismo. Gracias al surrealismo, parece que las oportunidades de la infancia reviven en nosotros.

Para los surrealistas, todo está por hacerse...

85

De esta manera, con estas ideas, el primer manifiesto conjuga su dimensión política (con su radical rechazo a las formas de pensar establecidas), con la buena noticia del automatismo psíquico, cuyo primer mandamiento es "practicar la poesía". Aplicando la poesía automática se realizará la revolución surrealista, que sería, desde cualquier punto de vista, una revolución llevada a cabo por poetas, con las imágenes generadas por el automatismo avalanzándose en todas las áreas de la vida.

El prestigio y el poder de Breton y su fe ciega en el surrealismo lo van llevando a tomar una posición cada vez más autoritaria: André Breton es el guardián y el juez del Nuevo Espíritu. La fuerte toma de posición del grupo queda también enunciada en uno de los pasajes de este primer manifiesto en el que se arremete con desprecio contra "la actitud realista".

La actitud realista, inspirada en el positivismo de Santo Tomás a Anatole France, me parece hostil a todo género de elevación intelectual y moral. Le tengo horror por considerarla resultado de la mediocridad, del odio, y de vacíos sentimientos de suficiencia.

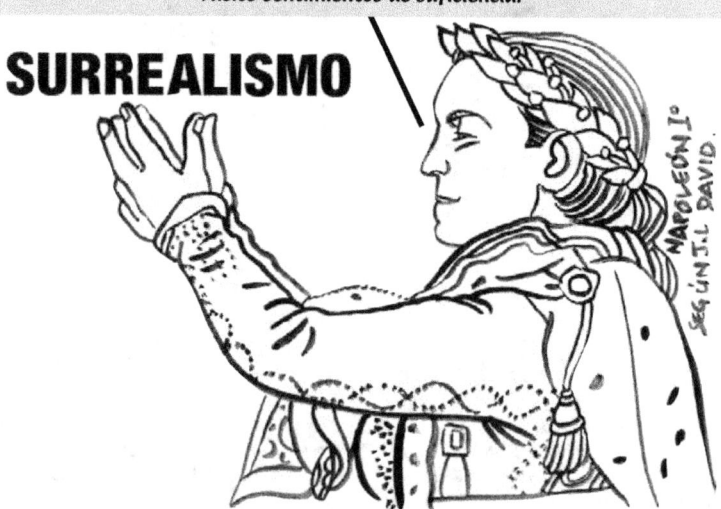

En esta batalla intelectual, el surrealismo arremete en forma radical contra lo que considera su peor enemigo: el pensamiento positivista racionalista. Siendo la novela su expresión artística más importante, este género literario sería considerado, a partir de entonces, como un género menor y repudiable, indigno para un verdadero surrealista.

86

Un medio literario valioso es, sin embargo, el panfleto injurioso: ese mismo año, con motivo de la muerte de Anatole France, el grupo edita "Un Cadáver", un panfleto en el que se incluyen textos de Aragón, Delteil, Drieu La Rochelle (que luego soprendería al grupo con su simpatía hacia el nazismo), Eluard y Breton. Así como antes han realizado el juicio a Barrès, ahora los surrealistas destruyen en forma cruel y deliberada la reputación de este escritor cuya muerte ha acontecido en medio de un duelo nacional. Su gloria parece indiscutible tanto para la derecha (para quien representa el estilo francés llevado a su perfección) como para la izquierda, que recuerda que France casi había sido socialista. Pero para los surrealistas como Paul Eluard, Anatole France es "un viejo como cualquier otro".

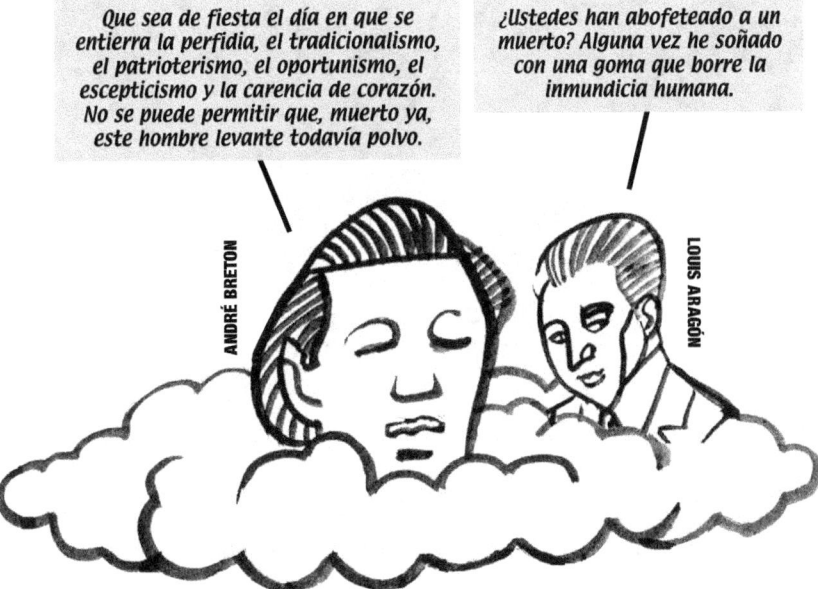

El chistecito tiene sus consecuencias: Breton pierde su trabajo como asesor del coleccionista y modisto Jacques Doucet. También tiene sus consecuencias para Louis Aragón, que poseído por la ola de insultos hace referencia "al literato al que saludaban simultáneamente el Tapir Maurras y la Chocha Moscú...". Las pretensiones publicitarias y la avidez de escándalo de Aragón pronto chocarían con las ambiciones revolucionarias del grupo.

En octubre de 1924, los ecos del dadaísmo francés todavía se hacen sentir. Ese mes saldría un nuevo número de 391, en el que el siempre polémico Francis Picabia dará su opinión:

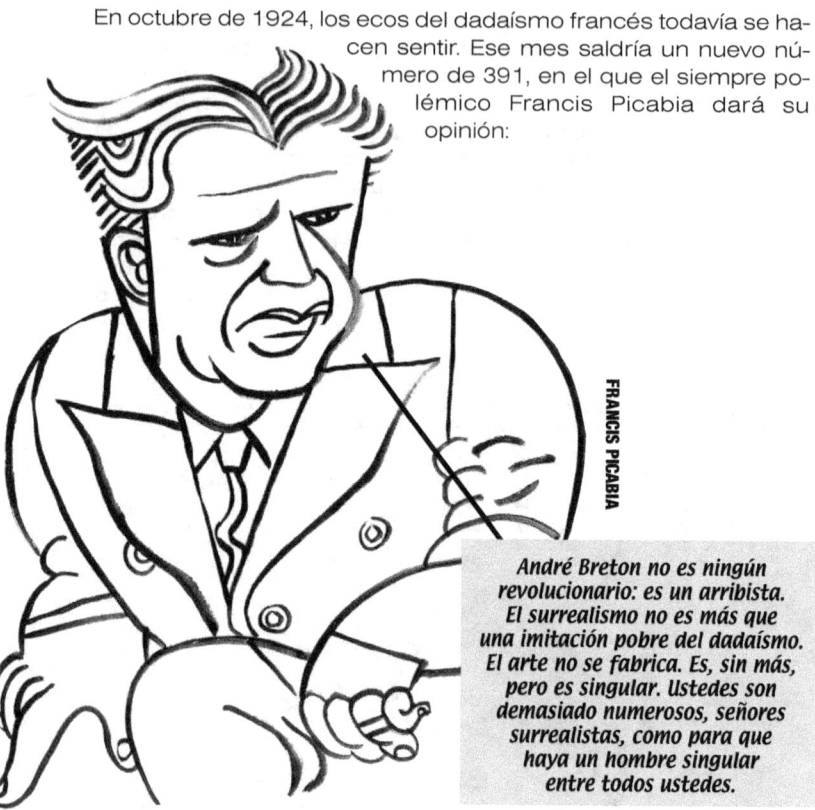

FRANCIS PICABIA

André Breton no es ningún revolucionario: es un arribista. El surrealismo no es más que una imitación pobre del dadaísmo. El arte no se fabrica. Es, sin más, pero es singular. Ustedes son demasiado numerosos, señores surrealistas, como para que haya un hombre singular entre todos ustedes.

Caravanserail, novela que Picabia piensa editar por ese entonces, en la que se burla de todo París, incluyendo a los surrealistas, jamás se publica. Es preferible editar cualquier libro de un surrealista. En 1925, Picabia se instalará en la Costa Azul. Hasta el final de su vida, su actitud irreverente será la de un dadaísta de pura cepa.

El altísimo perfil de los surrealistas durante este año suscitaría todo tipo de reacciones. Desde la revista Philosophies, Henry Lefebvre, por entonces un filósofo de sólo 23 años, escribe una reseña de los siete manifiestos dadá. Él también prefería el dadá al surrealismo. Si el surrealismo sólo apunta a un pequeño cambio (el de las reputaciones literarias), dadá busca alcanzar un absoluto: el fin del mundo. Dadá es el espíritu que dice que no, proclamando la soberanía del instante.

Claro que dadá ha buscado escapar a todas las definiciones y su negación también implica negarse a sí mismo. En cambio, el surrealismo, hacia 1924 no hace otra cosa que afirmarse a sí mismo. Ese mismo año, en simultáneo con la aparición del primer manifiesto, se pone en funcionamiento la Guenell, con el fin de recoger todas las comunicaciones posibles referentes a las formas que puede adquirir la actividad inconsciente del espíritu. Allí se destacará la figura de Antonin Artaud, poeta y pensador, hombre proveniente del teatro en el cual intenta imponer sus revolucionarias ideas.

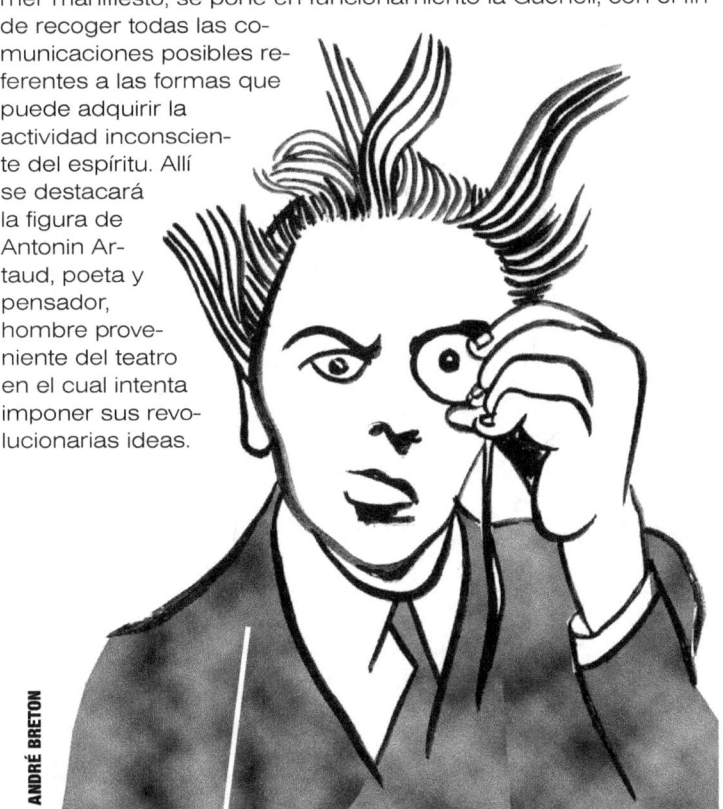

ANDRÉ BRETON

Nadie había puesto más espontáneamente al servicio de la causa surrealista todos sus medios, que eran grandes. Estaba poseído por una especie de furor que no perdonaba, por así decirlo, a ninguna de las instituciones humanas, pero que podía, en algunas ocasiones, desembocar en una risa que destilaba todo el desafío de la juventud. Este furor, mediante el sorprendente poder de contagio que poseía, influyó profundamente en el camino emprendido por el surrealismo, nos impulsó a correr verdaderamente todos los riesgos, a atacar personalmente a discreción todo aquello que no podíamos sufrir.

Cerrando un año superproductivo, en diciembre de 1924, el movimiento surrealista encontrará en La Revolución Surrealista un nuevo y poderoso medio de expresión. Con su aspecto científico y sobrio, y bajo la dirección de Pierre Naville y Benjamin Péret, la revista anuncia desde su portada sus ambiciones: "Es preciso obtener una nueva declaración de los derechos del hombre". En su primer número, esta revista incluye relatos de sueños de De Chirico y Breton. Desde su prefacio, J. A. Boiffard, Paul Eluard y Roger Vitrac enfatizan la importancia que tienen los sueños para el grupo.

> Como el proceso de conocimiento ya no tiene lugar y la inteligencia no se tiene ya en cuenta, sólo el sueño deja íntegro el derecho del hombre a la libertad. Gracias al sueño, la muerte ya no tiene un sentido oscuro y el sentido de la vida se vuelve diferente.

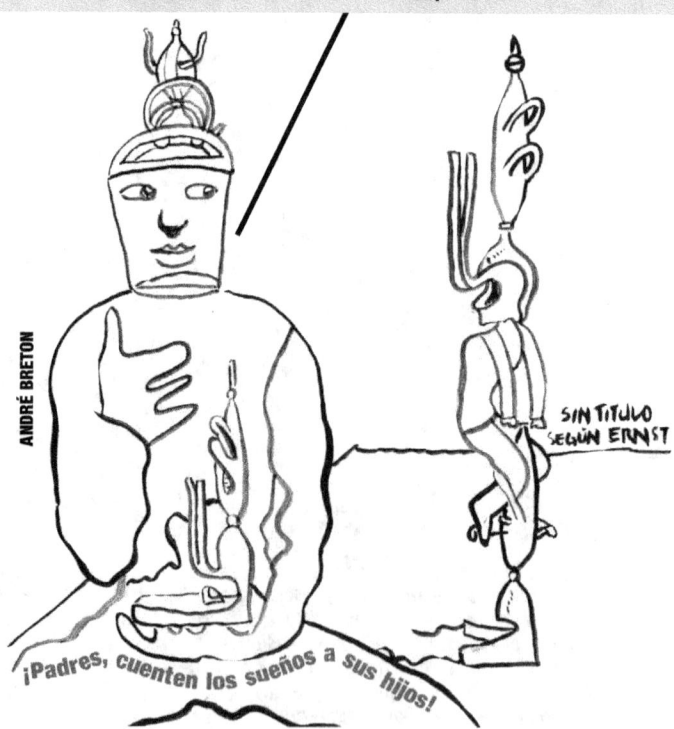

ANDRÉ BRETON

SIN TITULO SEGÚN ERNST

¡Padres, cuenten los sueños a sus hijos!

El número también muestra las respuestas a una curiosa e inquietante encuesta: ¿Es el suicidio una solución?

1925

Iniciando este año, el segundo número de La Revolución Surrealista confirma la apuesta del grupo: sus integrantes van a dejar la "ola de sueños" para involucrarse con la realidad social. La postura radical del grupo choca contra el solipsismo poético de sus propios integrantes. Hay otras revoluciones, y, como seres declarados en "constante estado de rebelión", los surrealistas van a sentir la necesidad de hacerse cargo de sus responsabilidades revolucionarias. Ha existido una Revolución bolchevique y sus consecuencias fascinan y preocupan a los intelectuales del mundo entero. La destitución de los zares, la creación de un régimen que plantea un cambio drástico en la justicia social son por ese entonces episodios imposibles de ignorar. El heroísmo de los revolucionarios, inmortalizado en los filmes de Sergei Einsestein, despierta en los intelectuales ilusiones de fraternidad universal y de gloria. La revolución marca el término de una era y el comienzo de otra, en la que un poeta como Vladimir Maiacovski puede tener un rol esencial como propagandista y llenar estadios con gente que desea escuchar sus poesías, y un pintor como Mark Chagall puede ser nombrado como ministro de Bellas Artes.

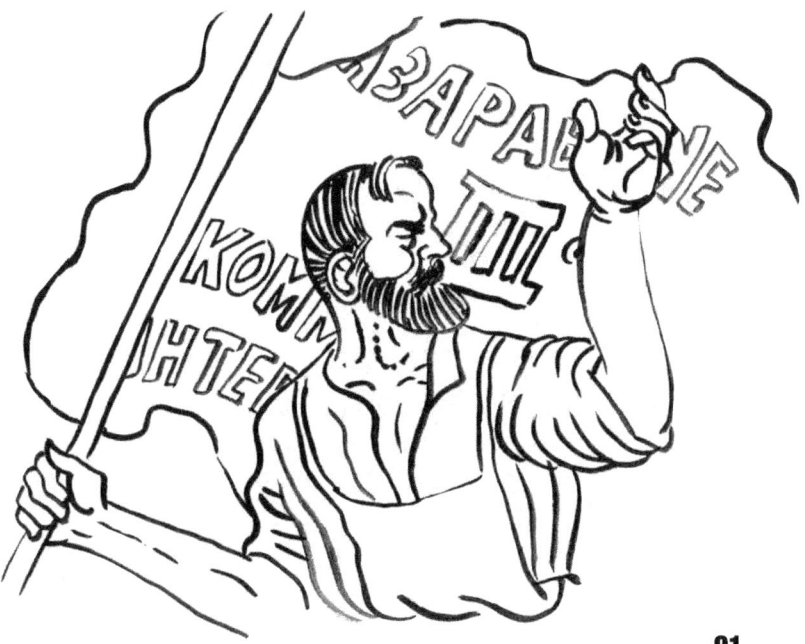

De a poco, Hegel, Marx, Lenin y Trotsky van a empezar a co-
dearse con Rimbaud, Lautréamont, Picasso y Duchamp como referentes esenciales de la nueva revolución surrealista. Pero mientras André Breton empieza a estudiar sobre el materialismo
dialéctico y la Revolución rusa, Aragón mantiene su actitud desafiante. Ante las recriminaciones de Bernier, de la revista Clarté,
Aragón contrataca:

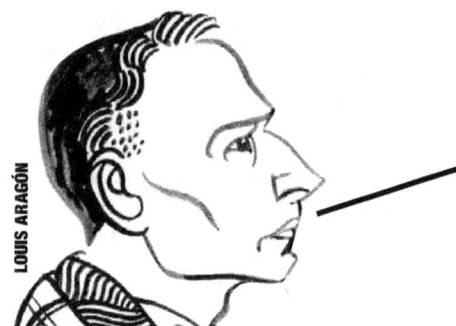

LOUIS ARAGÓN

Tengo poco aprecio por el gobierno bolchevique y por todo el comunismo. Pero usted no podrá dudar que siempre coloqué el espíritu de rebeldía muy por encima de toda política. En el orden de las ideas la Revolución rusa es, a lo sumo, una intrascendente crisis ministerial.

Los surrealistas están en el ojo de la tormenta. Tantos manifiestos y declamaciones necesitan ser afirmados por una actitud
que no se limite a la efusión poética.
De hecho, sus desmedidas ambiciones les impiden no hacerse
cargo del desafío que, por entonces, implica analizar el fenómeno del comunismo.

ANDRÉ BRETON

Nuestro propósito es la creación de un nuevo mito colectivo. Para lograrlo debemos destruir los falsos mitos de la cultura burguesa. Como revolucionarios debemos analizar más a fondo nuestra relación con el comunismo.

92

Un opúsculo editado el 27 de enero de 1925, titulado "Declaración", ayuda a entender lo delicada que es la posición del grupo en el mundo de la cultura, tratando de hacer equilibrio entre sus innegables talentos literarios y sus pretensiones revolucionarias.

1. **Nosotros nada tenemos que ver con la literatura. Pero somos muy capaces de servirnos de ella.**
2. **El surrealismo es un medio de total liberación del espíritu.**
3. **Nosotros estamos completamente decididos a hacer la Revolución. Somos especialistas en Rebelión, no hay un solo medio que no sepamos emplear en caso de necesidad.**
4. **Hemos asociado la palabra surrealismo a la palabra revolución únicamente para evidenciar el carácter desinteresado, independiente e incluso completamente desesperado de esta revolución...**
5. **El surrealismo existe. El surrealismo es un giro de espíritu que se vuelve, sobre sí mismo y está resuelto a aplastar desesperadamente todas sus trabas, y llegado el caso, con verdaderos martillos.**

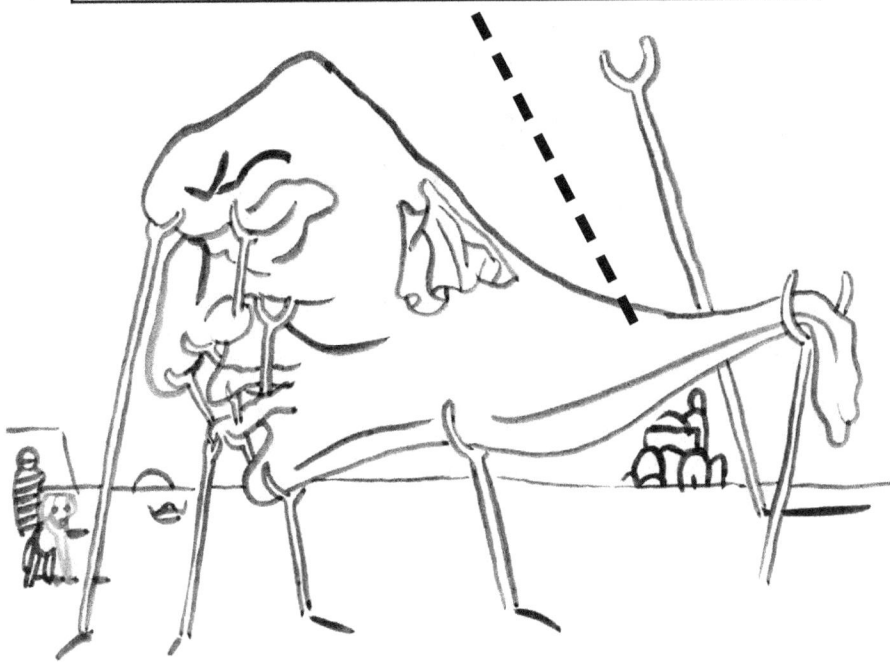

EL SUEÑO SEGUN DALÍ.

En este contexto, la figura de Antonin Artaud, cuya voz resuena en estos nuevos manifiestos, más afilados y lúcidos a la hora de señalar enemigos del espíritu, adquiere cada vez más relevancia. Brillante poeta, Artaud es también un filósofo y un hombre de teatro, que promueve nuevas y revolucionarias teorías sobre el mismo.

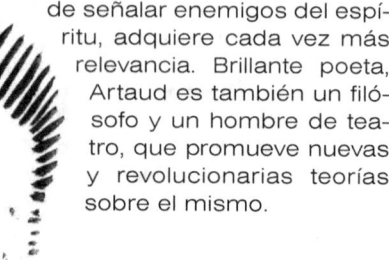

ANTONIN ARTAUD

El espíritu es un principio esencialmente irreductible, que no se puede intentar fijarlo ni en la vida ni en el más allá.

El tercer número de la Revolución Surrealista, con la participación estelar de Artaud, demuestra su total desprecio hacia la "lógica occidental", atacando a su vez a la Iglesia y a todas las instituciones con una actitud temeraria e implacable, a la vez que proclama con cierta ingenuidad la fe del grupo hacia Oriente.

-Mensaje al Papa:
En nombre de la Patria, en nombre de la Familia, impulsas a la venta de las almas y a la libre trituración de los cuerpos. Tenemos bastantes caminos que transitar para que vengan a interponerse tus tambaleantes sacerdotes y ese cúmulo de aventuradas doctrinas con que se nutren todos los castrados del liberalismo mundial.
A. A.

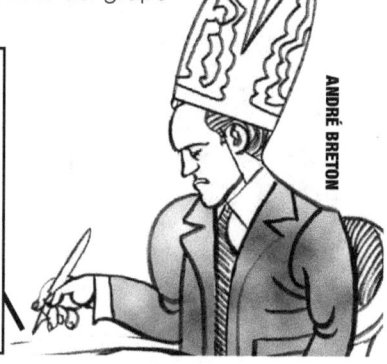

ANDRÉ BRETON

-Carta a los Rectores de las Universidades Europeas:
Basta de juegos de palabras, de artificios de sintaxis, de malabarismos formales; hay que encontrar la gran ley del corazón, la ley que no sea una ley, una prisión, sino una guía para el espíritu perdido en su propio laberinto.

A. A.

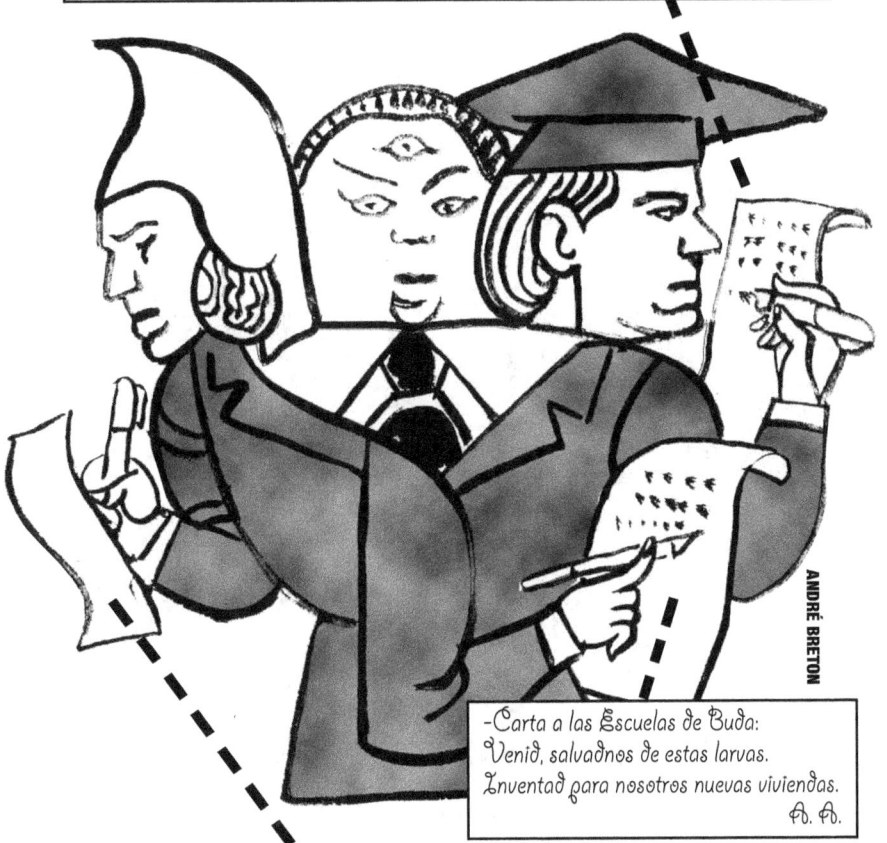

ANDRÉ BRETON

-Carta a las Escuelas de Buda:
Venid, salvadnos de estas larvas.
Inventad para nosotros nuevas viviendas.

A. A.

—Mensaje al Dalai Lama:
¡Oh Papa Aceptable! ¡Oh Papa del Espíritu verdadero! Somos tus muy fieles servidores. Envíanos tu luz en un lenguaje que nosotros podamos comprender. Créanos un espíritu sin hábitos, un espíritu cuajado verdaderamente en el espíritu. A. A.

Uno de los ataques más certeros de Artaud es el que le lanza a los directores de Asilos de Locos. Con esa carta queda en evidencia que el diagnosticar la locura es en muchos casos una forma de suprimir, simplificar el pensamiento oprimiendo a quienes piensan diferente tildándolos de "locos".

> —Carta a los Asilos de Locos:
> No podemos permitir que se impida el libre desenvolvimiento de un delirio tan legítimo y lógico como cualquier otra serie de ideas y de actos humanos.
>
> A. A.

ANDRÉ BRETON

El papel de Artaud se extenderá este año al tomar éste la dirección de la Oficina de Investigaciónes Sociales, anteriormente a cargo de Pierre Gerard.

> La oficina Central de Investigaciones Surrealistas se aplica con todas sus fuerzas a las remodelaciones de la vida. Es preciso crear toda una filosofía del surrealismo o algo parecido. Se puede, se debe admitir hasta cierto punto una mística surrealista o algo parecido, un cierto orden de creencias que escapan a la razón ordinaria, pero no obstante bien determinadas y una referencia a puntos muy precisos del espíritu. El surrealismo, más que creencias, funda en cierto orden de repulsiones... El surrealismo es, ante todo, un estado del espíritu, no preconiza recetas.

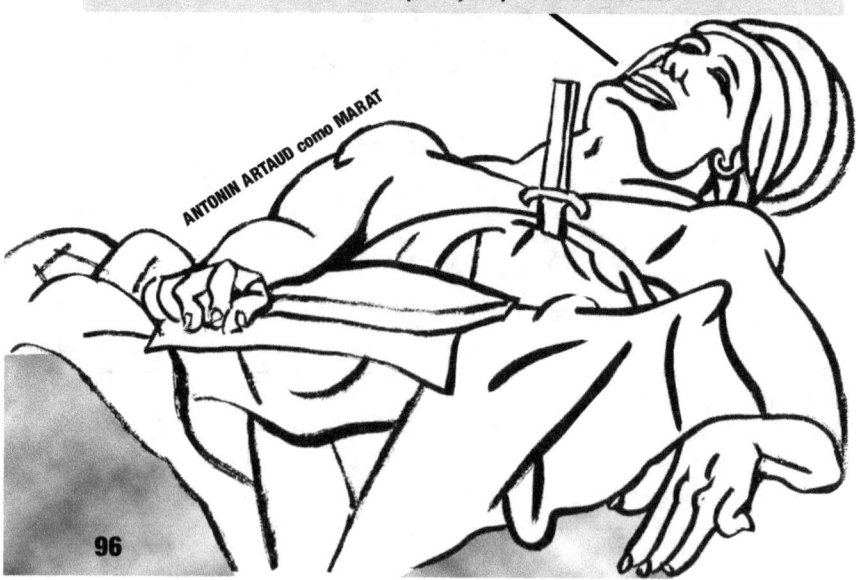

ANTONIN ARTAUD como MARAT

96

Mientras tanto, en el seno del grupo se ha empezado a producir un desgarramiento. También en el tercer número de la revista, en el otro extremo intelectual, uno de los co-directores de la revista, Pierre Naville, toma una posición que lo lleva, inexorablemente hacia la militancia política del Partido Comunista.

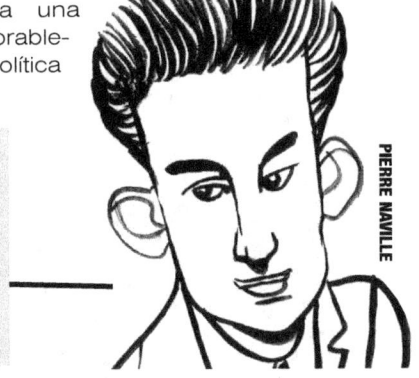

Maestros, maestros pintores, embadurnen sus telas. Ya nadie ignora que no hay pintura surrealista. Ni los trazos, ni las figuras del sueño, ni las fantasías imaginativas merecen ese nombre. Allí hay espectáculo. La memoria y el placer de los ojos: esa es toda su estética.

PIERRE NAVILLE

Mientras tanto, el furor surrealista, ajeno a estas crisis internas, sigue expandiéndose. El 18 de abril, en Madrid, la actitud "escandalosa" del poeta Louis Aragón dejará una honda impresión en dos jóvenes y talentosísimos artistas españoles: Salvador Dalí y Luis Buñuel.

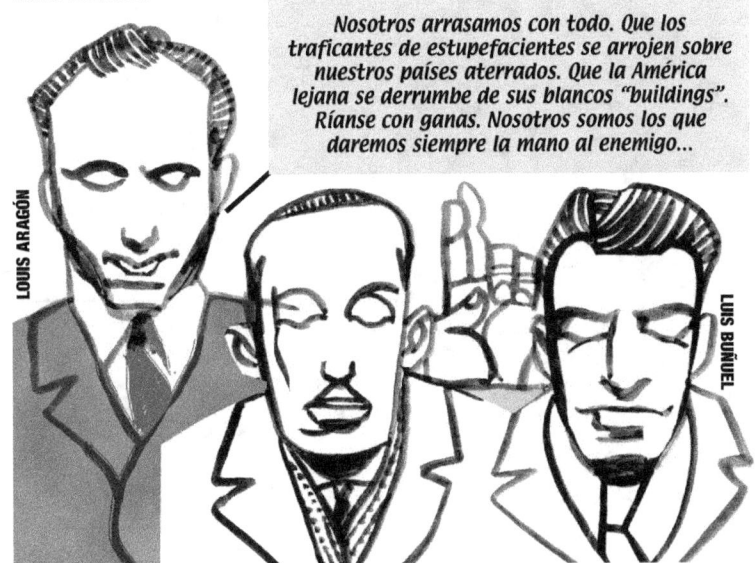

Nosotros arrasamos con todo. Que los traficantes de estupefacientes se arrojen sobre nuestros países aterrados. Que la América lejana se derrumbe de sus blancos "buildings". Ríanse con ganas. Nosotros somos los que daremos siempre la mano al enemigo...

LOUIS ARAGÓN

LUIS BUÑUEL

El 13 de junio de 1925, los surrealistas usarán un banquete en homenaje al poeta Saint-Pol Roux para confirmar con su actitud sus palabras. Sus víctimas anteriores han sido Barrès y Anatole France. Esta vez le ha llegado el turno a Paul Claudel. Antes de iniciar el banquete, el grupo reparte una Carta abierta a Paul Claudel. Aclamado poeta y embajador de Francia en Japón, en junio de ese año, el prestigioso literato católico Paul Claudel ha hecho referencia en forma despectiva a los nuevos movimientos culturales actuales.

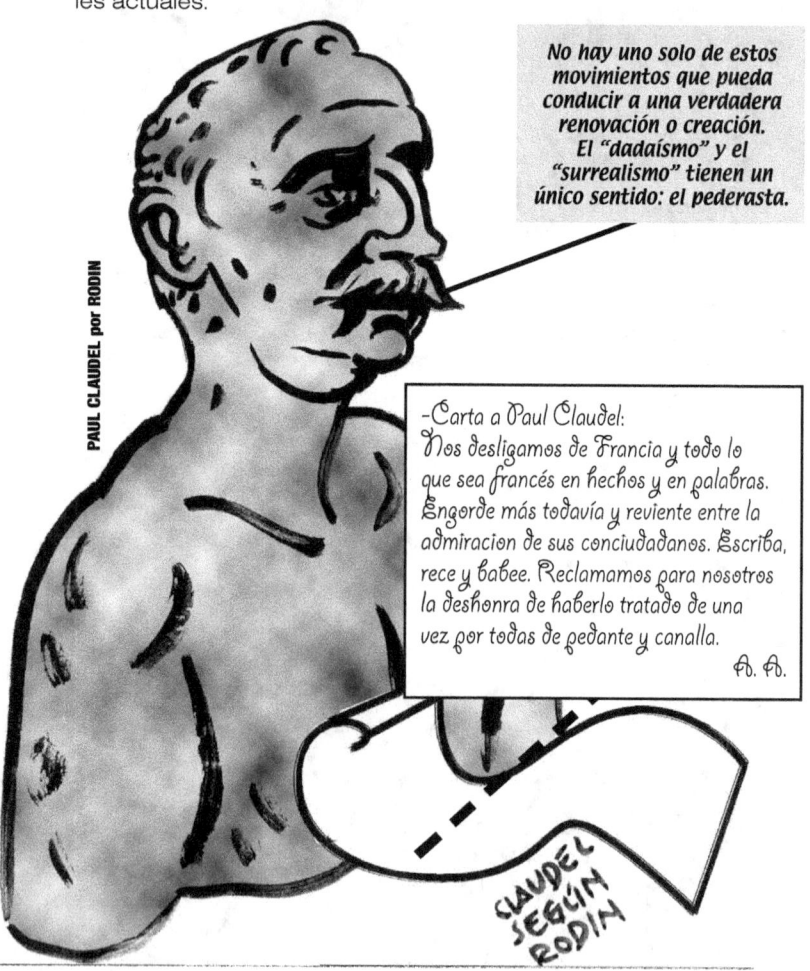

PAUL CLAUDEL por RODIN

No hay uno solo de estos movimientos que pueda conducir a una verdadera renovación o creación. El "dadaísmo" y el "surrealismo" tienen un único sentido: el pederasta.

-Carta a Paul Claudel:
Nos desligamos de Francia y todo lo que sea francés en hechos y en palabras. Engorde más todavía y reviente entre la admiración de sus conciudadanos. Escriba, rece y babee. Reclamamos para nosotros la deshonra de haberlo tratado de una vez por todas de pedante y canalla.
A. A.

CLAUDEL SEGÚN RODIN

Durante el banquete dedicado a Saint-Pol Roux (a quien admiran como poeta simbolista a pesar de su cristianismo), los surrealistas protagonizarán otro escándalo que, de no ser por la intervención de la policía, hubiese terminado con el linchamiento de Michel Leiris. Con la intención de dejar en claro su simpatía por la cultura y el pensamiento alemán, los surrealistas, indignados por un comentario despectivo hacia su amigo alemán Max Ernst, presente durante el banquete, convierten el homenaje a Saint-Pol Roux en una auténtica batahola.

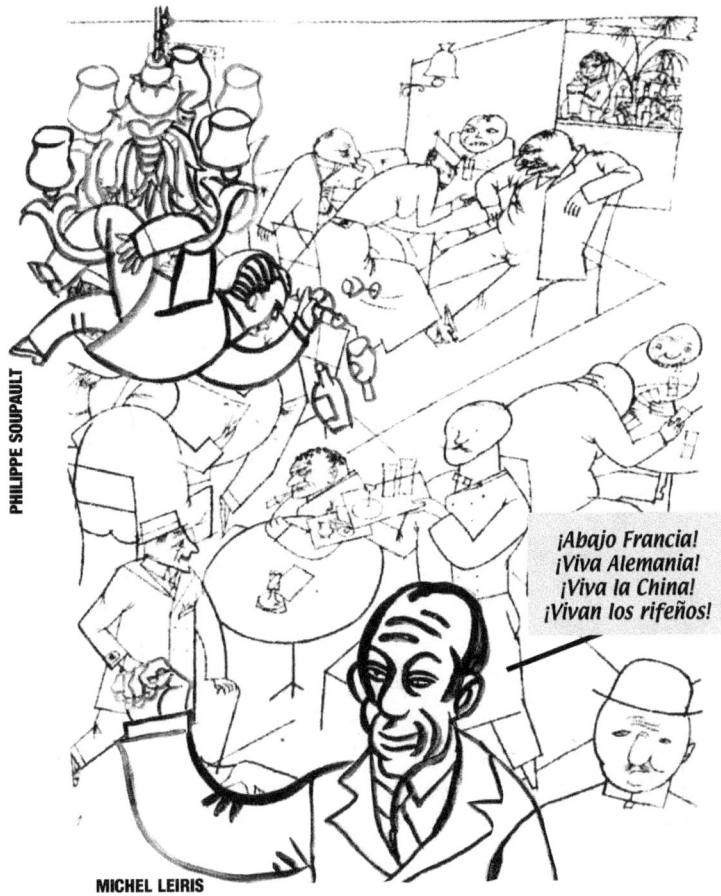

¡Abajo Francia!
¡Viva Alemania!
¡Viva la China!
¡Vivan los rifeños!

PHILIPPE SOUPAULT

MICHEL LEIRIS

Leiris pasaría varios días en cama. Finalmente lo linchó la policía.

99

Fascinados por la rebeldía de los surrealistas, algunos intelectuales comunistas, como Victor Crastré de la revista Clarté, propiciarán el encuentro inevitable entre los grupos. Coincidiendo en apoyar a los rifeños y a su jefe Abd-el-Krim durante la guerra de Marruecos y en repudiar el hipócrita manifiesto "Los intelectuales al lado de la Patria", justificación intelectual a la actitud imperialista de Francia, comunistas y surrealistas, siguiendo los principios fundamentales de la Internacional Comunista deciden formar un frente único. Así se lleva a cabo la edición de La Revolución, ahora y siempre, texto firmado por un intergrupo formado por los directores de Clarté, Jean Bernier y Marcer Fournier; los del grupo "Philosophies", en el que participan jóvenes filósofos como Henri Lefebvre, Georges Politzer, Norbert Guterman, George Friedmann y Pierre Morhange; y miembros de la publicación belga Correspondance, como Camille Goemans y Paul Nougé.

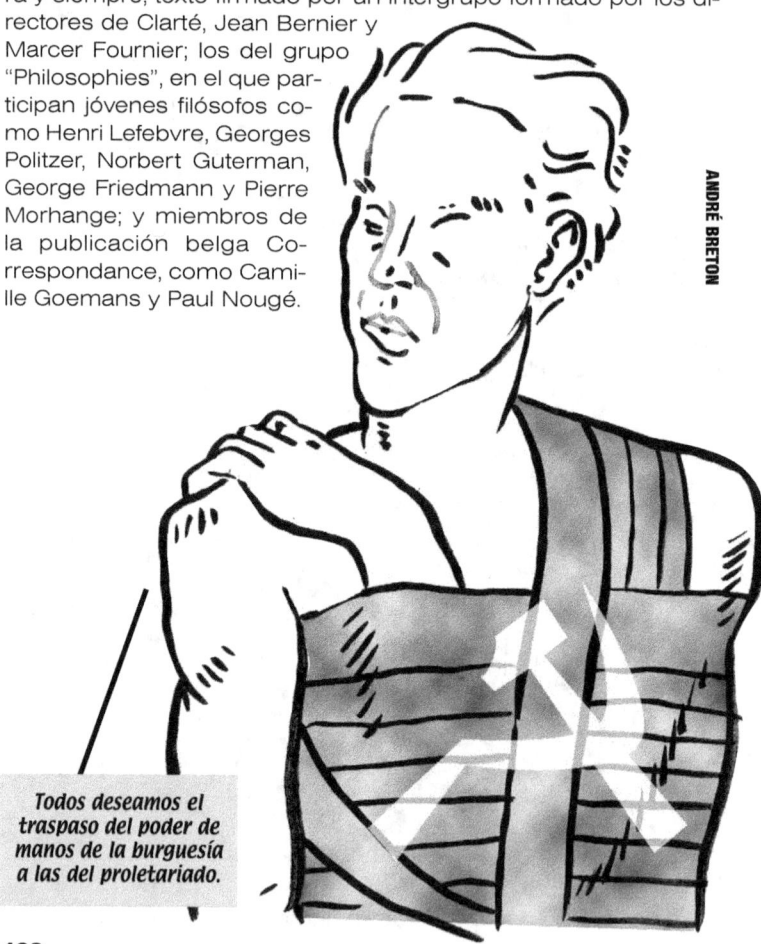

ANDRÉ BRETON

Todos deseamos el traspaso del poder de manos de la burguesía a las del proletariado.

Desde hace más de un siglo, la dignidad humana se encuentra rebajada a un intrascendente valor de cambio. Es injusto, es monstruoso que el que nada tiene sea esclavizado por el que tiene. Nosotros no aceptamos las leyes de la Economía y del Cambio, ni aceptamos la esclavitud del Trabajo, y, en un terreno más amplio, nos declaramos en insurrección contra la Historia. Nosotros consideramos que Francia no existe.

Curas, médicos, profesores, literatos, poetas, filósofos, periodistas, jueces, abogados, policías, académicos y todos los demás a todos ustedes firmantes de ese papel imbécil "Los intelectuales al lado de la Patria", los denunciamos y los confundiremos en toda oportunidad. Somos la rebelión del espíritu. Consideramos a la sangrienta Revolución como la venganza ineludible del espíritu humano por la obra de ustedes. Y no somos utopistas: esta Revolución sólo la concebimos en su forma social.

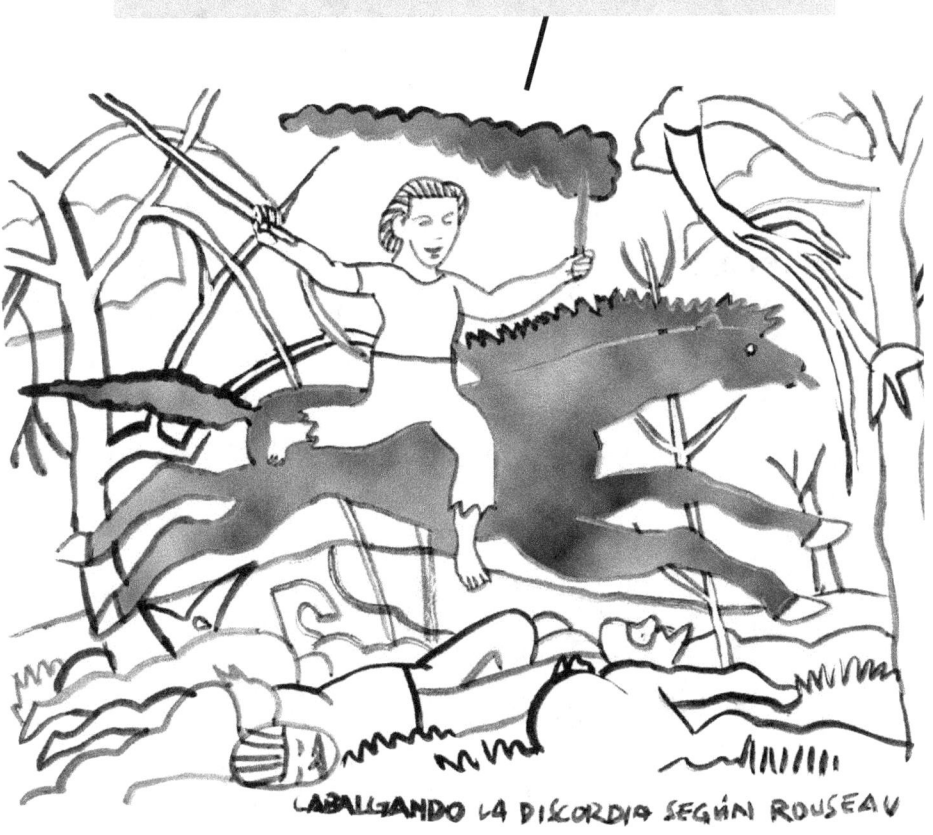

CABALGANDO LA DISCORDIA SEGÚN ROUSEAU

101

A partir de entonces, a las permanentes citas a Lautréamont se sumarán las permanentes afirmaciones de la fe del grupo en el "materialismo dialéctico".

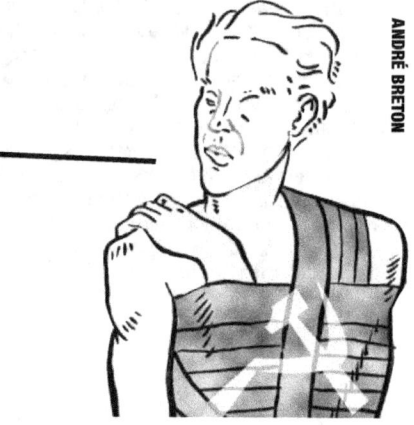

Hemos tomado conciencia de nuestra relativa incapacidad. Los relatos de sueños, los textos automáticos, poemas, dibujos y demás actos espontáneos son, a partir de ahora, no fines en sí mismos, sino material del cual surgirá un planteo nuevo en el problema del conocimiento.

Si en Breton el acercamiento al marxismo puede llegar a ser visto como una evolución lógica de su pensamiento y como una decisión casi política, en Louis Aragón su radical cambio de actitud, no deja de ser sospechosa: las frases apasionadas y pomposas que ayer se referían en forma despectiva a una "pequeña crisis ministerial", a partir de ahora estarán al servicio de integrar la revolución surrealista a las órdenes de la Internacional Comunista.

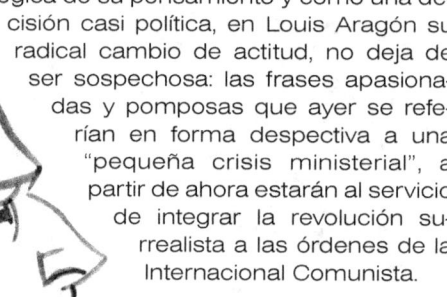

Nunca hubo una teoría surrealista de la revolución. A partir de ahora emplearemos las fórmulas leninistas y consideraremos la revolución bajo su forma económica y social.

Con suma habilidad y astucia para moverse en distintos planos, André Breton tomará la dirección del cuarto número de La Revolución Surrealista, quitándoselo a Pierre Naville, que ha afirmado que "no existe pintura surrealista". A partir de este número, Breton iniciará una Historia de la pintura moderna buscando encontrar una evolución de la pintura surrealista. Incluye obras de los "garantes" Pablo Picasso y Giorgio de Chirico, así como algunos dibujos automáticos de André Masson, que un año antes los ha empezado a realizar.

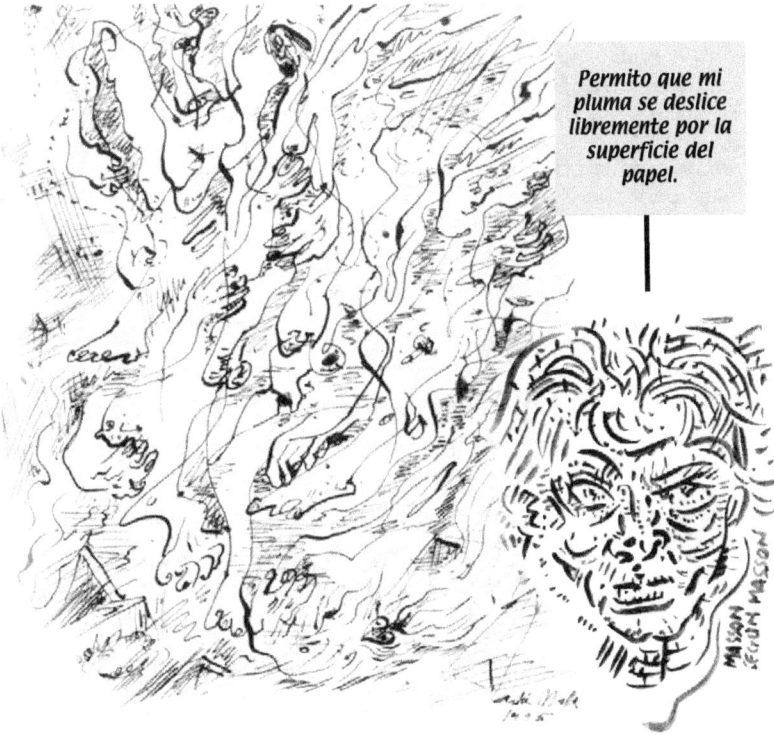

Permito que mi pluma se deslice libremente por la superficie del papel.

Amigo de Artaud, Leiris, Limbour y Tual, André Masson, del mismo modo que Breton y Soupault en Los campos magnéticos, se había autoimpuesto una rapidez en sus dibujos que hacía que las imágenes nacieran directamente de su grafía.

103

Para confirmar la existencia de una pintura surrealista, en noviembre de este ajetreado año se lleva a cabo la Primera Exposición Colectiva de Arte Surrealista, incluyendo obras de Jean Arp, Max Ernst, Paul Klee, André Masson, Man Ray, Joan Miró y Pierre Roy. A ellos se les suma un artista al que André Breton cortejará permanentemente buscando incorporarlo, sin éxito, al movimiento: el pintor español Pablo Picasso.

Al ser tan vago y general, el término surrealista se puede aplicar a pintores provenientes del dadaísmo (el caso de Arp, Ernst y Man Ray), a creadores inclasificables como Paul Klee y Mark Chagall y a monstruos del arte moderno como Picasso, que siempre gozará de un gran prestigio entre los surrealistas y que supo entender la importancia del movimiento y sacarle provecho. Sin embargo, el término "surrealista" encaja a la perfección con las obras de Joan Miró, un talentoso y joven creador catalán.

En su universo lúdico, el asombro permanente parece ser la ley. En sus composiciones, el color se siente captado en su mismo nacimiento, amplio, festivo y ligero. En los años sucesivos, el catalán continuará explorando su inconfundible universo, logrando una decantación estilística en la que el signo pictórico alcanza su pureza primordial.

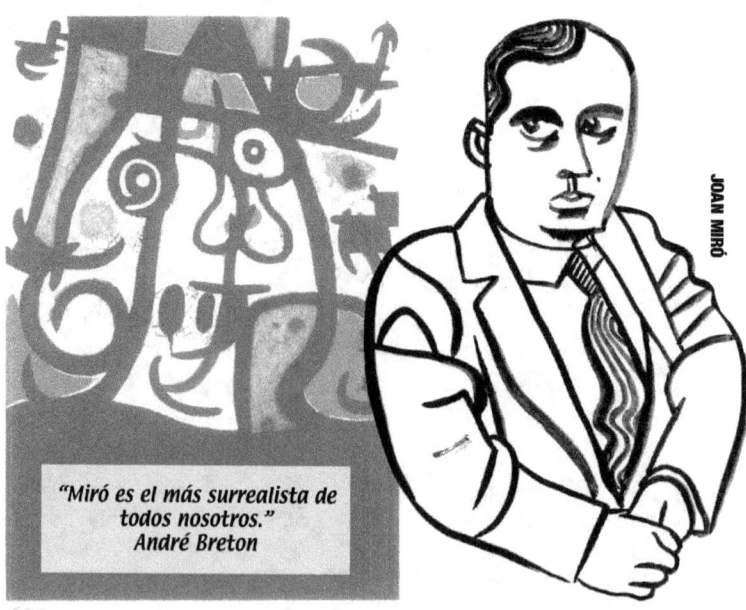

JOAN MIRÓ

"Miró es el más surrealista de todos nosotros."
André Breton

Mientras tanto, nuevos valores se acercan al surrealismo, aportando nuevas ideas y dándole más vigor al movimiento. En 1926, Robert Desnos y Georges Malkine (surrealista nómade cuya obra, perdida o dispersa, demuestra un raro talento), establecieron contacto con un trío de amigos que viven en el 54 de la calle Chateau, en la parte posterior de Montparnass. Allí viven, al margen de toda las convenciones, Marcel Duhamel, Jacques Prévert e Yves Tanguy. Enseguida, los tres entran en contacto con Breton y pasan a formar parte del movimiento. Durante un breve período de poco más de dos años, el lugar posibilita una actividad surrealista renovada e intensa, signada por la irreverencia, el buen humor, y el inconformismo absoluto.

El sentido del humor surrealista alcanzará aquí su máxima expresión, que se convertiría en poesía en libros editados más adelante, como La Crosse en l'air y Le Temps des noyaux, de Prévert, y Je ne mange pas de ce pain-l'a, de Péret. También frecuentan el lugar y no tardan en acercarse al movimiento Pierre Prévert (hermano de Jacques) y Raymond Queneau, excéntrico y singular creador, cuyos Exercises de style también constituyen un aporte valioso al humor surrealista.

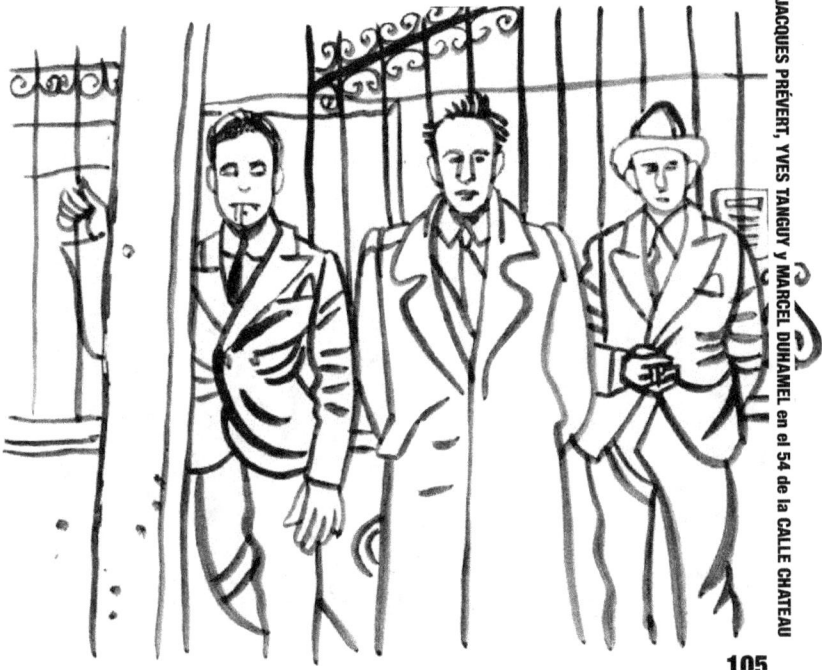

JACQUES PRÉVERT, YVES TANGUY y MARCEL DUHAMEL en el 54 de la CALLE CHATEAU

Junto a Ernst, Miró, De Chirico (que en rigor nunca pertenece al movimiento), Tanguy es otro de los pintores fundamentales de la llamada tendencia "onirista" de la pintura surrealista. Rebelde e inclasificable, Tanguy desarrolla una obra de singularidad enorme, que tal vez explique su situación marginal de pintor prestigioso pero poco conocido por el público. Horizontes lejanos bajo cielos inmensos, menhires vegetales, guijarros de formas blandas, humaredas, cabellos que flotan, nubarrones fugaces son algunos de los elementos que encontramos en paisajes suspendidos en un inquietante silencio. En estos espacios siempre inmóviles, la luz provoca sutiles matices de iluminación que hacen que su obra sea inconfundible. A partir de 1925 y hasta su muerte en 1955 Tanguy le da vida, en forma lenta, minuciosa e intermitente a una obra poco abundante que ejercería gran influencia sobre los paisajes de Salvador Dalí.

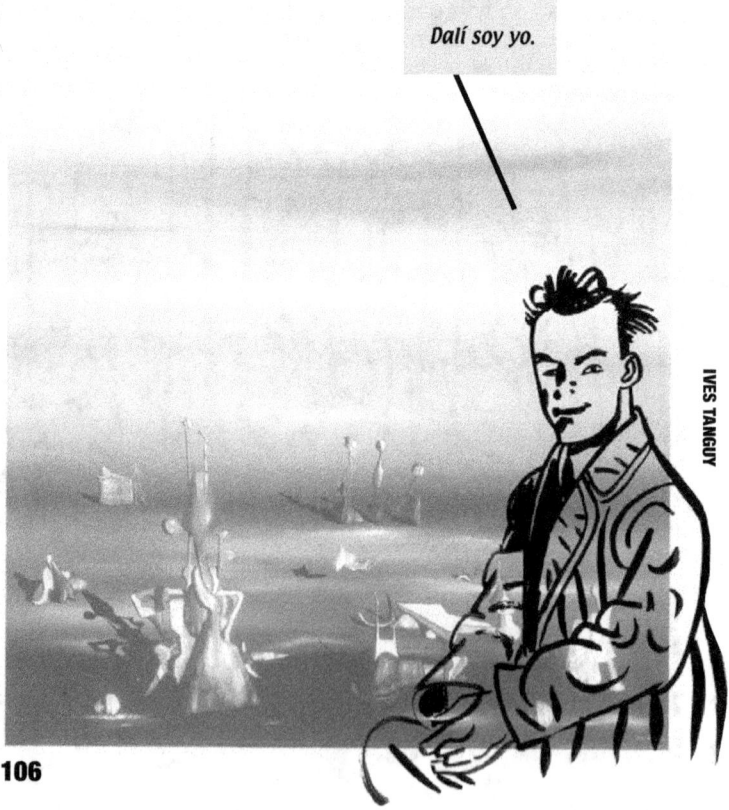

Hacia finales de este año, el quinto número de La Revolución Surrealista ya incluye un texto de Trotsky sobre Lenin. A un año de la
aparición del primer manifiesto, los integrantes de la Revolución
Surrealista tienen que replantearse a fondo cuál de las dos palabras va a convertirse en el eje de las actividades del grupo: ¿la Revolución al servicio del Surrealismo, o el Surrealismo al servicio de
la Revolución? Por ese entonces, la revolución es la bolchevique, y
su medio es el Partido Comunista Francés. Pierre Naville, el ex director de La Revolución Su-
rrealista sabe plantear claramente la disyuntiva del
grupo. Para él, si bien los
intelectuales en Francia
han representado un pa-
pel más determinante que
en otros países, esto no genera un beneficio directo
para el proletariado revolucionario, única fuerza
capacitada para realizar
la revolución que anhela-
ban los surrealistas.

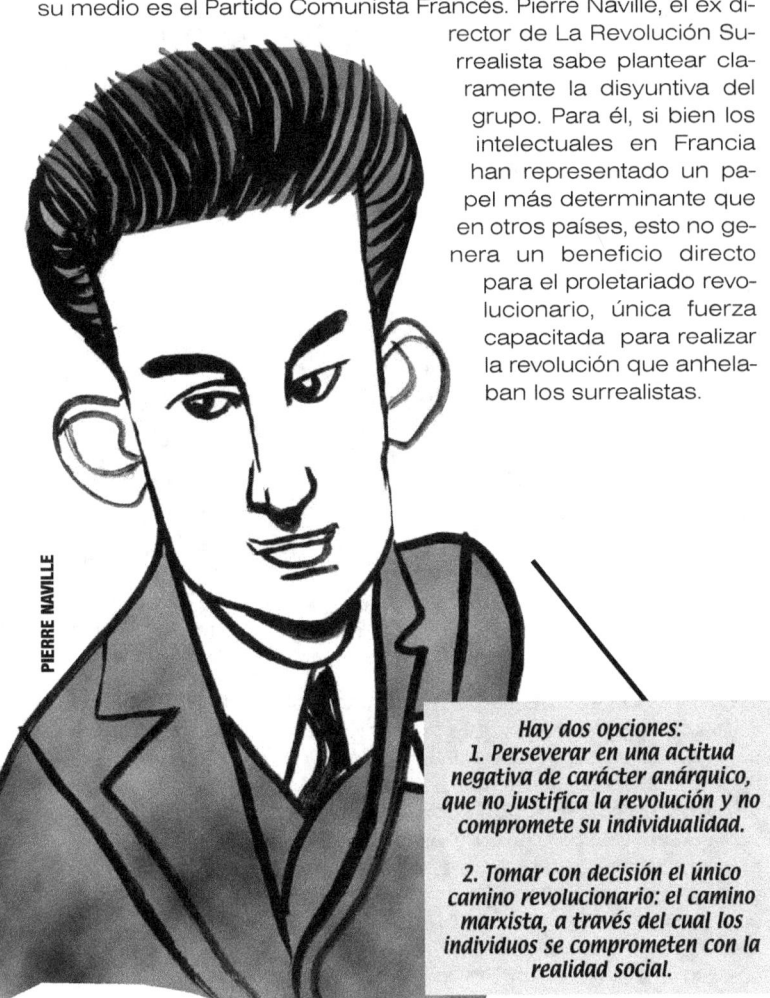

PIERRE NAVILLE

Hay dos opciones:
1. Perseverar en una actitud
negativa de carácter anárquico,
que no justifica la revolución y no
compromete su individualidad.

2. Tomar con decisión el único
camino revolucionario: el camino
marxista, a través del cual los
individuos se comprometen con la
realidad social.

1926

En septiembre de 1926 Bretón editaría su Legitíma defensa, en la que pone en claro la posición del surrealismo.

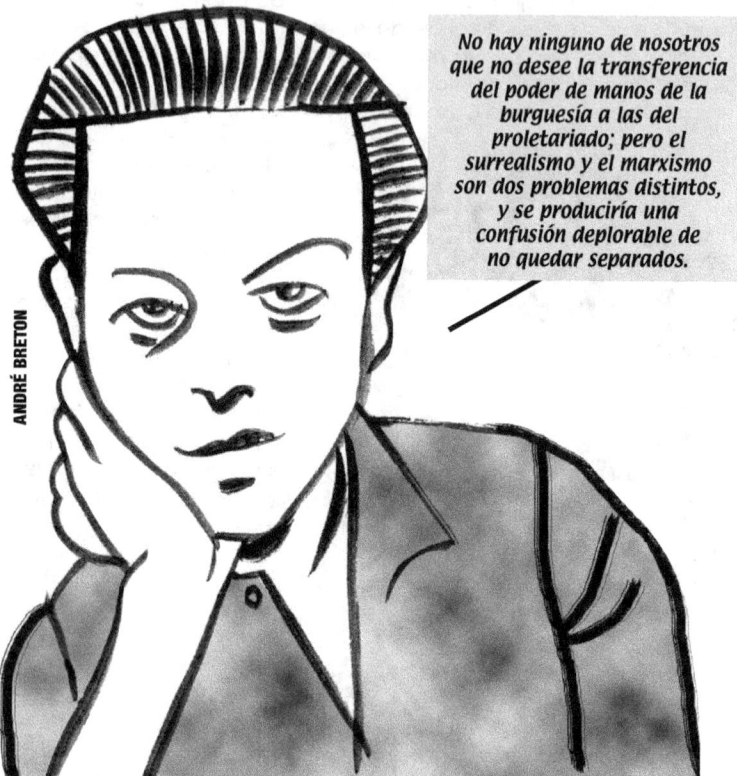

No hay ninguno de nosotros que no desee la transferencia del poder de manos de la burguesía a las del proletariado; pero el surrealismo y el marxismo son dos problemas distintos, y se produciría una confusión deplorable de no quedar separados.

ANDRÉ BRETON

De hecho, los tres números (seis, siete y ocho) de La Revolución Surrealista editados durante este año muestran a Breton y a sus seguidores volcándose hacia las fuentes del movimiento: los sueños, los poemas, los textos automáticos y las pinturas. Mientras tanto, durante este período comenzarán a realizarse nuevos "juegos surrealistas". El más famoso de éstos es el de los "papelitos": el mismo se realiza con un papel doblado y consiste en la creación de dibujos o frases por varias personas, cada una de las cuales desconoce la contribución de los demás. El nombre del juego procede de la primera frase así obtenida: "el cadáver exquisito beberá el vino nuevo".

El juego de los "papelitos" se convierte de inmediato en una fuente inagotable de hallazgos poéticos.

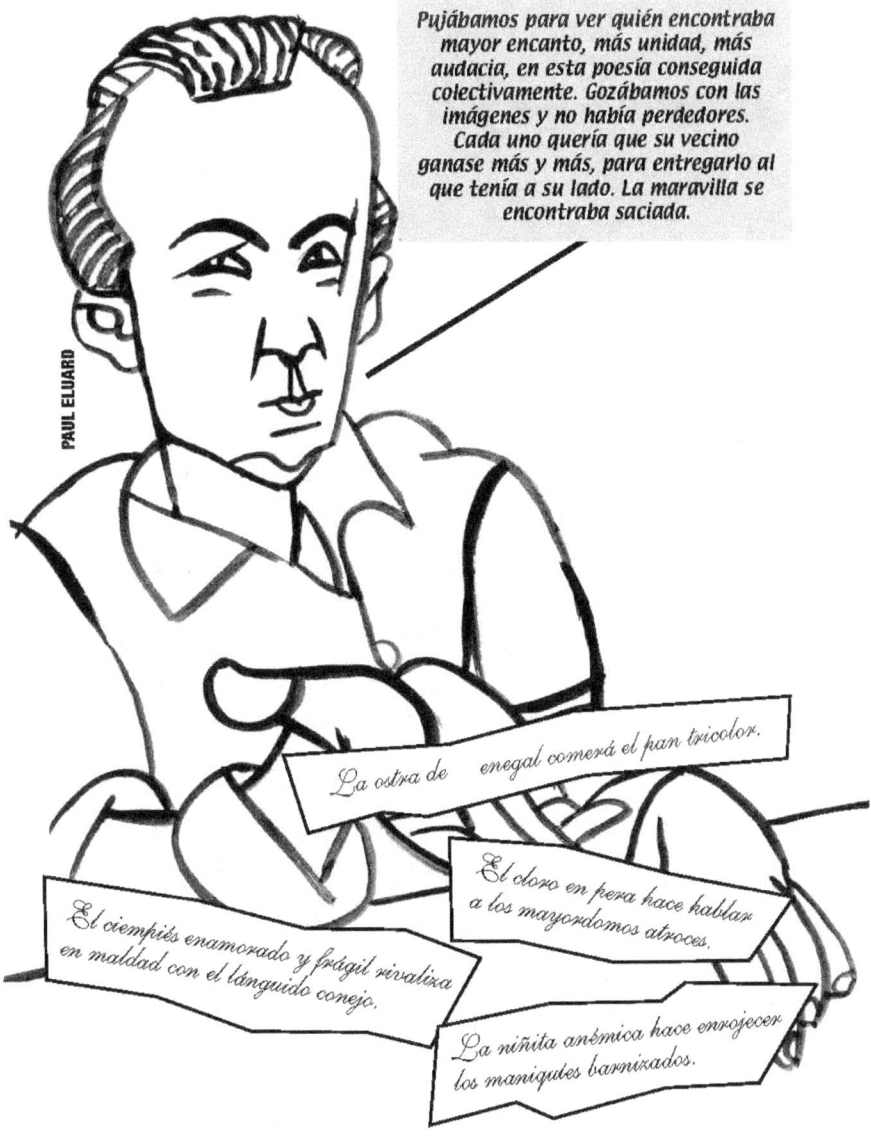

Pujábamos para ver quién encontraba mayor encanto, más unidad, más audacia, en esta poesía conseguida colectivamente. Gozábamos con las imágenes y no había perdedores. Cada uno quería que su vecino ganase más y más, para entregarlo al que tenía a su lado. La maravilla se encontraba saciada.

PAUL ELUARD

La ostra de enegal comerá el pan tricolor.

El cloro en pera hace hablar a los mayordomos atroces.

El ciempiés enamorado y frágil rivaliza en maldad con el lánguido conejo.

La niñita anémica hace enrojecer los maniquíes barnizados.

109

Otros juegos surrealistas, como el de las preguntas y respuestas, demuestran otra aplicación del juego de "los papelitos". Estos juegos colectivos brindan sin lugar a dudas la posibilidad de aplicar las ideas del automatismo psíquico y sirven de material para los miembros del grupo.

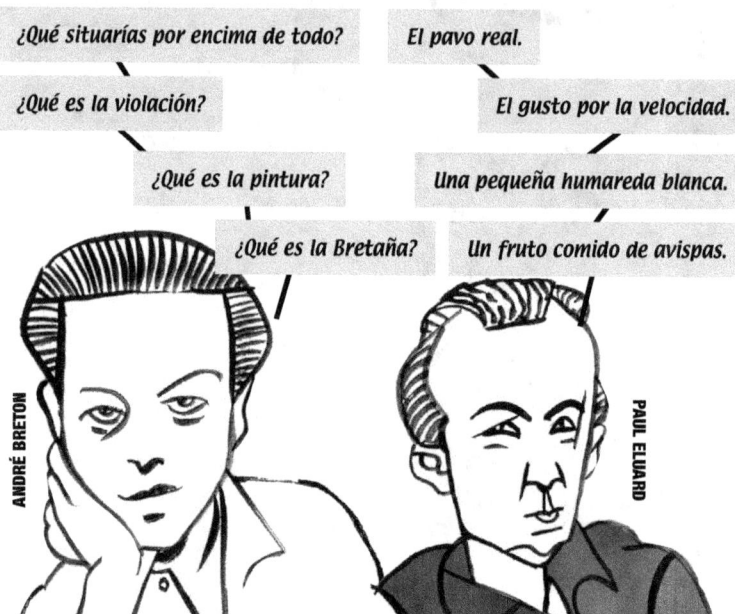

¿Qué situarías por encima de todo? — El pavo real.

¿Qué es la violación? — El gusto por la velocidad.

¿Qué es la pintura? — Una pequeña humareda blanca.

¿Qué es la Bretaña? — Un fruto comido de avispas.

ANDRÉ BRETON

PAUL ELUARD

Entre las investigaciones experimentales también surgen algunos proyectos, como por ejemplo el de explorar las distintas posibilidades de embellecimiento irracional de la ciudad pensando en si convenía conservar, trasladar, modificar, transformar o suprimir monumentos famosos. La propuesta de André Breton para la Catedral de Notre Dame es, por lo menos, interesante.

Deben reemplazarse sus torres por una gigantesca aceitera de vidrio con dos frascos cruzados, uno de ellos con sangre y el otro con esperma. El edificio servirá de escuela sexual para vírgenes.

ANDRÉ BRETON

110

En el plano internacional, la formación de un grupo surrealista belga (entre los que se encuentran escritores-pensadores como Camille Goemans, Paul Nougé, E.L.T. Mesens y el pintor René Magritte) marca la tendencia expansiva del grupo, que durante los próximos años se volcará cada vez más hacia el plano internacional. Publicista de profesión y genial pintor, René Magritte explora en sus obras la relación entre palabras concretas que poseen una gran resonancia con formas que las niegan.

Sus obras contrastan con las de un Max Ernst o un Miró por su técnica precisa y por lo despojadas que suelen ser sus imágenes, que nos hacen pensar en algún magisterio iniciático cuyas enseñanzas se dirigieran a las nociones de identidad y de propiedad de las cosas. Como si se hubiese propuesto pintar sólo una idea en cada cuadro, que podemos percibir pero no definir, Magritte desarrolla un idea mental de la pintura. Tanto él como el resto de los surrealistas belgas va a mantener siempre distancia con el grupo surrealista de París. Despreciada durante muchos años, su obra es revalorizada por pensadores como Henri Michaux o Michel Foucault en décadas posteriores.

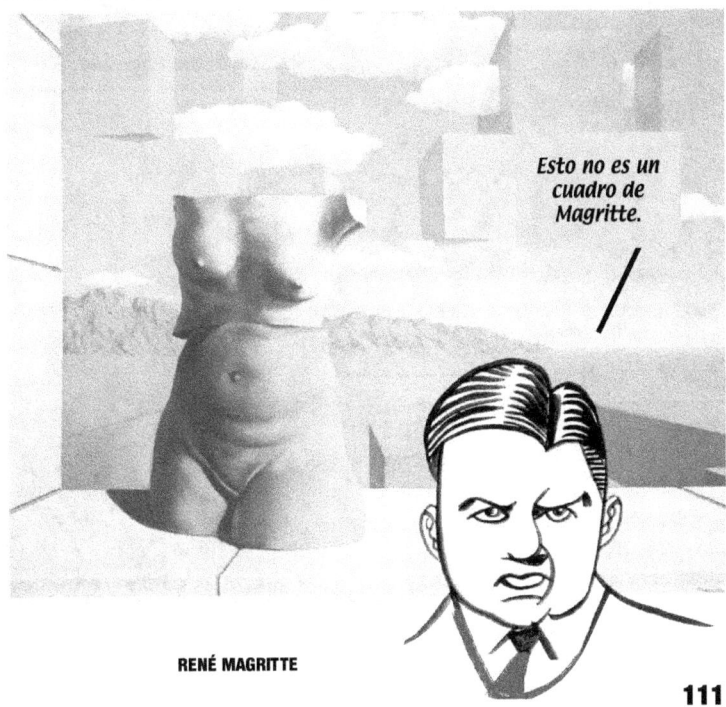

Esto no es un cuadro de Magritte.

RENÉ MAGRITTE

111

En 1926 también se inaugurará una galería surrelista con una exposición de Man Ray. Mientras tanto, las crisis en el grupo continúan su curso. Al conflicto con Pierre Naville, que durante este año empieza a trabajar como co-director de Clarté, se le sumarán los conflictos con Antonin Artaud y Roger Vitrac.

Para André Breton, la edición del Premier Manifieste Alfred Jarry, firmado por ambos, es simplemente inaceptable. Con todo, las teorías de Artaud sobre el teatro son el fruto de profundas inquietudes y de serias investigaciones.

> Cada espectador teatral es un acontecimiento único, la voluntad de este teatro es contribuir a la ruina del teatro existente. El espectador no puede permanecer pasivo, hay que sacudirlo, provocarlo, lanzarlo a la duda.
> –del *Manifieste Alfred Jarry*

ANTONIN ARTAUD

Para cerrar el año, los surrealistas publican un polémico y agresivo panfleto con el que ajustan cuentas con los disidentes: Au Grand Jour (El Gran Día):

> El movimiento surrealista expulsa a ese canalla llamado Artaud, toda su actividad nos repugna. No sólo su falta de compromiso político, también su literatura y su teatro.

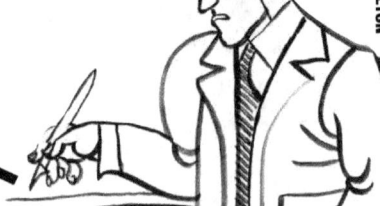

ANDRÉ BRETON

La respuesta de Antonin Artaud, editada bajo el título de En la Gran Noche o el Bluff Surrealista, no se hace esperar:

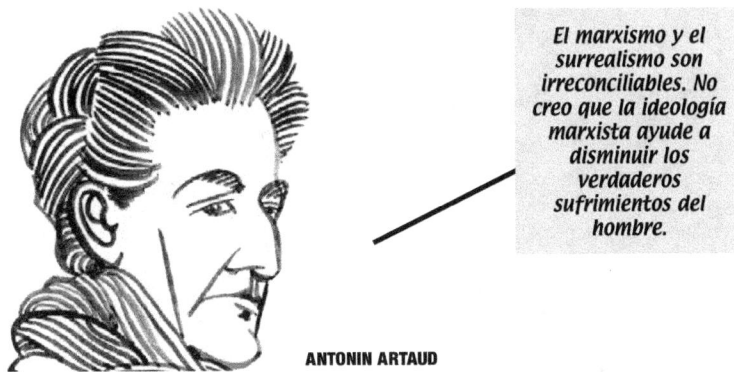

El marxismo y el surrealismo son irreconciliables. No creo que la ideología marxista ayude a disminuir los verdaderos sufrimientos del hombre.

ANTONIN ARTAUD

Los caprichos y las pretensiones de Bretón se vuelven a menudo dogmas irrefutables que los surrealistas de turno (las entradas y las salidas al grupo se convertirán a partir de ahora en una costumbre) deberán aceptar. Además de despreciar el teatro, Breton sigue manteniendo un actitud despectiva hacia la música en general.

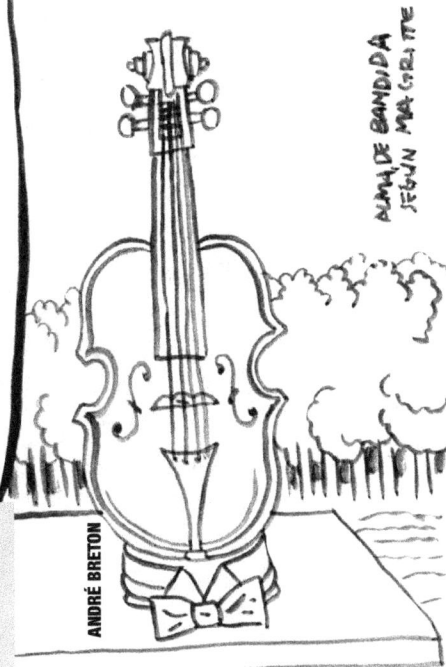

ALMA DE BANDIDA SEGÚN MA GRITTE

ANDRÉ BRETON

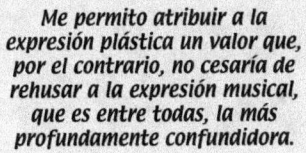

Me permito atribuir a la expresión plástica un valor que, por el contrario, no cesaría de rehusar a la expresión musical, que es entre todas, la más profundamente confundidora.

113

1927

Tratando de afirmarse en su posición política, el llamado grupo de los cinco (Breton, Eluard, Aragón, Péret y Unik) se une a principios de este año al P. C.

> **El arte no es un refugio.**
>
> **LOUIS ARAGÓN**

El hecho no deja de ser un gesto: la relación entre el Partido Comunista y el grupo surrealista sigue siendo sumamente problemática. El Partido Comunista Francés desconfía de la revolución de los surrealistas. Y a pesar de los esfuerzos de los cinco para lograr integrarse, sus diferencias son irreconciliables. Periódicamente, el camarada Breton es citado con la idea de juzgar su fidelidad al partido. Para los miembros del P.C., la existencia de una publicación como La Revolución Surrealista es incomprensible e inaceptable. En su número nueve, único número publicado en este año, encontramos un solo manifiesto: Permetez, de Raymond Queneau, sobre Rimbaud.

La existencia de una "pintura" surrealista se confirma durante este año con los hallazgos de André Masson y sus pinturas de arena. Impregnando de cola una tela virgen, luego se echa sobre ella arena, de forma tal que, al colocar el cuadro en posición vertical la arena toma formas aleatorias, que luego Masson completa con colores y trazos.

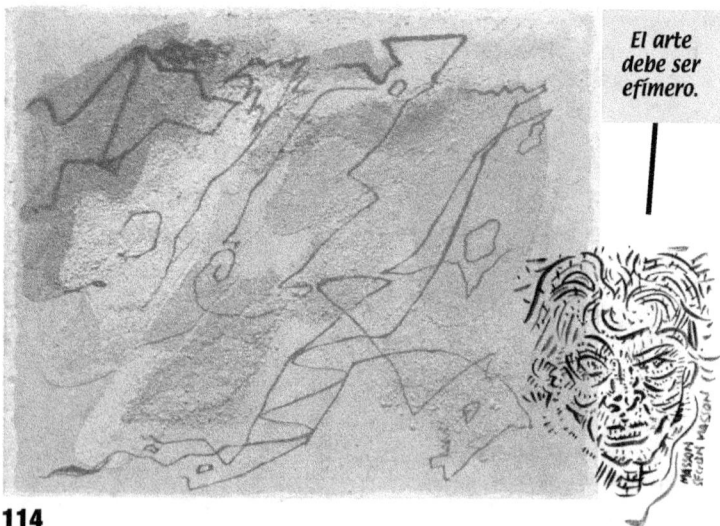

> **El arte debe ser efímero.**

114

A estos acontecimientos se le suma la inauguración de una exposición de pinturas realizadas por locos en la Galería Vavin Resapil en París.

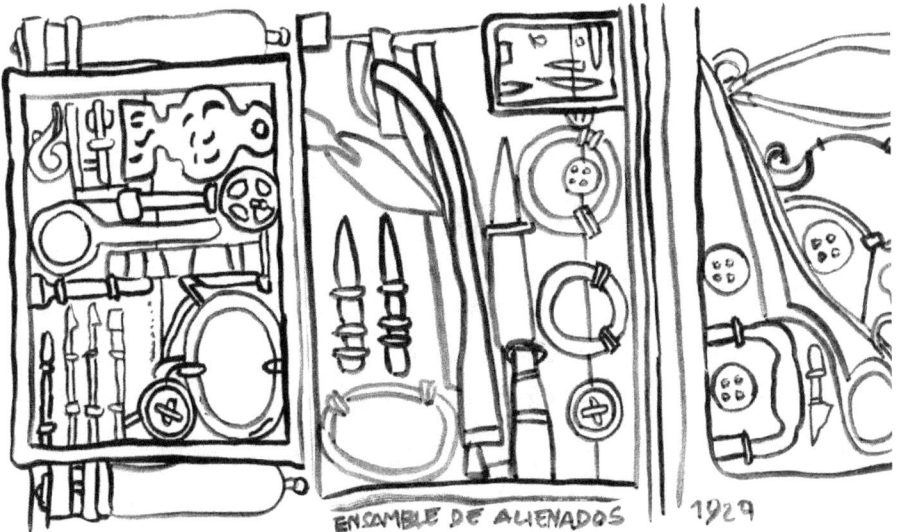

ENSAMBLE DE ALIENADOS 1929

Mientras tanto, la chispa surrealista ha prendido también en España. Este año se realiza en Barcelona la segunda exposición individual de Salvador Dalí. Influenciado por otros pintores "surrealistas" como Tanguy, Miró, Max Ernst y Jean Arp, Salvador Dalí ha recibido una excéntrica pero sólida educación, y posee como pintor una enorme capacidad técnica. Si bien su estilo es mucho más "académico" que el del resto de los pintores surrealistas, su virtuosismo está puesto al servicio de visualizar sus fantasías más íntimas.

Al igual que André Breton (a quien le sigue atentamente todos sus textos), Dalí está fascinado por la obra de Sigmund Freud, aplicando sus ideas a cuadros.

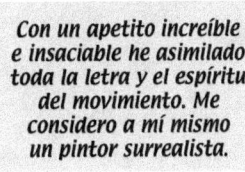

SALVADOR DALÍ

Con un apetito increíble e insaciable he asimilado toda la letra y el espíritu del movimiento. Me considero a mí mismo un pintor surrealista.

115

Junto a su compinche, Luis Buñuel, un talentosísimo cineasta ara-gonés, Dalí está pendiente de todas las actividades del grupo. Ambos sienten, con razón, que su lugar está dentro del grupo su-rrealista, donde de hecho van a canalizar el poder revulsivo de sus afiebradas imaginaciones.

Anarquista, polémico y ateo, Luis Buñuel posee un carácter tre-mendo. Su simpatía por Dalí contrasta con su desprecio por Fe-derico García Lorca, por entonces el mejor amigo de Dalí. A Bu-ñuel le molesta la homosexualidad del poeta. No es lo único que le molesta a este joven, que por momentos duda entre el boxeo y el cine; sus filmes demuestran un furioso desprecio por la bur-guesía y la cultura católica española en la que se ha educado.

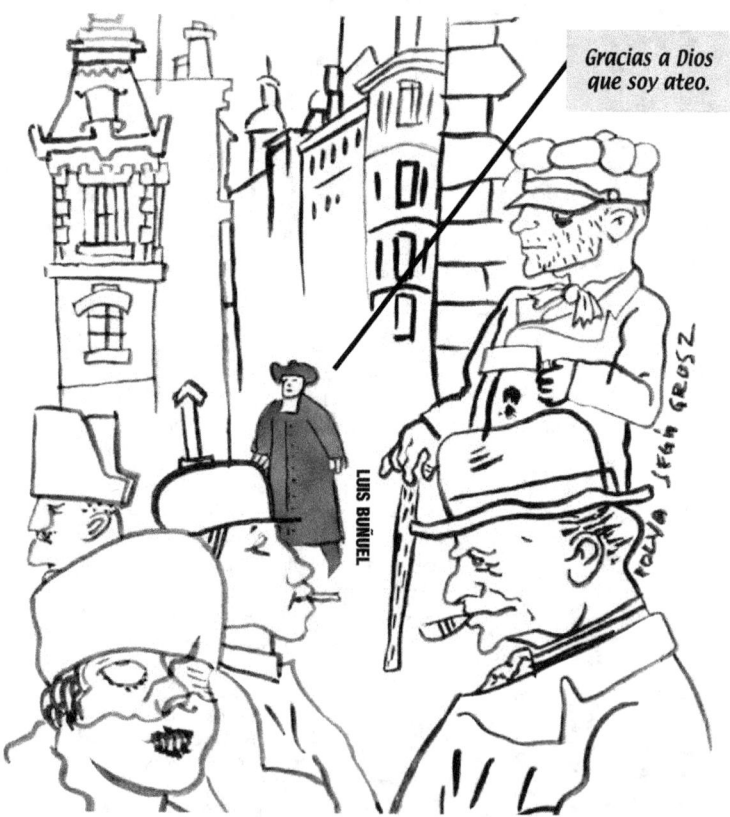

En sus ratos de ocio, Buñuel pasea por Madrid disfrazado de cura.

116

1928

Es un año de concreciones literarias para dos de los miembros fundadores del movimiento. André Breton editaría Nadja, enigmático texto que, para muchos, es el más logrado de su vasta producción poética.

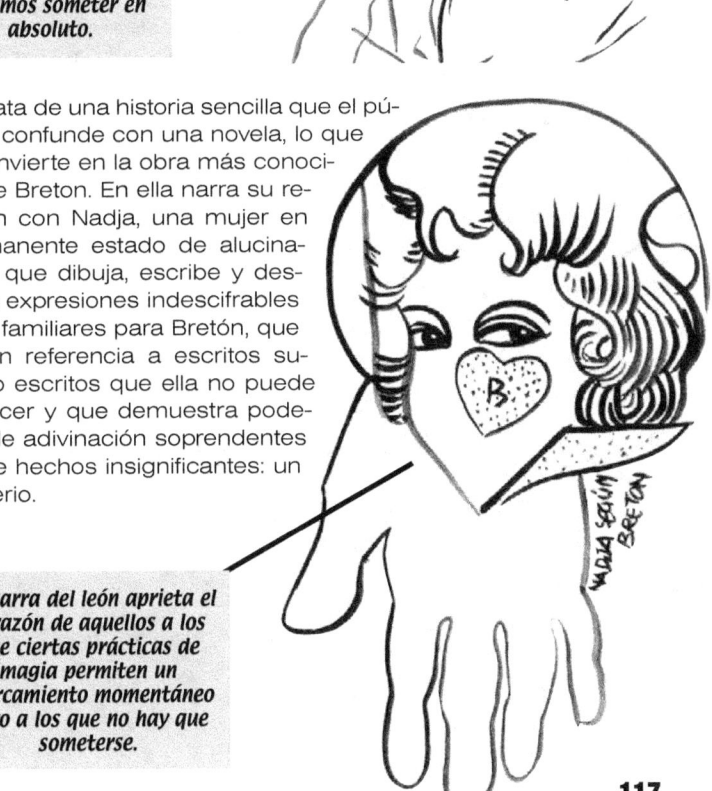

Desde el primero hasta el último día consideré a Nadja como un genio libre, algo semejante a uno de esos espíritus etéreos que algunas prácticas mágicas permiten que se nos unan por unos momentos pero que no podemos someter en absoluto.

Se trata de una historia sencilla que el público confunde con una novela, lo que la convierte en la obra más conocida de Breton. En ella narra su relación con Nadja, una mujer en permanente estado de alucinación, que dibuja, escribe y describe expresiones indescifrables pero familiares para Bretón, que hacen referencia a escritos suyos o escritos que ella no puede conocer y que demuestra poderes de adivinación soprendentes sobre hechos insignificantes: un misterio.

NADJA SEGÚN BRETON

La garra del león aprieta el corazón de aquellos a los que ciertas prácticas de magia permiten un acercamiento momentáneo pero a los que no hay que someterse.

Nadja es un ser que despierta en Bretón sentimientos de tipo espiritual, pero no el amor. Parte de la importancia de esta obra reside en que allí aparecen algunas de las ideas más importantes de la obra de Bretón, como la idea del "azar objetivo". Esta se refiere a aquellos encuentros fortuitos en los que la sorpresa aumenta con la sensación de que han sido "guiados por una oscura necesidad". Estos hechos pertenecen a lo que los surrealistas han llamado "magia cotidiana". A través de esta magia, las coincidencias y los contrastes adquieren un valor premonitorio y se convierten en una clave difusa, pero capaz de conducir al conocimiento del ser y su destino. En Nadja aparece descrito también el paseo ritual que Breton realiza por ese entonces...

> **Partía de la plaza Maubert, donde se alzaba la estatua de Etienne Dolet, con el mismo lugar en que éste fue quemado vivo por herejía y ateísmo; atravesaba L`Isle de la Cité, cuna de París; se detenía en la Tour Saint-Jacques, por donde vaga la sombra de Nicolas Flamel. Llegaba a Boulevard Sebastopol en los lindes de Les Halles y acababa alrededor de la hermosa e inútil Port Saint Denis.**

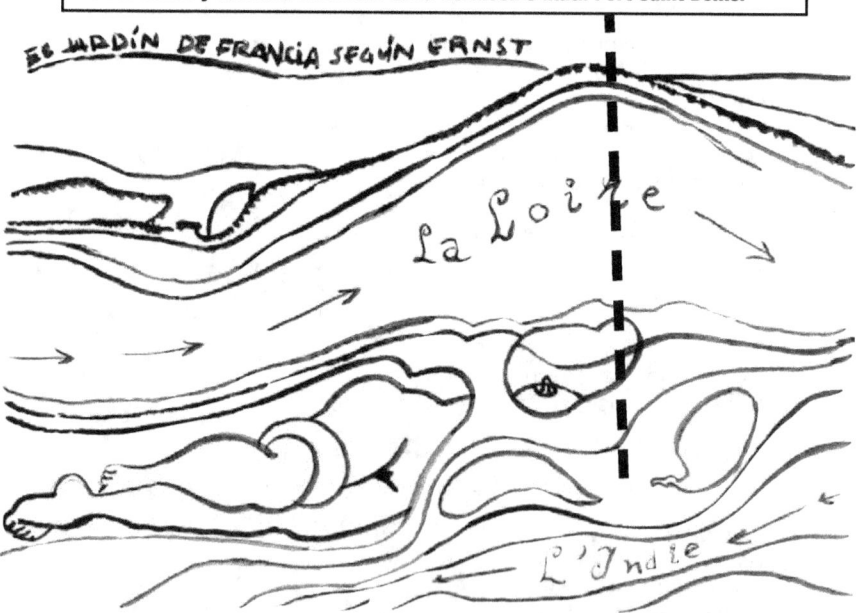

La Autoridad Máxima del Surrealismo tiene tiempo para invertir en el azar objetivo y Nadja es el hermoso fruto de esta deriva programática.

Por su parte, Louis Aragón le dará rienda suelta a su desparpajo poético con Tratado de Estilo, una ataque dirigido contra la literatura de la época así como una refutación de las modas intelectuales imperantes en el París de 1925 a 1928.

> No hay innoble pequeño rentista, no hay hijo de oficial, no hay cagatinta, no hay imbécil, feliz porque se le acaba de regalar una motocicleta para su cumpleaños, no hay sietemesina crecida entre algodones, que no tengan a Rimbaud por algo así como su otro yo...

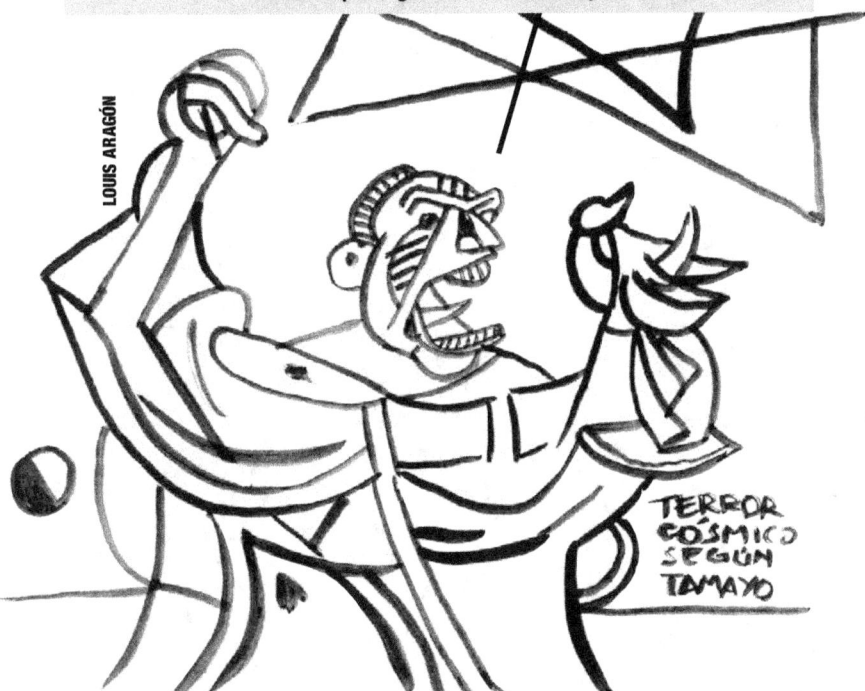

LOUIS ARAGÓN

TERROR CÓSMICO SEGÚN TAMAYO

En 1928, Louis Aragón también editaría El coño de Irene, una obra de carácter erótico, pero impregnada de una poesía nostálgica. En realidad, la obra forma parte de un trabajo mucho más grande y ambicioso, Defensa del Infinito, fruto de años de trabajo. Aragón ya tiene incluso un contrato para editarla pero hay un pequeño problema: se trata de una novela. Y, para un surrealista, las novelas están terminantemente prohibidas, por ser un género menor... Finalmente, Aragón termina quemando las mil quinientas páginas de Defensa del Infinito, a la vista de su amiga Nancy Cunard.

En marzo de este año, en el número once de La Revolución Surrealista aparecen las "Investigaciones sobre sexo". En ellas, Breton, Eluard, Aragón, Péret y demás surrealistas confiesan con franqueza sus preferencias y fantasías sexuales. Durante dos veladas de intenso diálogo, los principales integrantes del grupo surrealista opinan con franqueza sobre la felación, la postura 69, la conveniencia o no de un orgasmo simultáneo, la penetración anal, la masturbación mutua, las fantasías durante el coito, las primeras experiencias sexuales y la prostitución. Este texto ejercerá un gran atractivo sobre Salvador Dalí, aún virgen y atormentado por sus obsesivas costumbres sexuales, que lo llevan a titular una de sus textos como El gran Masturbador.

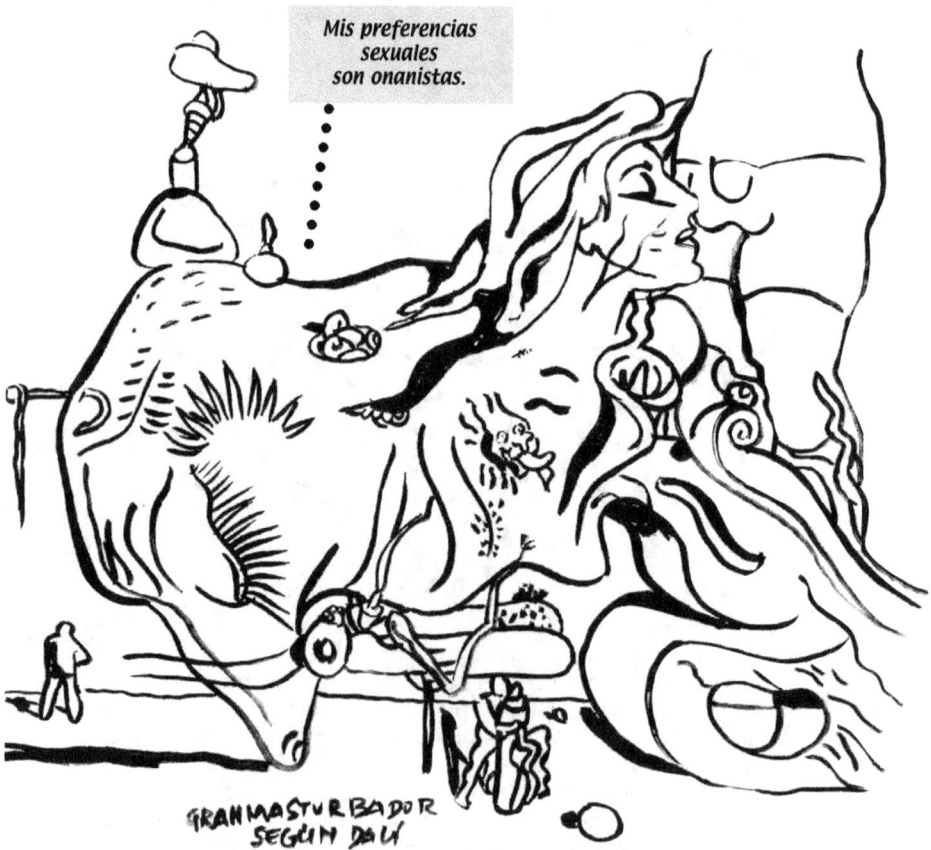

120

1929

Será un año fundamental para el movimiento. El "elenco" surrealista necesita un recambio y a Breton no le da miedo purgar el movimiento. A su vez, el surrealismo se ha convertido en una fuerza expansiva que posibilita (y necesita) de nuevos medios de expresión. Este año marca un hito en la historia del cine: sus responsables serán Luis Buñuel y Salvador Dalí. A partir de una pequeña idea de Dalí, ambos trabajan durante una semana de excelente compenetración en la realización de un filme revolucionario. El 6 de junio, en el estudio de Ursuline se presenta "Un perro andaluz", ante la flor y nata de la sociedad parisina que supo percibir de inmediato su importancia. El filme de Buñuel (que se ha llenado los bolsillos de piedras temiendo una mala reacción del público) y Dalí demuestra que, así como podía haber pintura surrealista, también podía haber "cine surrealista". Es la primera vez en la historia del cine que las imágenes llevan sus deseos hasta el mismo límite. En sólo 17 minutos, "Un perro andaluz" muestra que todo es posible: que un ojo sea cortado por una navaja, que hormigas salgan de la palma de una mano, hasta incluso ver a un par de burros podridos arriba de un piano de cola.

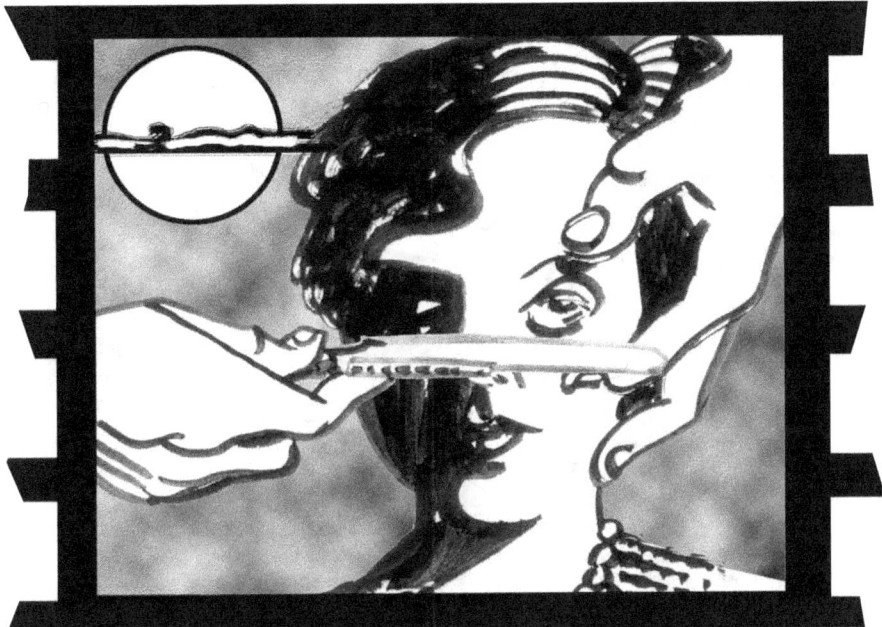

El oscuro y revulsivo sentido del humor de los surrealistas españoles ha convertido el filme en una experiencia tan revulsiva como fascinante. Las alusiones a la homosexualidad y el mismo título del filme apuntan también hacia el gran poeta andaluz Federico García Lorca, con el que Buñuel tiene una relación de amor y odio.

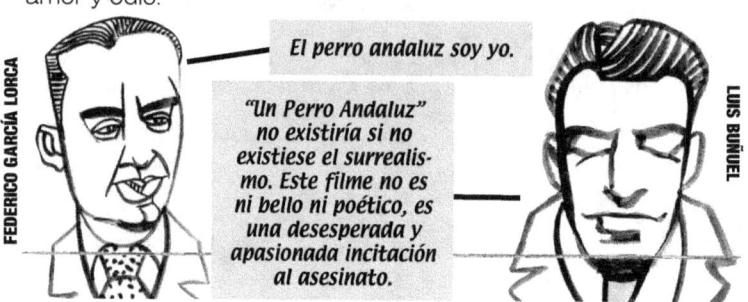

FEDERICO GARCÍA LORCA

El perro andaluz soy yo.

"Un Perro Andaluz" no existiría si no existiese el surrealismo. Este filme no es ni bello ni poético, es una desesperada y apasionada incitación al asesinato.

LUIS BUÑUEL

A su vez, el encuentro entre André Breton, el sumo sacerdote del surrealismo, y Salvador Dalí revitaliza al grupo y le da nuevas perspectivas. Hacia 1930, el español es la encarnación del espíritu surrealista.

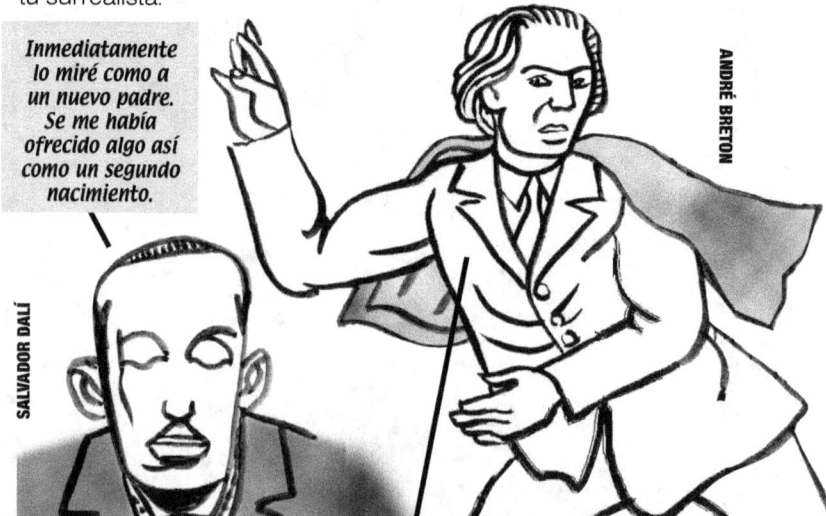

Inmediatamente lo miré como a un nuevo padre. Se me había ofrecido algo así como un segundo nacimiento.

ANDRÉ BRETON

SALVADOR DALÍ

El arte de Dalí es el más alucinante que se haya producido hasta ahora, constituye una auténtica amenaza; criaturas totalmente nuevas, visiblemente malintencionadas se han puesto de repente en marcha.

122

En este contexto, la aparición del Segundo Manifiesto Surrealista en 1929 muestra el delirio de grandeza al que ha llegado André Breton, a la vez que confirma la profunda convicción en su rol. En el mismo texto se entremezclan la lucidez, la omnipotencia, los delirios mesiánicos y el autoritarismo: el hijo del gendarme de Nantes sabe que ha creado un territorio, el surrealismo, y se siente con el derecho y la obligación de realizar una purga y afirmar los fundamentos del grupo en una nueva y firme toma de posición. Y de posesión.

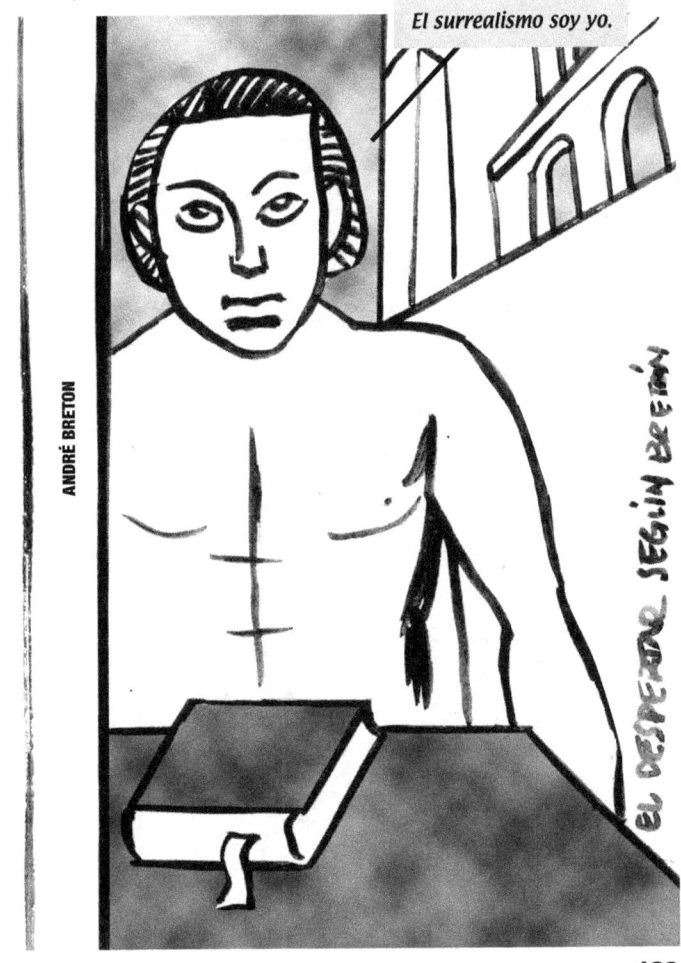

El surrealismo soy yo.

ANDRÉ BRETON

EL DESPERTAR SEGÚN BRETÓN

Si el Primer Manifiesto (de 1924) tiene cierto tono inaugural, este nuevo manifiesto muestra al autor de Nadja haciendo un balance: la idea original del surrealismo es la de provocar, en lo intelectual y lo moral, una crisis de conciencia. Por lo cual, el logro o el no logro de tal resultado es lo único que puede determinar el éxito o el fracaso histórico del movimiento. Breton sabe que este objetivo se ha logrado y levanta la apuesta: el surrealismo adopta el dogma de la rebelión total, del sabotaje en toda regla, y tiene sus esperanzas puestas únicamente en la violencia.

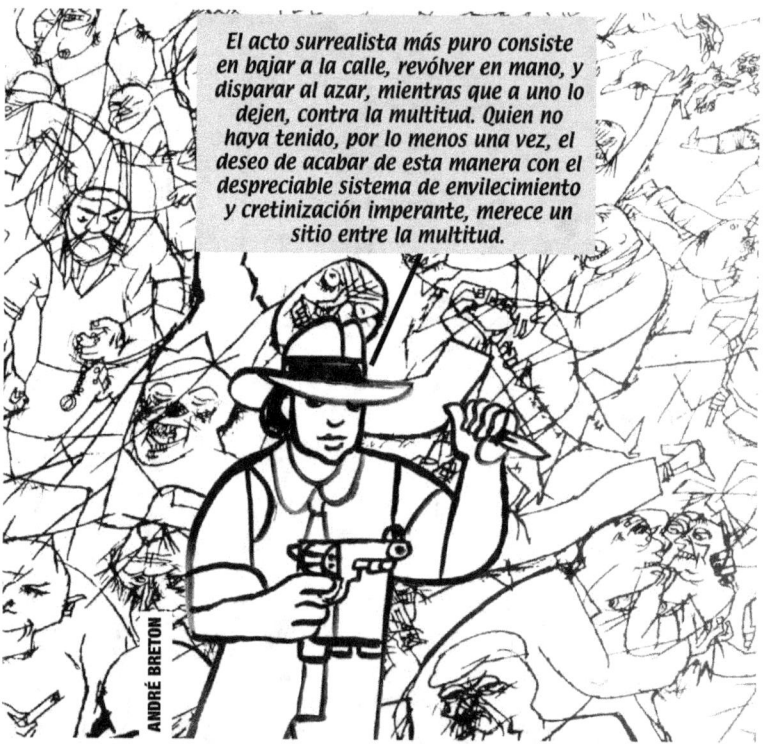

El acto surrealista más puro consiste en bajar a la calle, revólver en mano, y disparar al azar, mientras que a uno lo dejen, contra la multitud. Quien no haya tenido, por lo menos una vez, el deseo de acabar de esta manera con el despreciable sistema de envilecimiento y cretinización imperante, merece un sitio entre la multitud.

ANDRÉ BRETON

Por más que luego aclare que esta imagen tiene la intención de incorporar la desesperación a su discurso, el deseo de destrucción es evidente, y a la vez es coherente con las viejas obsesiones del grupo: todos los medios son buenos para aniquilar las ideas de familia, patria y religión. El don de mando que ha desarrolllado como líder del surrealismo ha exacerbado en Breton un terrible autoritarismo.

124

Pero Breton quiere que quede claro que el surrealismo está más allá de las personas. Y la rebelión total que propone el surrealismo sólo puede ser llevada a cabo por seres de una integridad a toda prueba. No cualquiera puede ser surrealista. La arenga de Bretón apunta directamente a los jóvenes.

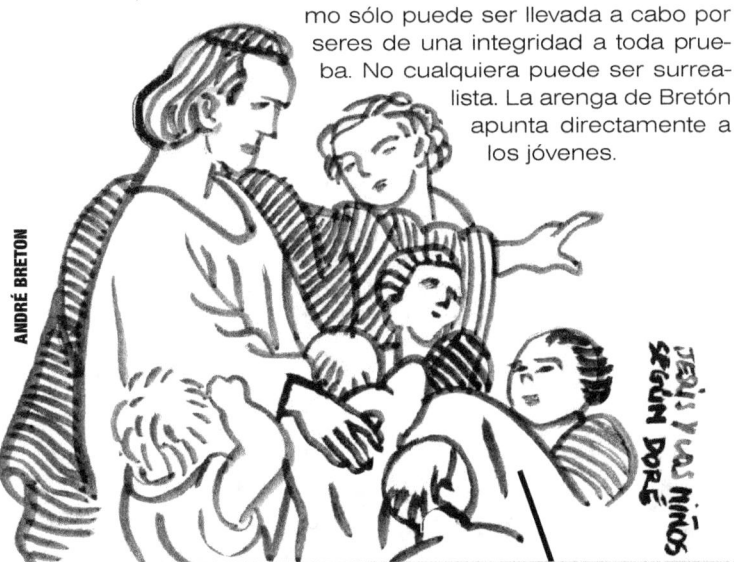

ANDRÉ BRETON

JESÚS Y LOS NIÑOS SEGÚN DORÉ

El surrealismo sobrevivirá incluso cuando no quede ni uno solo de aquellos que fueron los primeros en percatarse de las oportunidades de expresión y de hallazgo de verdad que les ofrecía. En estos tiempos todavía hay en el mundo, en las escuelas, en los propios talleres, en la calle, en los seminarios y en los cuarteles, seres jóvenes, puros, que se niegan a doblegarse. Únicamente a éstos me dirijo.

También rehusa Breton cualquier tipo de padrinazgo: ni Rimbaud, ni Baudelaire, ni Poe, ni Rabbe, ni Sade ni ningún precursor tiene valor para un surrealista revolucionario.

En trance de rebeldía ninguno de nosotros debe tener necesidad de antepasados.

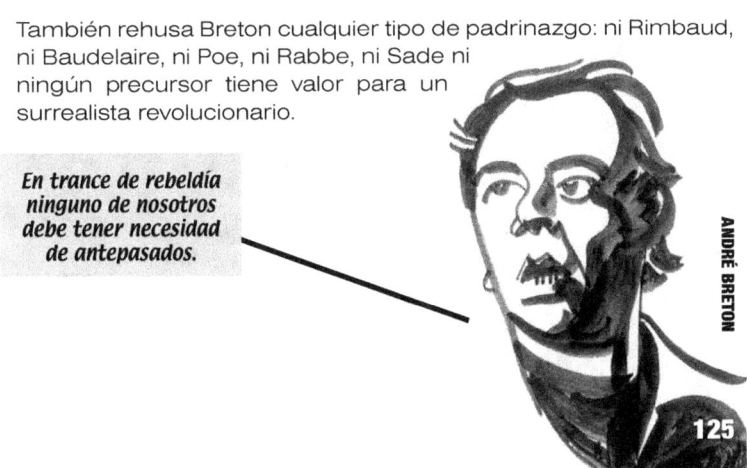

ANDRÉ BRETON

125

Tampoco parece necesitar Breton del apoyo de los camaradas que, unos años atrás, él mismo ha ensalzado: con furia de inquisidor, Breton enumera a los ex camaradas expulsados del movimiento, sin evitar insultos o chismes personales. Así aparecen los nombres de Baron, Carrive, Delteil, Gerard ("rechazado por imbecilidad congénita"), Limbour ("escepticismo, coquetería literaria de la peor especie"), Masson ("celoso de Picasso y de Max Ernst"), Soupault ("infamia total"), Vitrac ("roñoso de las ideas")... Su deseo de pureza lo lleva a convertirse en un auténtico Inquisidor Surrealista. Nadie se salva de su ira divina: también hay críticas para Duchamp, Picabia y Ribemont-Dessaignes, cuyas relaciones con el surrealismo siempre han sido distantes. Paradójicamente, el único ex dadaísta que merece ocupar su lugar en el movimiento surrealista es su otrora archienemigo Tristan Tzara.

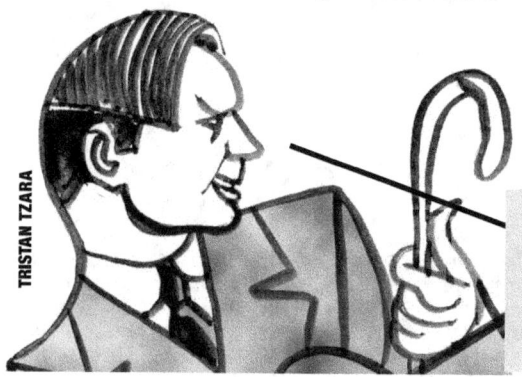

TRISTAN TZARA

La poesía no es sólo un producto escrito, una sucesión de imágenes y de sonidos, sino una manera de vivir.

Con las heridas abiertas por su fallido acercamiento al Partido Comunista, Breton ataca a diestra y siniestra: también hay insultos para los intelectuales del grupo Esprit.

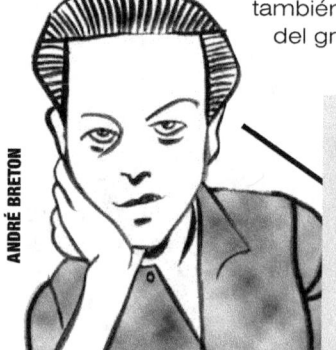

ANDRÉ BRETON

Pierre Morhange, George Politzer y Henry Lefebvre son mentirosos totales. El padre de M. Naville es muy rico, y eso nos permite entender por qué es el único director de Le Camarade. Todos nuestros antiguos colaboradores han sido, sin una sola excepción, expulsados por nosotros. Todos ellos son memos, farsantes o intrigantes, en todo caso seres malintencionados.

Años más tarde, Breton reconocerá que había tratado con mayor dureza a aquellos en los que más expectativas había puesto.

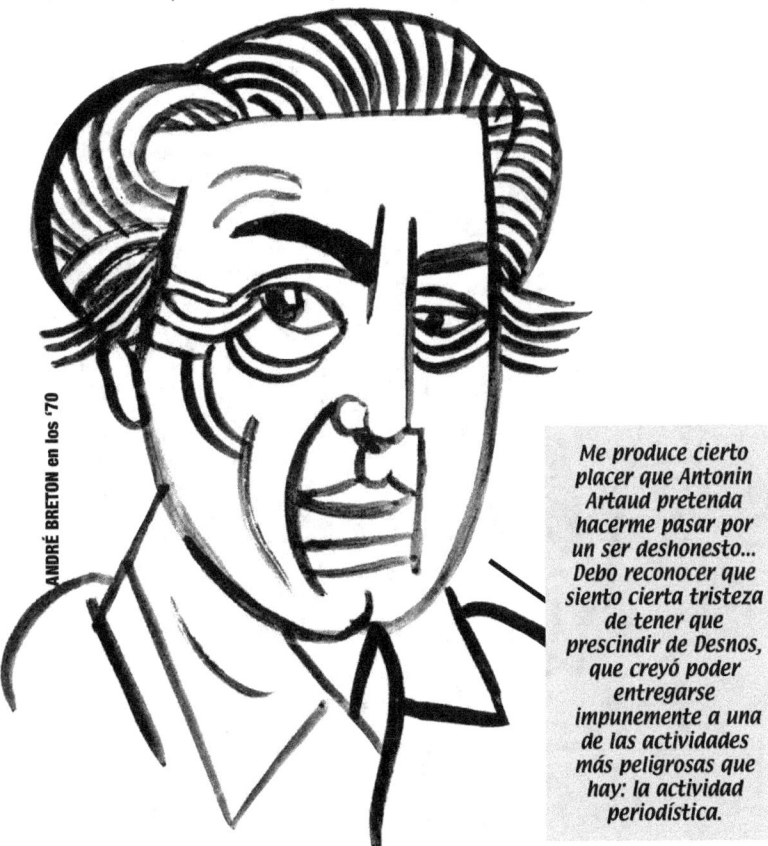

ANDRÉ BRETON en los '70

Me produce cierto placer que Antonin Artaud pretenda hacerme pasar por un ser deshonesto... Debo reconocer que siento cierta tristeza de tener que prescindir de Desnos, que creyó poder entregarse impunemente a una de las actividades más peligrosas que hay: la actividad periodística.

Detrás de estas acusasiones a Artaud (el hombre de teatro) y a Desnos (periodista) se esconde una arbitraria e injustificable distinción entre trabajos y actividades que están bien vistos para un surrealista (ser heredero de una fortuna familiar, o ser marchand de arte como el propio Breton) y otros que están terminantemente prohibidos: al teatro, la escritura de novelas y la actividad periodística se le suman otras actividades y costumbres que Breton no considera dignas de un surrealista: la actividad musical, las inclinaciones homosexuales... en realidad son pocas las cosas que puede hacer un surrealista.

127

Pasando al plano de las ideas, el Segundo Manifiesto trata de sintetizar las ideas de Freud ("consideramos a la crítica freudiana como la primera y única fundada en la verdad") con el materialismo dialéctico, a la vez que afirma su convicción en el poder revolucionario del surrealismo, poco valorado por el Partido Comunista.

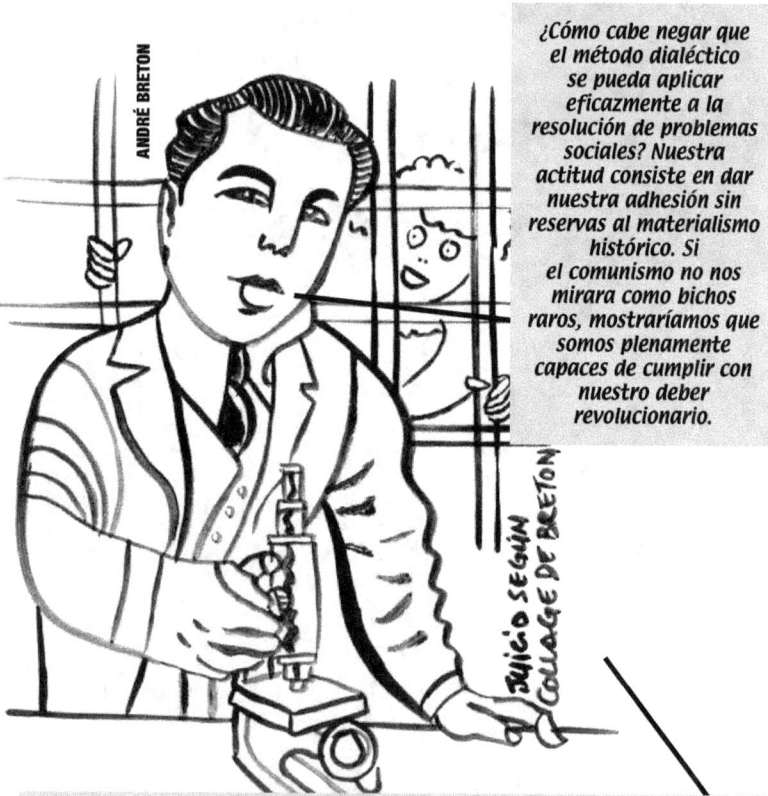

ANDRÉ BRETON

JUICIO SEGÚN COLLAGE DE BRETON

¿Cómo cabe negar que el método dialéctico se pueda aplicar eficazmente a la resolución de problemas sociales? Nuestra actitud consiste en dar nuestra adhesión sin reservas al materialismo histórico. Si el comunismo no nos mirara como bichos raros, mostraríamos que somos plenamente capaces de cumplir con nuestro deber revolucionario.

Aunque ello desagrade a ciertos revolucionarios de limitados horizontes no comprendo por qué razón debemos abstenernos de propugnar la revolución, de aplicarnos a los problemas del sueño, de la locura, del arte y de la religión.

Para Breton, el materialismo dialéctico, filosofía probada y aceptada por los revolucionarios, puede también aplicarse a problemas extrapolíticos. El autor de Nadja se siente como un verdadero revolucionario, igual o más eficaz que sus ex compañeros del Partido Comunista.

128

Breton se considera como un intelectual revolucionario, pero también se considera un iniciado, un mago. El Manifiesto no duda en embanderar las ideas de León Trotsky, poco antes desterrado del régimen de la URSS:

> La vagas teorías sobre la cultura proletaria, concebidas por analogía y por antítesis con la cultura burguesa, son el resultado de comparaciones entre el proletariado y la burguesía, en las que el espíritu crítico no tiene ninguna intervención.

> Tan solo pretendo que se observen las notables analogías que en cuanto a finalidad presentan las investigaciones surrealistas con las investigaciones de los alquimistas. La piedra filosofal no es más que aquello que ha de permitir que la imaginación del hombre se vengue aplastantemente de todo.

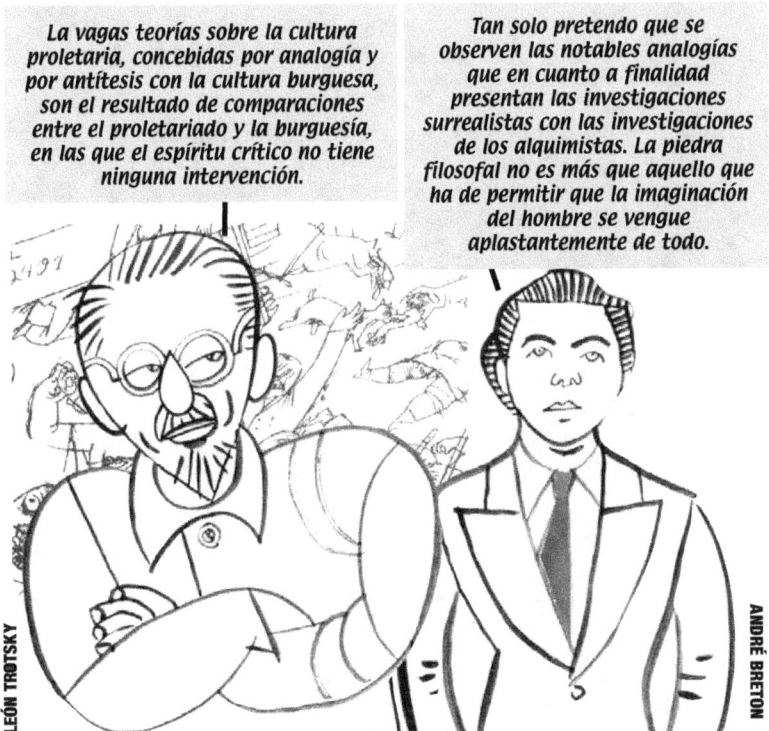

LEÓN TROTSKY

ANDRÉ BRETON

A su vez, como mago, se considera un continuador de las investigaciones de alquimistas del siglo XIV, como Nicolas Flamel. El surrealismo, entonces, debe ser considerado como una continuación de la alquimia. El surrealismo se ha convertido en una disciplina esotérica para iniciados, por lo que resulta un tanto extraño que se comuniquen a través de un manifiesto... De cualquier manera, el texto es complejo, virulento y poderoso: teniendo en cuenta lo obsesionados que están algunos de sus ex compañeros con el éxito literario o la fama como pintores, Breton exige a cambio una disciplina y una pureza moral totales. El surrealismo, como la alquimia, no es para cualquiera.

129

En una nota al pie, Breton destaca un curioso dato astrológico, adjudicado a la "influencia astral" de Choisnard (1893), que demuestra sus ilimitadas pretensiones: "De la conjunción de Urano con Saturno, producida de 1896 a 1898, que sólo se repite cada 45 años, se cree que puede significar un amor profundo por las ciencias, búsqueda de lo misterioso y elevada necesidad de instruirse". Y, luego de mencionar que esa conjunción se dio en los nacimientos de Aragón, Eluard y él mismo, señala otro párrafo de la misma fuente: "Quién sabe si la conjunción de Saturno con Urano no engendrará una escuela nueva en materia de ciencia. Este aspecto planetario, colocado en su exacto lugar de un horóscopo, podría corresponder a la sustancia de un hombre dotado de reflexión, sagacidad e independencia, capaz de ser un investigador de primera fuerza".

Evidentemente, André Breton se ve a sí mismo como ese hombre. Y como líder del surrealismo, su responsabilidad es realizar una enérgica purga dentro del movimiento.

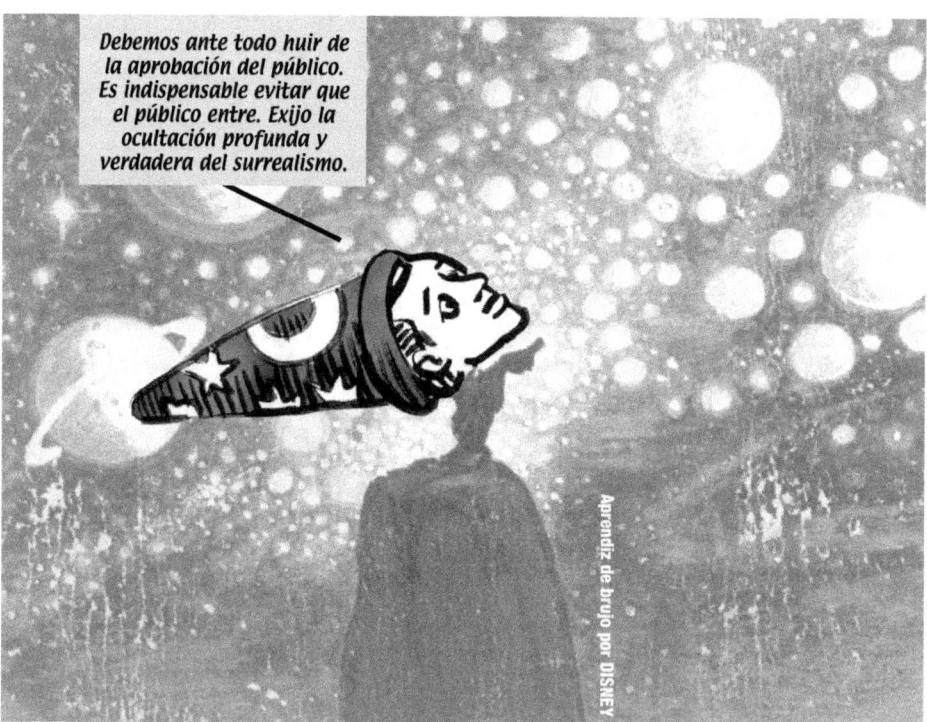

130

> *Todo induce a creer que en el espíritu humano existe un cierto punto desde el que la vida y la muerte, lo real y lo imaginario, el pasado y el futuro, dejan de ser vistos como contradicciones. La esperanza de encontrar ese punto es nuestro móvil.*

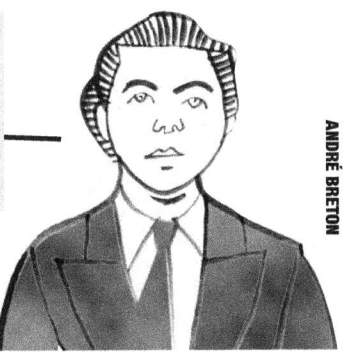

ANDRÉ BRETON

En este contexto, el mago Breton, líder indiscutido en el ambiente cultural de este período, después de haber expulsado, uno por uno, a todos sus enemigos, deja para el final a su verdadero adversario: el filósofo Georges Bataille.

> *Como los magos, nosotros queremos conservar en estado de cegadora limpieza nuestras ropas y nuestras almas. Esto es lo que más duramente nos reprocha Bataille, que sólo quiere prestar atención a lo más vil, lo más corrompido y lo más desesperanzador.*

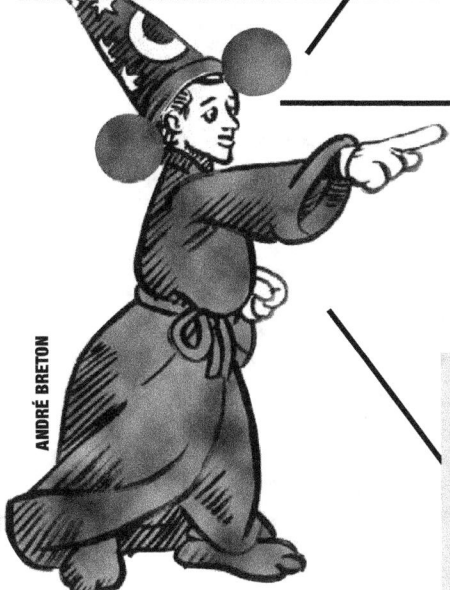

ANDRÉ BRETON

> *La operación surrealista sólo puede llevarse a cabo si se efectúa en unas condiciones de asepsia moral de las que todavía muy pocos hombres quieren oír hablar.*

> *El hombre goza aún de libertad para creer en su libertad. Que se sirva de ella, despreciando todas las prohibiciones, de la vengadora arma de la idea, y que un día, vencido reciba la descarga de los tristes fusiles como si de un fuego de salvación se tratara.*

131

Breton sabe que, por ese entonces, varios de sus ex colaboradores, duramente injuriados por él en el Segundo Manifiesto, se han integrado al grupo de Georges Bataille, que en ese momento dirige la revista Documents. Ellos son Michel Leiris, Robert Desnos, Georges Limbour, André Masson y Roger Vitrac. El enfrentamiento entre Bataille y Breton es por entonces inevitable: se trata de dos sensibilidades y visiones del mundo absolutamente disímiles. Breton es un moralista, cultor de lo maravilloso y de lo etéreo. Básicamente, Breton nunca deja de ser un poeta. Por otra parte, Bataille es un verdadero filósofo, un librepensador con peso propio, que por entonces ya se dedica a buscar las más auténticas, secretas y reprimidas verdades. Discípulo de Mauss (sus Teoría del don y Teoría del sacrificio ejercerán una fuerte influencia sobre sus ideas), Bataille es un enemigo del surrealismo, ya que nunca se sintió seducido por la aventura que signaría a su generación. Se trata sin dudas de una lucha de ascendentes: Bataille y Breton son las dos figuras intelectuales más carismáticas e influyentes de este período. Pero también hay razones intelectuales.

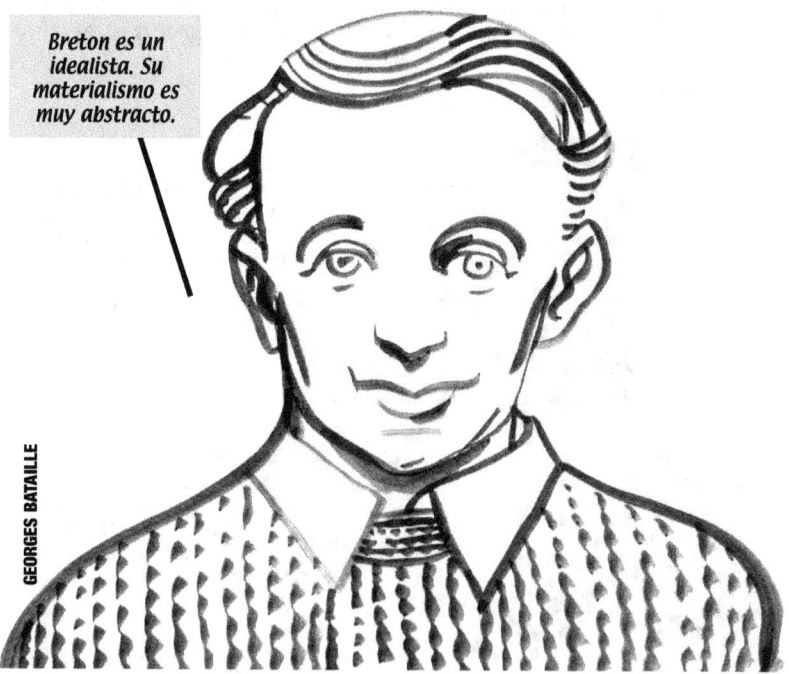

Breton es un idealista. Su materialismo es muy abstracto.

GEORGES BATAILLE

132

1930

El cambio de década es bastante traumático para Breton. Instigados por George Battaille, varios de sus detractores le darán forma a "Un cadáver"; se trata de un panfleto similar al que antaño Breton dedicara a Anatole France, sólo que esta vez se trata simplemente de un ataque a su persona. No hay una intención de polemizar ni de discutir ideas: se trata de una catarata de insultos.

No es posible permitir que, muerto, este hombre levante todavía polvo.

ANDRÉ BRETON

Comandados por Bataille, sus ex colaboradores lo acusan de policía o de cura.

Breton practica en vasta escala la estafa de la amistad.

Si Breton llegara a gustar de las patitas de cordero con salsa blanca, éstas de inmediato quedarían consagradas como revolucionarias.

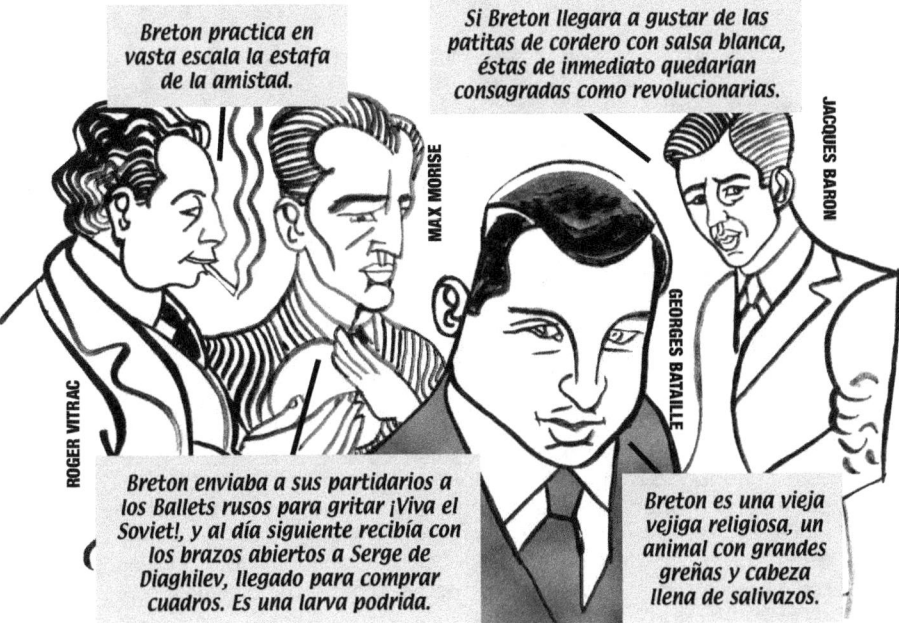

ROGER VITRAC

MAX MORISE

GEORGES BATAILLE

JACQUES BARON

Breton enviaba a sus partidarios a los Ballets rusos para gritar ¡Viva el Soviet!, y al día siguiente recibía con los brazos abiertos a Serge de Diaghilev, llegado para comprar cuadros. Es una larva podrida.

Breton es una vieja vejiga religiosa, un animal con grandes greñas y cabeza llena de salivazos.

133

Entre tanta furia, los insultos de Jacques Prévert, más poéticos e irónicos, resultan hoy en día los más adecuados para entender el conflicto.

> *El padre Breton, que se come a los curas con mostaza, no habla más que desde el púlpito. Un día vocifera contra los curas y otro se considera Papa u Obispo de Avignon. A veces la estupidez aparecía en su cara. Él lo sospechaba, pues era astuto, y se recubría con las mayúsculas de Amor, Revolución, Poesía, Pureza. ¡Ay! el inspector del Palacio de las Maravillas, el fiscalizador de entradas, el Gran Inquisidor, el Representante del Sueño, ya no existe. No hablemos más de él.*

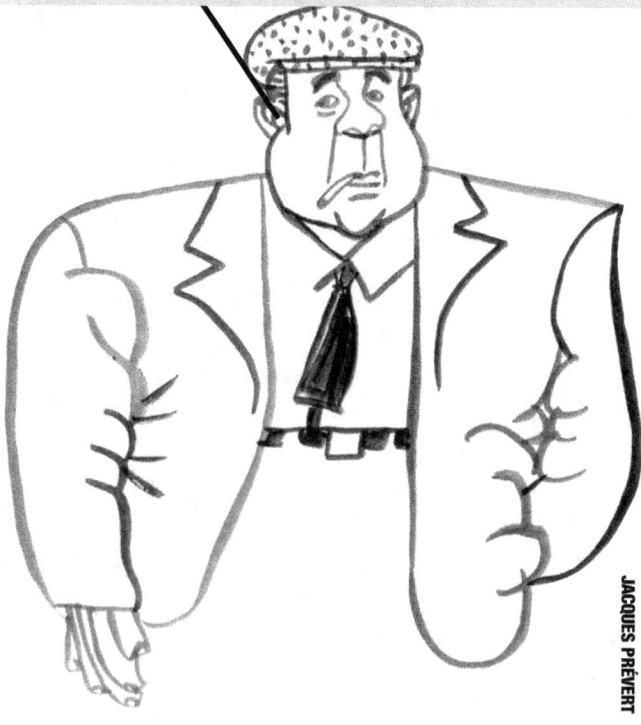

JACQUES PRÉVERT

Del amor al odio hay un paso. A la hora de reeditar en forma de libro el segundo manifiesto, Breton sabe canalizar todo este rencor seleccionando algunos de estos insultos junto a comentarios elogiosos de los mismos que antes lo insultan. Cuesta creerlo ahora, pero después de editar el "Cadáver", sus detractores se dispersan, y, de a poco, los ánimos se van calmando y las heridas cicatrizando.

134

Hoy en día es interesante constatar la influencia de la literatura revolucionaria en estos textos. En gran medida, la virulencia de estos textos se debe, mal que le pese a los surrealistas, a una moda literaria. Detrás del tono terrorista y bélico de muchos de estos manifiestos, cartas, boletines y demás, se percibe una influencia del pensamiento totalitario, con sus eufóricas y violentas arengas. Más allá del surrealismo, las distintas vanguardias del siglo XX se caracterizan por tomar elementos del "Hombre Nuevo" totalitario, con todo su sistema de principios y declaraciones. De hecho, el mismo término "vanguardia" hace referencia en forma directa a la guerra. En este contexto, el autoritarismo de Breton y la violencia de los firmantes del "Cadáver" adquieren sentido como testimonio de un momento en que las diferencias de ideas generaban polémicas intelectuales demasiado teatrales.

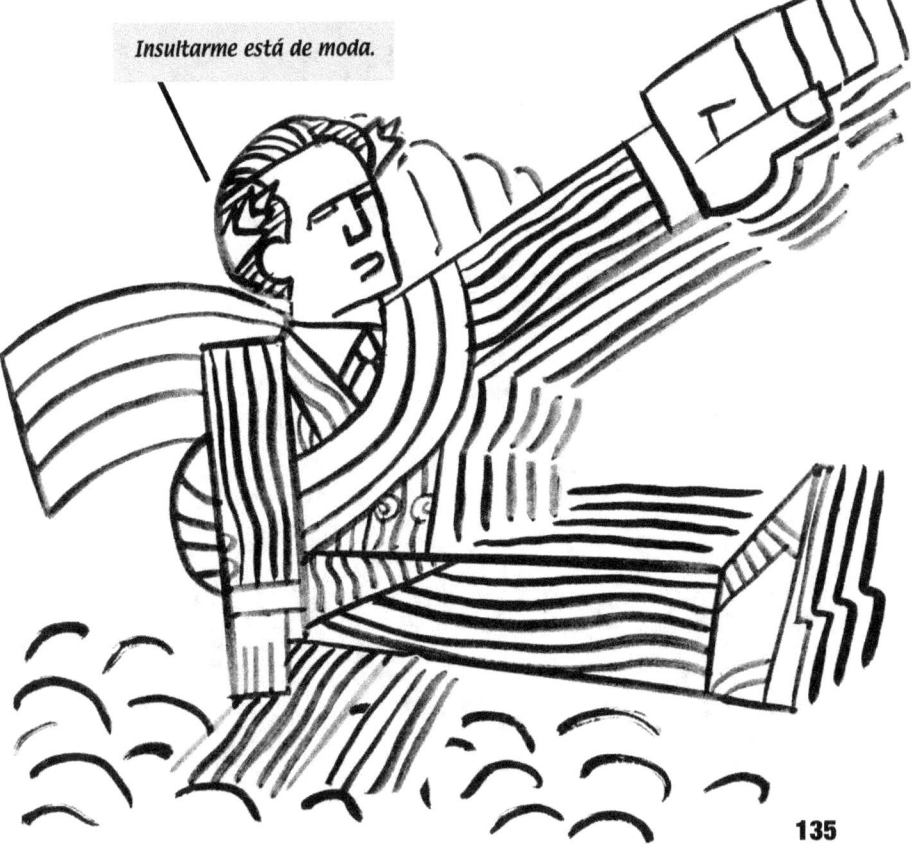

Insultarme está de moda.

El surrealismo
al servicio de la revolución

Este mismo año se edita una de las obras cumbres del movimiento: La inmaculada concepción. Fruto de una colaboración entre André Breton y Paul Eluard, este texto contiene algunas de las más deslumbrantes páginas escritas sobre el amor, dominado siempre por una especie de furor erótico intenso, tan conmovedor que linda con el éxtasis.

En el libro, Eluard y Breton enumeran y describen con un deleite compartido 32 posiciones amorosas. El desprecio por lo obsceno y lo escatológico es sustituido por los surrealistas por lo "erótico velado", componente de la belleza convulsiva que predican los surrealistas. En esta obra, el talento poético de los poetas se multiplica, consiguiendo poemas en prosa de una belleza soprendente que supera en su efervescencia sus anteriores producciones.

> De todas formas en que el girasol ama la luz, su nostalgia es la más bella sombra sobre el cuadrante solar. Huesos cruzados, palabras cruzadas, volúmenes y volúmenes de ignorancia y sabiduría. La cierva, entre dos saltos, gusta de mirarme. Yo le hago compañía en el claro del bosque. Caigo con lentitud de las alturas y no peso todavía el peso de cien mil metros... Aquí tenemos el gran sitio tartamudo. Las ovejas llegan veloces sobre zancos.

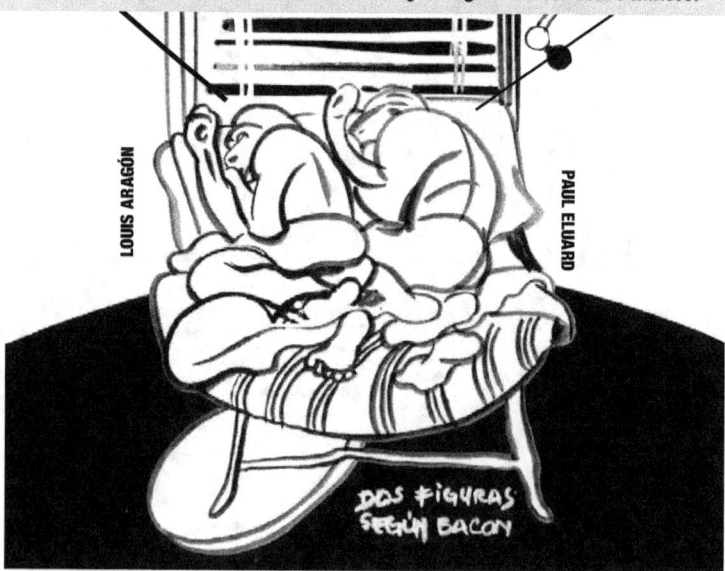

LOUIS ARAGÓN

PAUL ELUARD

DOS FIGURAS SEGÚN BACON

Durante 1930 también se produce un cambio en el nombre de la revista, que pasa a llamarse El surrealismo al servicio de la Revolución.

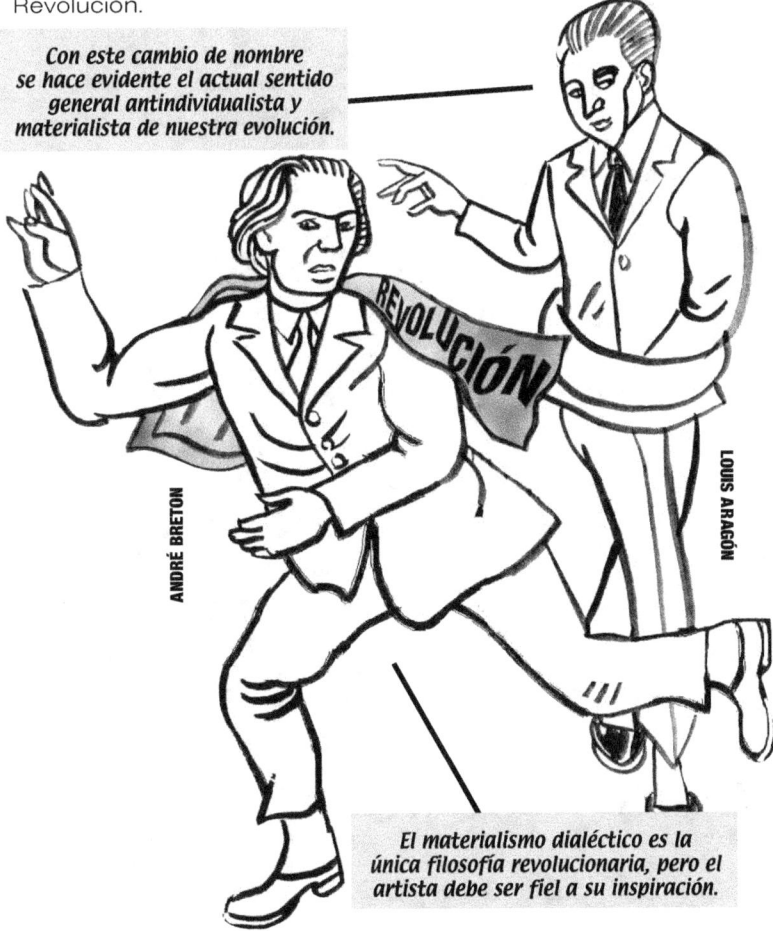

Con este cambio de nombre se hace evidente el actual sentido general antindividualista y materialista de nuestra evolución.

ANDRÉ BRETON

LOUIS ARAGÓN

El materialismo dialéctico es la única filosofía revolucionaria, pero el artista debe ser fiel a su inspiración.

El grupo se manifiesta con vehemencia contra el colonialismo francés en Indochina, expresa su odio a la bandera y a la marsellesa. Pero lo más significativo del número es el juramento de lealtad a Breton. Tras el "Cadáver", Aragón, Eluard, Péret, Crevel, Maxime Alexandre, René Char, Georges Sadoul, Yves Tanguy, André Thirion, Tristan Tzara, Georges Malkine, Camille Goemans, Max Ernst y Paul Nougé manifiestan su solidaridad con Breton.

El 22 de octubre de 1930 se presenta "La edad de Oro", filme dirigido por Luis Buñuel que desde el subtítulo anuncia su pertenencia al movimiento. La película, que catapultará al director a la fama, muestra una vez más las obsesiones religiosas de Buñuel, y es considerada hoy en día como la máxima expresión del surrealismo. Debido a sus irónicas alusiones al régimen fascista italiano, la embajada de este país pedirá la prohibición del filme, que tardará varios años en volver a estar en cartelera.

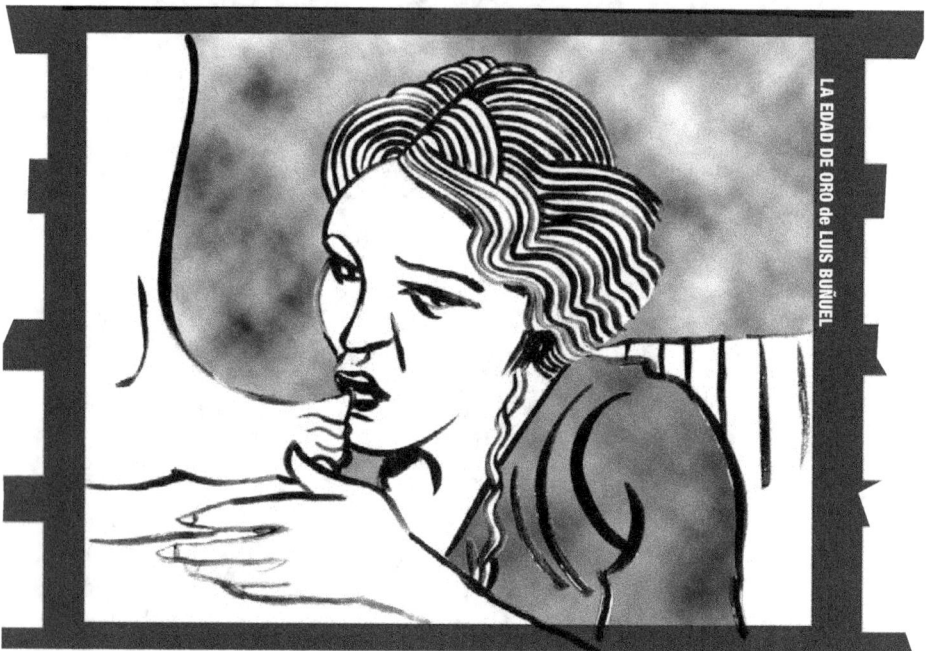

LA EDAD DE ORO de LUIS BUÑUEL

Por su lado, otro surrealista, Georges Sadoul (que con el tiempo se convertiría en una autoridad sobre cine) se ve envuelto en otro escándalo: una tarde de borrachera surrealista le envía una carta injuriosa a un alumno elegido como el mejor promedio de la promoción de Saint-Cyr, invitándolo a dimitir bajo amenaza de recibir "una paliza pública". Poco después, el 6 de noviembre, Sadoul decide acompañar a Louis Aragón a Jarkov, donde se celebraba el II Congreso de Escritores Revolucionarios. Cada uno tiene sus incentivos: Aragón viaja por Elsa Triolet, una atractiva amiga rusa que lo ha cautivado profundamente. Sadoul, condenado a tres meses de prisión, busca postergar lo inevitable.

138

El Caso Aragón

Evidentemente, sus intenciones de defender las posturas surrealistas no eran demasiado sólidas; en diciembre, Aragón y Sadoul firman un documento en el que afirman renegar del freudismo como forma de idealismo, y del trotskismo, ambos considerados incompatibles con el "materialismo dialéctico". Esto significa renegar del segundo manifiesto y de la autoridad del Sumo Sacerdote del surrealismo, André Breton.

1931

Las actitudes ambivalentes de Aragón poco aportan para aclarar la situación: aunque parece retractarse con la edición del manifiesto Aux intellectuels Révolutionaries y no duda en sus intervenciones en apelar al sentimentalismo de sus viejos camaradas, su alejamiento del grupo es innegable. El poeta ha regresado de Jarkov convencido de que Freud era contrarrevolucionario. Por otra parte, el culto que le rinde Dalí al psiquiatra le resulta intolerable, a lo que se le suma el fastidio que le genera la ostentación que hace el español de su vida interior. Mientras tanto, su poema "Front Rouge", con sus violentas arengas revolucionarias genera otro escándalo más. Esta vez la situación es mucho más preocupante: las investigaciones por la causa de incitación al crimen ponen en jaque su libertad... para continuar con su vocación escandalosa.

LOUIS ARAGÓN

Dalí y Freud son contrarrevolucionarios.

139

Con todo, Aragón no es el único escandaloso dentro del grupo. Hacia mayo de este año los surrealistas, en respuesta a la creación de la Segunda República en España y al incendio de seis conventos y un edificio jesuita, editan Au feu!, donde se puede leer:

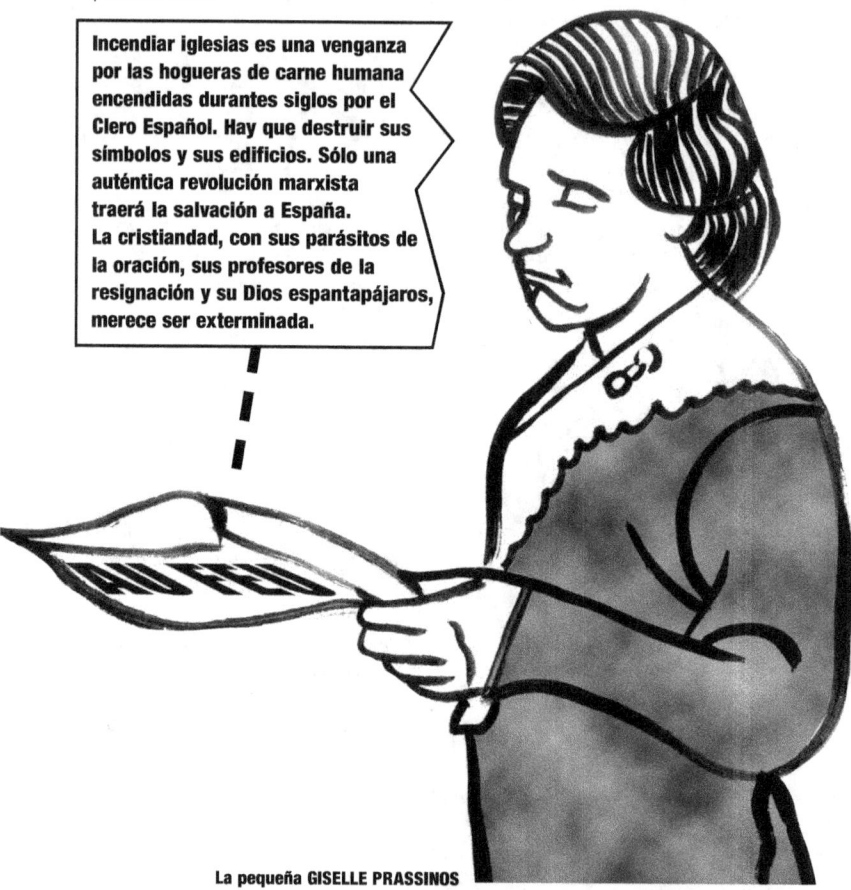

Incendiar iglesias es una venganza por las hogueras de carne humana encendidas durante siglos por el Clero Español. Hay que destruir sus símbolos y sus edificios. Sólo una auténtica revolución marxista traerá la salvación a España.
La cristiandad, con sus parásitos de la oración, sus profesores de la resignación y su Dios espantapájaros, merece ser exterminada.

La pequeña GISELLE PRASSINOS

Mientras tanto, una nueva y lujosa revista serviría de medio de expresión. Se trata de Minotaure. En ella participarán artistas surrealistas como Miró, Magritte, Dalí, Brauner, Ernst, y escriben Eluard, Maurice Heine, Pierre Mabille, y en el número seis, también encontramos algunos poemas automáticos de la pequeña Giselle Prassinos, una niña surrealista de sólo 14 años.

140

1932

El 16 de enero, Aragón se ve finalmente inculpado por "incitación a la insumisión y provocación al asesinato con fines de propaganda anarquista". La reacción de André Breton no se haría esperar, solidarizándose con su amigo, consigue firmas de trescientos intelectuales y logra que levanten la investigación. Paradójicamente, un par de meses más tarde, la aparición de Miseria de la poesía, texto editado por Breton con la intención de defender a su amigo, será finalmente la causa de la ruptura de Aragón con el grupo.

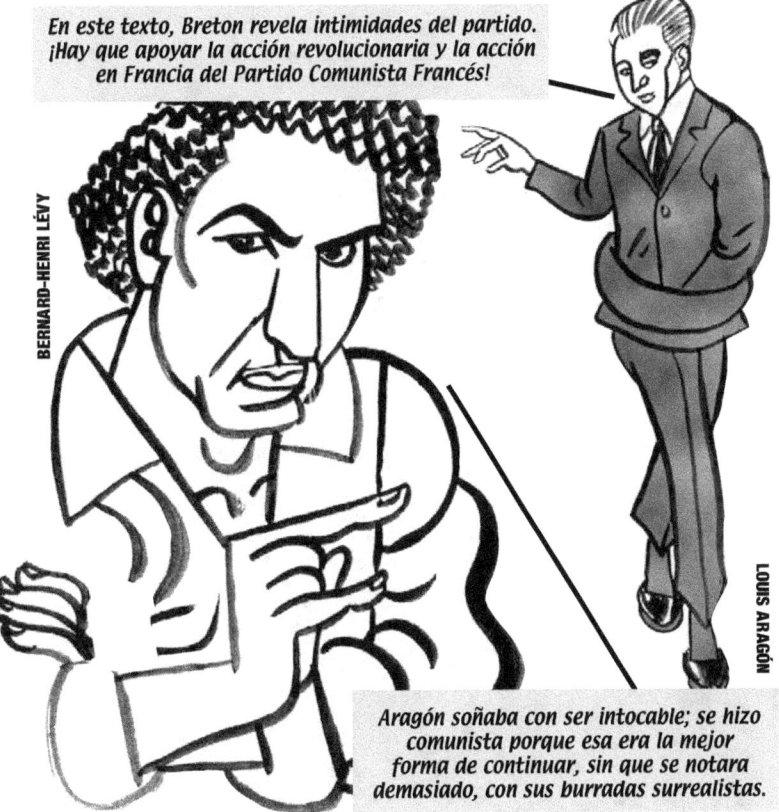

En este texto, Breton revela intimidades del partido. ¡Hay que apoyar la acción revolucionaria y la acción en Francia del Partido Comunista Francés!

BERNARD-HENRI LÉVY

LOUIS ARAGÓN

Aragón soñaba con ser intocable; se hizo comunista porque esa era la mejor forma de continuar, sin que se notara demasiado, con sus burradas surrealistas.

Para los surrealistas, las secuencias y los vaivenes de Aragón son considerados una traición imperdonable. Otro surrealista histórico quedaba en el camino.

Salvador Dalí, estrella del surrealismo

Ajeno a estas preocupaciones, la nueva figura del equipo surrealista, Salvador Dalí, se "inserta" en un nuevo e inexplorado mercado: los Estados Unidos. Las imágenes de sus relojes derretidos en "Persistencia de la memoria" causarán en la exposición colectiva realizada en diciembre de 1931 un gran efecto. Dalí tomará nota de la ingenuidad y la generosidad de los americanos. Pronto, las energías de "El gran Masturbador" se volcarán a conquistar el nuevo mercado del incipiente imperio. Poco queda del tímido y acomplejado joven que había llegado a París. Se ha convertido en un performer surrealista y monstruoso. Como autopublicista, Dalí supera a Tzara y a Aragón juntos, ya que a su obra plástica, cuyo efectismo sería en las décadas siguientes plagiado hasta el hartazgo por los publicitarios del mundo, le agrega algo más: una conciencia de la importancia de los medios. Su móvil es el deseo de obtener fama y éxito comercial en el plano internacional. La ocultación del surrealismo que exige Breton en el Segundo Manifiesto se convierte en Dalí en exhibicionismo y sobreexposición, manejada, eso sí, con un talento y un sentido del humor únicos.

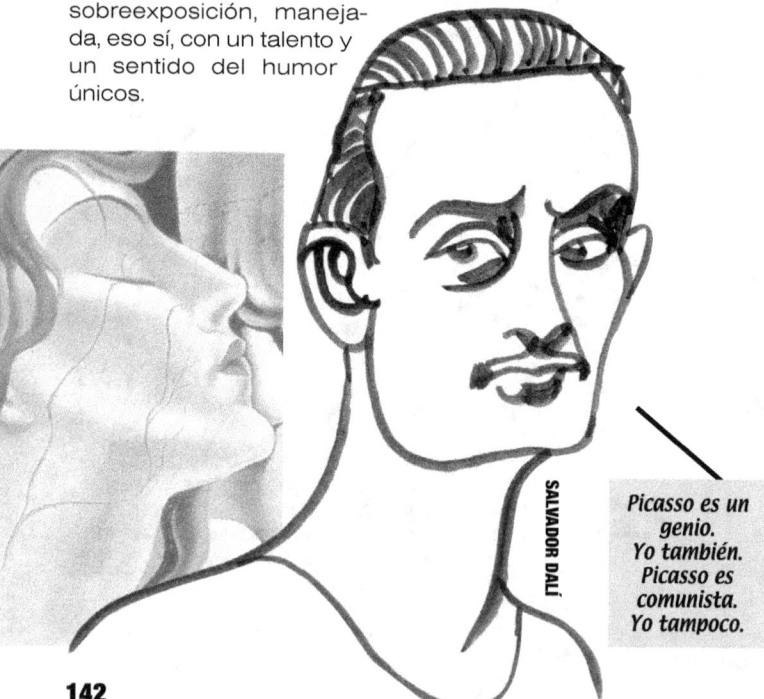

SALVADOR DALÍ

Picasso es un genio. Yo también. Picasso es comunista. Yo tampoco.

El Caso René Crevel

En 1932 vería la luz la obra fundamental de otro surrealista histórico (e histérico): René Crevel. Su obra Le clavecin de Diderot es una de las muestras más acabadas del ateísmo y el anticlericalismo de su época. Atormentado por su homosexualidad (no está bien visto por el surrealismo este tipo de "desviaciones") y amigo de Salvador Dalí, Crevel se siente fascinado por Diderot y por el siglo XVIII, que lo ayudan a controlar sus obsesiones suicidas.

> Dios fue, es, y será siempre el Inmóvil. Dios es el Inmóvil, porque ocupa todo el tiempo, todo el espacio, y no tiene entonces para qué moverse ni en el tiempo ni en el espacio. Es el que no se subleva y el que obliga a los más orgullosos sublevados a no sublevarse. Saber a qué atenerse, cómo, dónde estar, esto es en definitiva la fe. La fe es la ocasión para todos. En cuanto al cuerpo, lo que de él se arroja o se vacía para recibir o esperar otros seres nada importa. La carne no es más que el florero del principio eterno que es el Alma. He apostado siempre contra Dios y lo poco que llevo ganando en la existencia no es, para mí, más que el resultado de esta apuesta, y por irrisoria que haya sido la apuesta (mi vida) tengo la conciencia de una positiva ganancia.

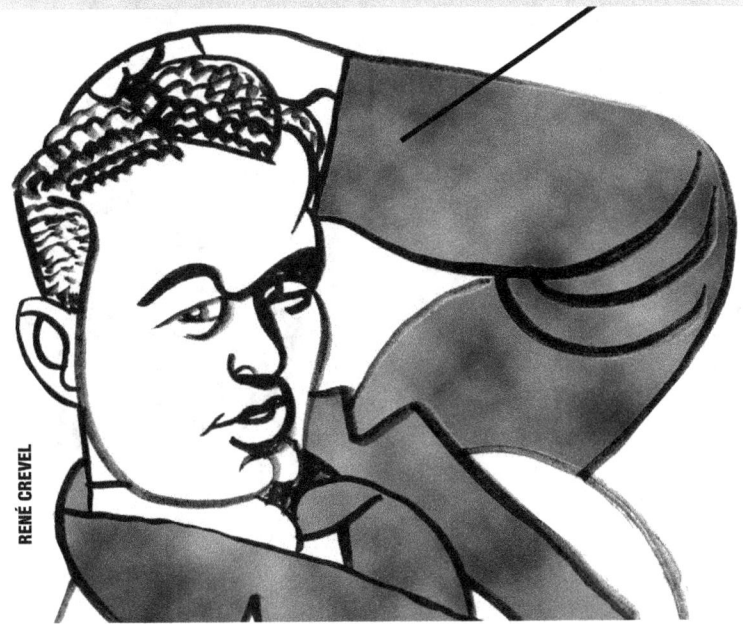

RENÉ CREVEL

El objeto surrealista

A pesar de tantas idas y vueltas políticas, el surrealismo no pierde vigor como expresión artística. A la pintura surrealista y el cine surrealista se les suma un nuevo e inclasificable medio de expresión del subconsciente: el objeto surrealista. Se trata del resultado final de una serie de exploraciones formales y conceptuales que han comenzado con el cubismo analítico, con sus intenciones de revelar las estructuras ocultas o secretas de objetos convencionales. Esta necesidad de liberar al objeto de las limitaciones que le imponen al representarlo sobre una superficie plana ha llevado a Duchamp, en 1913, a "inventar" un nuevo tipo de objeto, que poco después daría origen a su idea de ready made. Como ha hecho con la pintura surrealista, André Breton se acomoda nuevamente en el rol de teórico e historiador del "objeto surrealista".

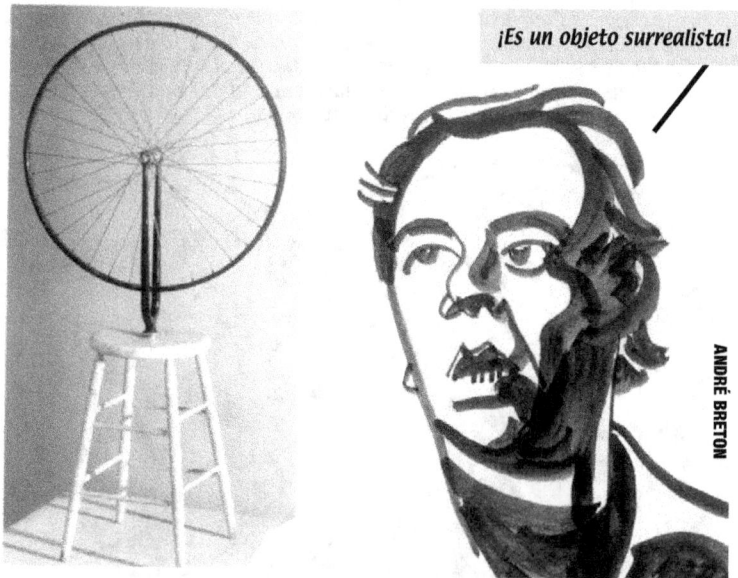

¡Es un objeto surrealista!

ANDRÉ BRETON

De esta manera, como antecedentes nombra el "Regalo" de Man Ray (una plancha con clavos) y la "bola suspendida" de Alberto Giacometti. Teniendo en cuenta estos antecedentes, Breton define al objeto surrealista como un "objeto desplazado de su esfera habitual, empleado para usos distintos a los que está destinado o cuya función es desconocida".

Éste sería también un fantástico medio artístico para Salvador Dalí: el español da vida a objetos de "funcionamiento simbólico de tipo automático", como su "plancha de asociaciones demenciales" o su "zapato y vaso de leche".

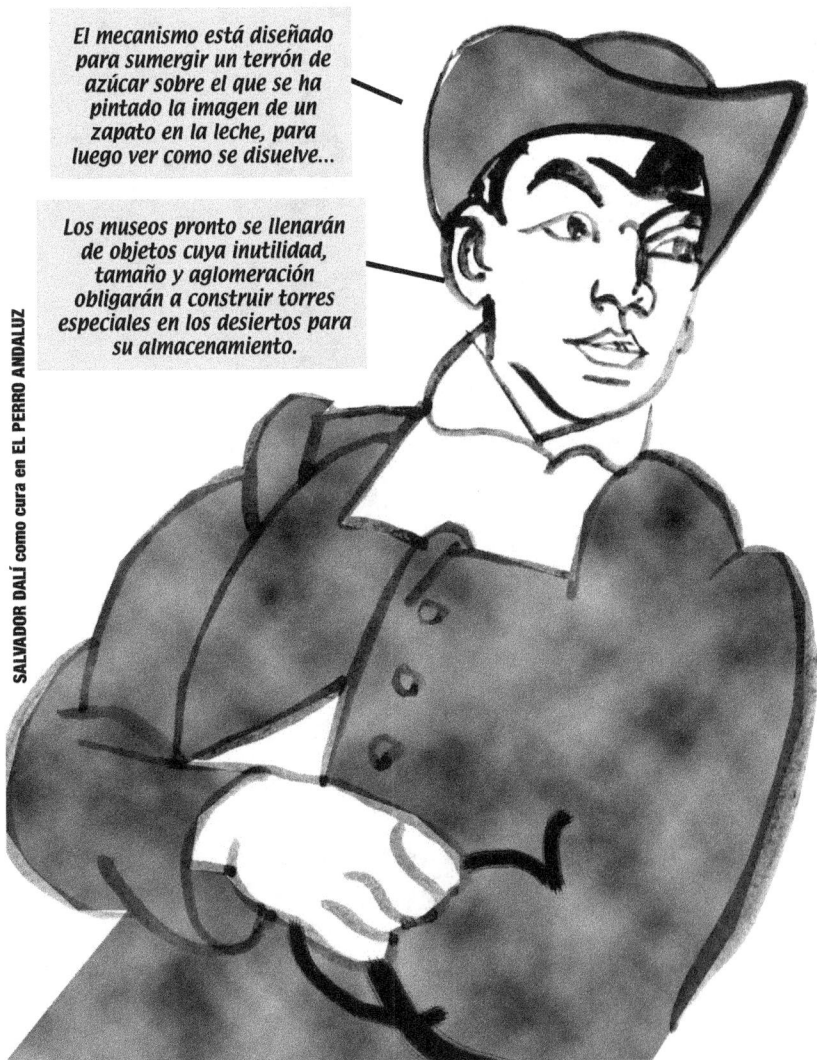

El mecanismo está diseñado para sumergir un terrón de azúcar sobre el que se ha pintado la imagen de un zapato en la leche, para luego ver como se disuelve...

Los museos pronto se llenarán de objetos cuya inutilidad, tamaño y aglomeración obligarán a construir torres especiales en los desiertos para su almacenamiento.

SALVADOR DALÍ como cura en EL PERRO ANDALUZ

Finalmente ocurriría lo inevitable: en 1933, el Partido Comunista expulsa a André Breton, Paul Eluard y René Crevel. El 15 de mayo sale a la luz el último número de El surrealismo al servicio de la Revolución. Allí saldría publicado el prólogo de "la interpretación paranoico-crítica de la imagen obsesiva del Angelus de Millet".

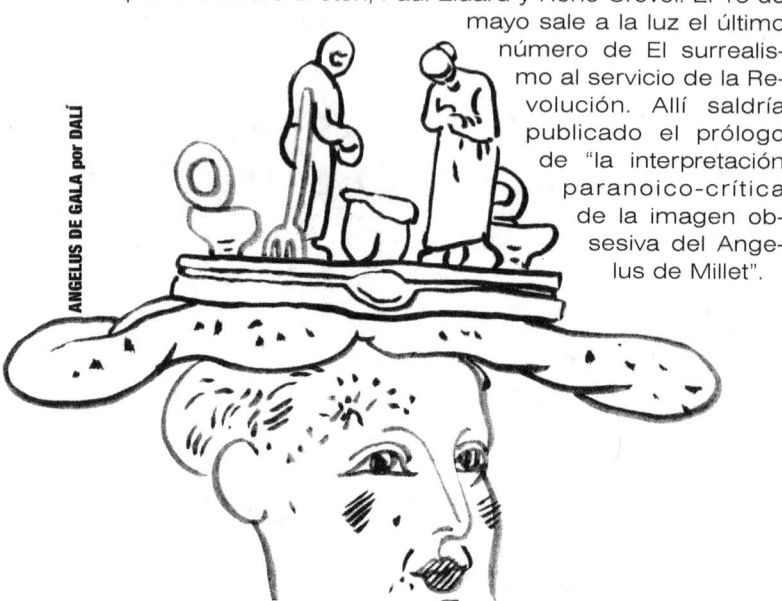

ANGELUS DE GALA por DALÍ

Unánimemente considerado como su mayor y más original aporte a la crítica de arte, este texto desarrolla el método de análisis paranoico-crítico: basado en la objetivación crítica y sistemática de las asociaciones a interpretaciones delirantes, este es un método espontáneo de conocimiento irracional.

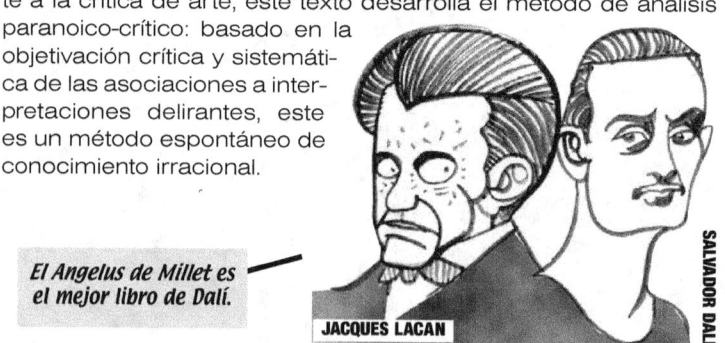

El Angelus de Millet es el mejor libro de Dalí.

JACQUES LACAN

SALVADOR DALÍ

Estas intrincadas teorías ejercieron cierta influencia sobre la tesis doctoral de Jacques Lacan, un joven psiquiatra francés a quien le parece valiosa la idea de utilizar la energía paranoica con fines creativos. Finalmente, el texto completo de Dalí saldría publicado en 1963 bajo el título de El mito trágico del Angelus de Millet.

146

Alianza entre Breton y Bataille

1934

Este año, en coincidencia con el fin del parlamentarismo, las masas toman la calle. En medio de la huelga y de los disturbios generados por los fascistas, aparece Appel á la Lutte, un texto en el que se pide a todos los sindicatos obreros la urgente realización de una unidad de acción, un llamamiento a las organizaciones sindicales y políticas de la clase obrera. Originado tras una convocatoria de André Breton para definir las medidas de resistencia que podían llegar a adoptarse, este texto servirá de antecedente para otra iniciativa que se realizará al año siguiente: el 7 de octubre de 1935, se crea Contra-Ataque: Unión de Lucha de los Intelectuales Revolucionarios. La organización posibilitará el encuentro entre Bataille y Breton.

> *A diferencia del Partido Comunista, la unión está abierta a todos los revolucionarios, marxistas o no, que coincidan en que "la evolución del capitalismo tiende hacia una contradicción destructora".*

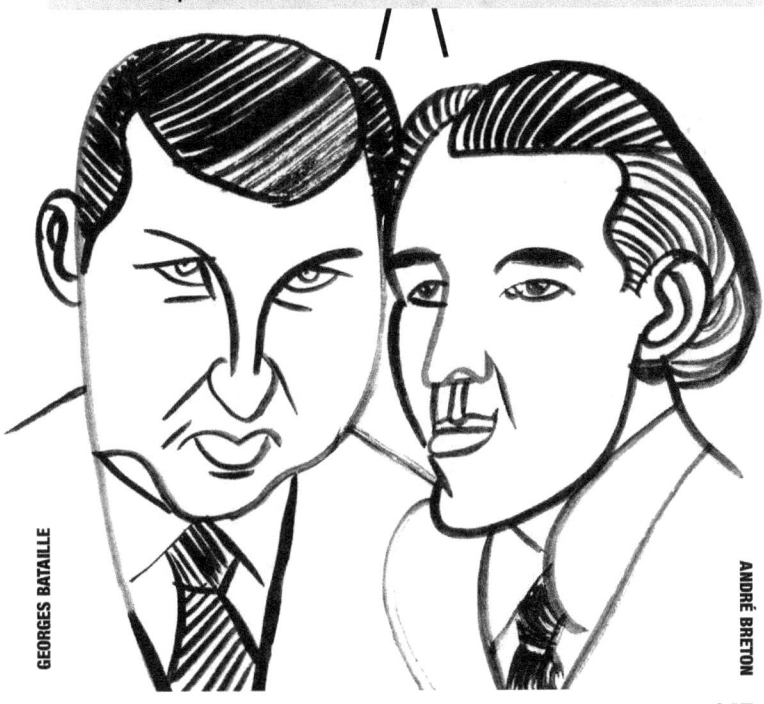

GEORGES BATAILLE

ANDRÉ BRETON

Enérgico pero a la vez agudo, el documento evita caer en la demagogia de considerar la vida del obrero como la única verdadera y humana.

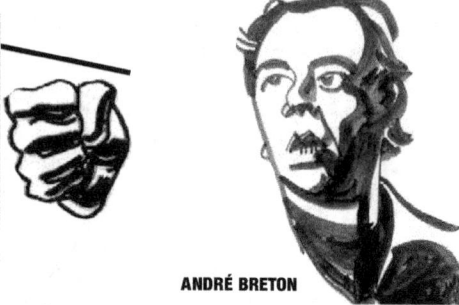

No estamos animados por ninguna hostilidad de asceta en contra del bienestar de todos los que lo han producido. Proclamamos nuestra solidaridad con la causa de los obreros y los campesinos. Ha llegado el tiempo de comportarnos todos como dueños y destruir físicamente a los esclavos del capitalismo.

ANDRÉ BRETON

Fascinado y alarmado por el genio propagandístico de los nazis, Bataille, ideólogo del proyecto, aspira a que la izquierda manifieste un genio idéntico para la promoción, pero en sentido opuesto. Ese era el contrataque que propone Bataille y que apoyarán Breton, Péret, Eluard, intelectuales como Pierre Klossowski y Maurice Heine, antiguos surrealistas como Jacques-André Boiffard y el actor Roger Blin.

La reacción nacionalista ha sabido aprovechar en favor suyo las armas políticas creadas por el movimiento obrero. Por nuestra parte pretendemos servirnos de las armas creadas por el fascismo, que ha sabido utilizar la aspiración fundamental de los hombres a la exaltación afectiva y el fanatismo.

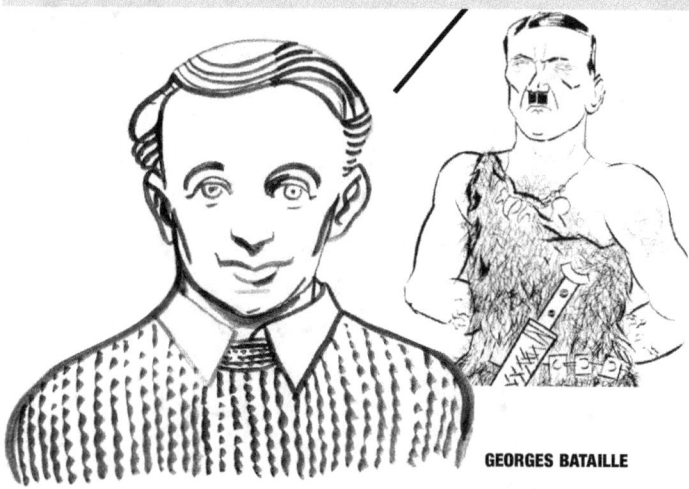

GEORGES BATAILLE

Este mismo año, tras la firma del Pacto Franco-Soviético y la visita de Laval a Moscú, el grupo surrealista no puede participar en el "Congreso de escritores para la defensa de la cultura". Una vez más Breton muestra su carácter vehemente: unos días antes se encuentra con Elya Ehrenberg, un sujeto que ha injuriado y acusado a los surrealistas unos meses antes. Ignorando que éste es integrante de la delegación soviética, Breton lo abofetea en plena calle.

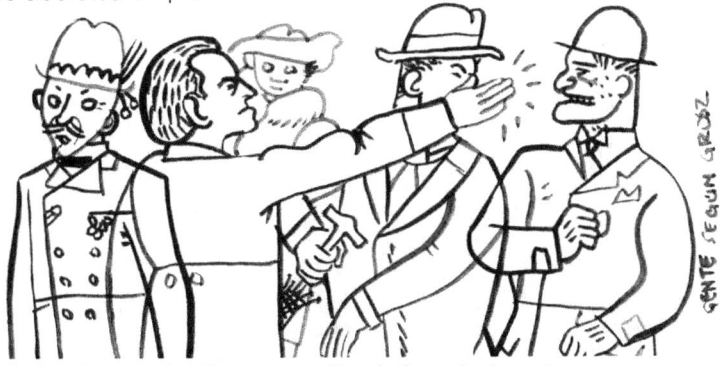

En la víspera del Congreso, René Crevel, durante una agotadora discusión, intenta convencer a los organizadores de que Breton debe participar. Tras la disputa, se suicida. Debido a este trágico sacrificio de Crevel (que no fue del todo sorpresivo, ya que su obra está plagada de referencias al suicidio), finalmente Paul Eluard puede leer su discurso:

Si se impone el acercamiento franco-soviético es éste el momento menos indicado para apartarnos de nuestro criterio de crítica. A nosotros nos corresponde vigilar de cerca las modalidades de este acercamiento.

PAUL ELUARD por DALÍ

149

El surrealismo internacional

La visita de André Breton a Praga en 1935 (donde los esperaban Vitezslar Nezral y Karel Teige, principales animadores del movimiento surrealista checoslovaco) confirma al surrealismo como un movimiento internacional. La edición de un "Bulletin Internacional de Surrealisme", suerte de balance de los acuerdos de cada encuentro, se repetirá a partir de ahora en los distintos lugares del mundo en los que el surrealismo encontrará, desde entonces, una nueva razón de ser. A mediados de esta década, el movimiento ya se ha expandido por casi toda Europa.

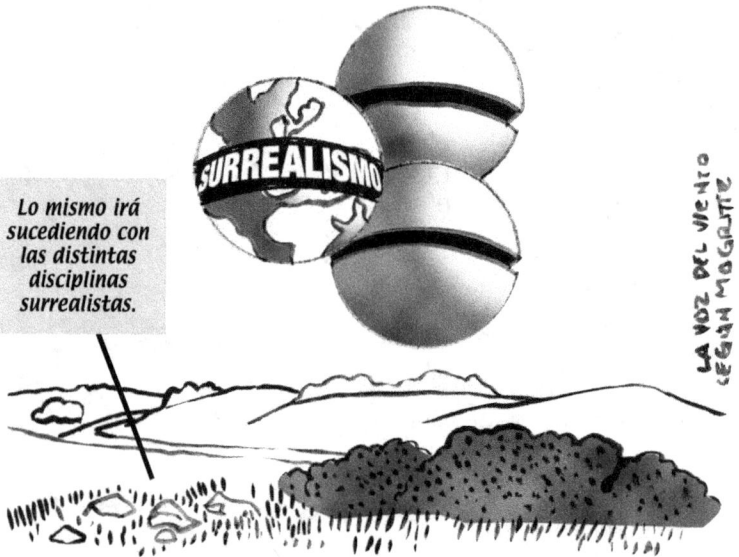

Lo mismo irá sucediendo con las distintas disciplinas surrealistas.

En 1936 el surrealismo oficial aterriza en Londres. Durante esta década, el movimiento se extenderá por el mundo: Suiza, Japón, Argentina, Yugoslavia, Checoslovaquia, Rumania, Belgica, Inglaterra, Alemania, Islas Canarias, Cuba, Suiza... Las entrevistas, las conferencias y los intercambios se suceden; pronto el surrealismo tendrá centros en distintos lugares del mundo, donde surgirán nuevos artistas plásticos. En Rumania encontramos a Víctor Brauner; en Belgica al pintor Paul Delvaux; en Inglaterra a Leonora Carrington, mujer de Max Ernst; en las Islas Canarias a Oscar Domínguez; en Cuba a Wilfredo Lam; en Suiza a Méret Oppenheim...

150

Los pintores surrealistas

De todas formas, es la primera camada de pintores surrealistas la que abre las puertas al mercado internacional y que fascina e inspira a personas de todo el mundo a interesarse en el movimiento. La situación es curiosa: es imposible confundir a Arp con Dalí, Masson con Ernst, o a Miró con Tanguy, sin embargo todos ellos son surrealistas. La razón de esta singularidad, inédita en la historia del arte, la encontramos en el subjetivismo casi total de sus obras.

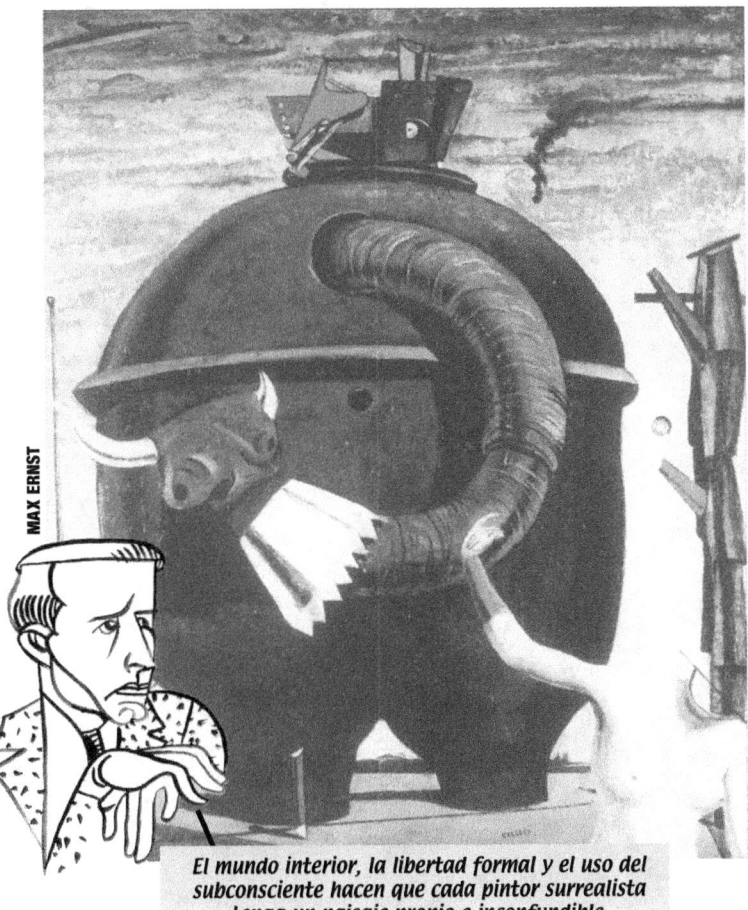

MAX ERNST

El mundo interior, la libertad formal y el uso del subconsciente hacen que cada pintor surrealista tenga un paisaje propio e inconfundible.

El sello de André Breton

Debido a la proliferación mundial de pintores surrealistas, Man Ray llega a proponer, en broma, la idea de crear un sello que determine cuándo una obra es surrealista y cuándo no. Para Breton, suma autoridad del movimiento, la idea es seductora. En última instancia, él es el que decide qué es surrealista y qué no lo es.

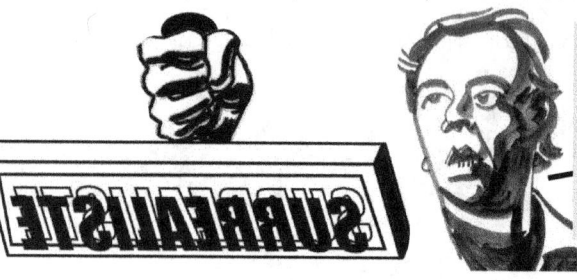

Sería una buena idea ponerle una marca a las obras surrealistas, sobre todo cuando farsantes como Jean Cocteau andan por el mundo haciéndose pasar por surrealistas.

Durante el resto de su vida, Breton sentiría por "El Príncipe de los Poetas" un desprecio absoluto, cercano al odio. Para los surrealistas, Cocteau cultiva "un surrealismo de salón". A esta altura, el movimiento surrealista está más allá de cualquier polémica y de cualquier persona. En Londres, al igual que en el resto de estas ciudades, el movimiento encontrará espíritus deseosos de ayudar a la "causa surrealista".

ROLAND PENROSE

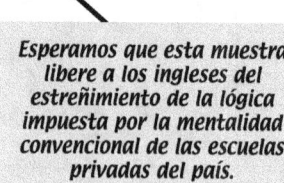

Esperamos que esta muestra libere a los ingleses del estreñimiento de la lógica impuesta por la mentalidad convencional de las escuelas privadas del país.

El 1º de julio, en el marco de una serie de conferencias bajo el nombre de "Auténticas Fantasías Paranoicas", Dalí se convierte a sí mismo en un "objeto surrealista". Aparece vestido con un traje de buzo decorado como un árbol de navidad; la escafandra tiene encima un radiador de automóvil. Sobre el pecho tiene pegadas unas manos de plastilina y alrededor de la talla un cinturón con una daga. Lleva además un taco de billar y va escoltado por dos perros guardianes... Completando la performance, Dalí habla en francés a través de un altavoz.

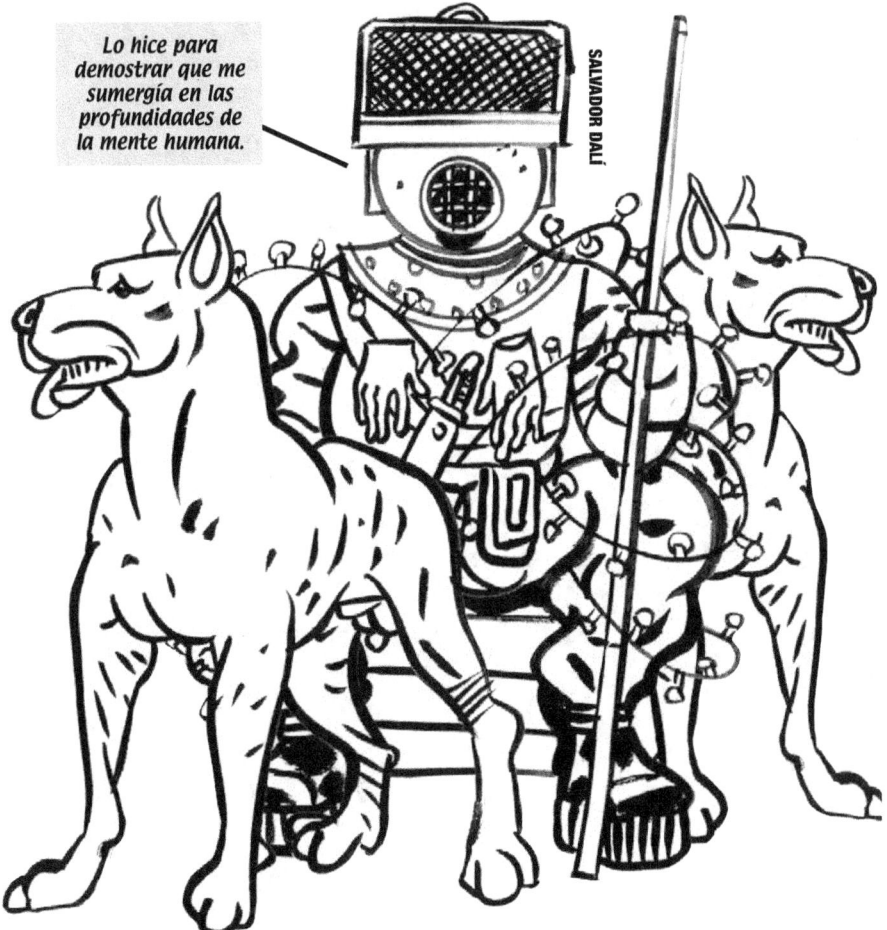

Lo hice para demostrar que me sumergía en las profundidades de la mente humana.

SALVADOR DALÍ

Posición política del surrealismo

Paralelamente a esta expansión internacional, el surrealismo se mantiene aún atento a los acontecimientos políticos. En septiembre de 1936 se edita el mitin "La verdad sobre el proceso de Moscú". A menudo cargados de oportunismo o demagogia efectista, este tipo de documentos políticos no dejan de tener un importante valor testimonial. En ellos está encarnada la idea de un pensamiento de resistencia, de que los intelectuales y los artistas no pueden ser indiferentes a la realidad política en la que viven. Durante ese año, con los procesos a Zinóviev y Kaménev, se han iniciado en Moscú una serie de interminables procesos que abarcan a todos los jefes de la vieja guardia y que niegan a los acusados el derecho de defensa y de apelación. Trotski, exiliado, es uno los principales acusados por el régimen de Stalin.

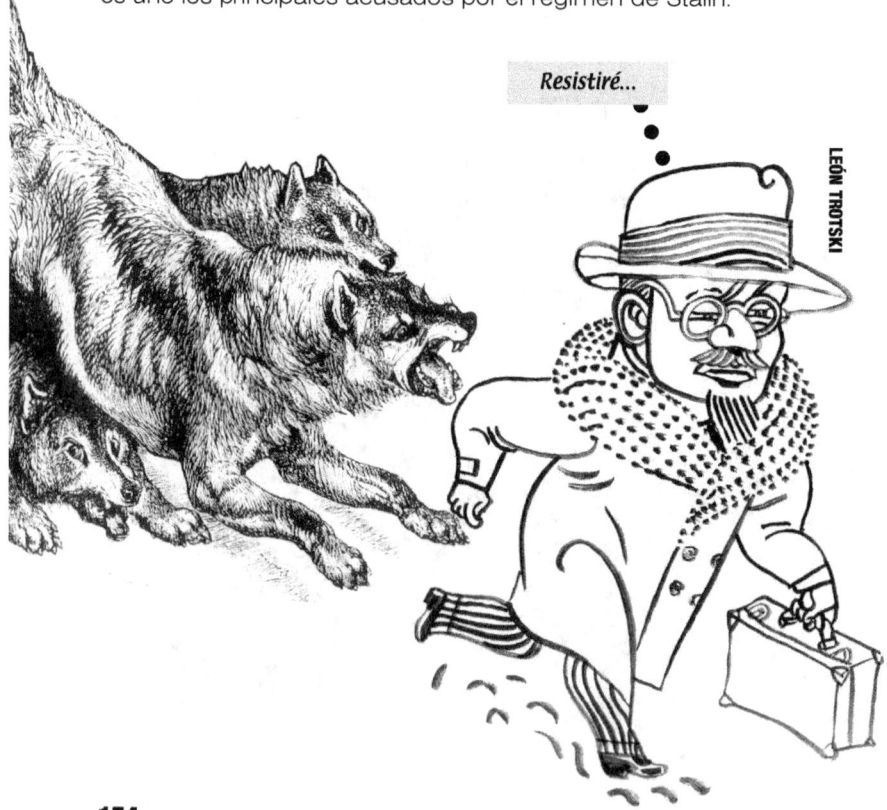

Resistiré...

LEÓN TROTSKI

154

Ajeno a todas estas tomas de posición, Salvador Dalí, uno de los más geniales autopublicistas del siglo, logra pasar a "otro nivel": el 14 de diciembre de 1936, con motivo de la inauguración de una exposición sobre "Arte fantástico, Dadá y Surrealismo" en el Museo de Arte Moderno de Nueva York, sale en la tapa de Time. La fascinación que siente Dalí por Hitler y sus cada vez más evidentes simpatías fascistas terminan por desencadenar finalmente su ruptura definitiva con el movimiento surrealista.

El academicismo pictórico de Dalí, su confesa admiración por Meissonier (1815-1891, pintor despreciado por el movimiento), sus deseos de convertirse en una figura mediática y su gran ambición terminan por colmar la paciencia de Breton, que a pesar de la admiración y el cariño que le tiene, termina expulsándolo del grupo en 1934 y cortando todo tipo de relaciones personales en 1939, escandalizado por sus declaraciones racistas.

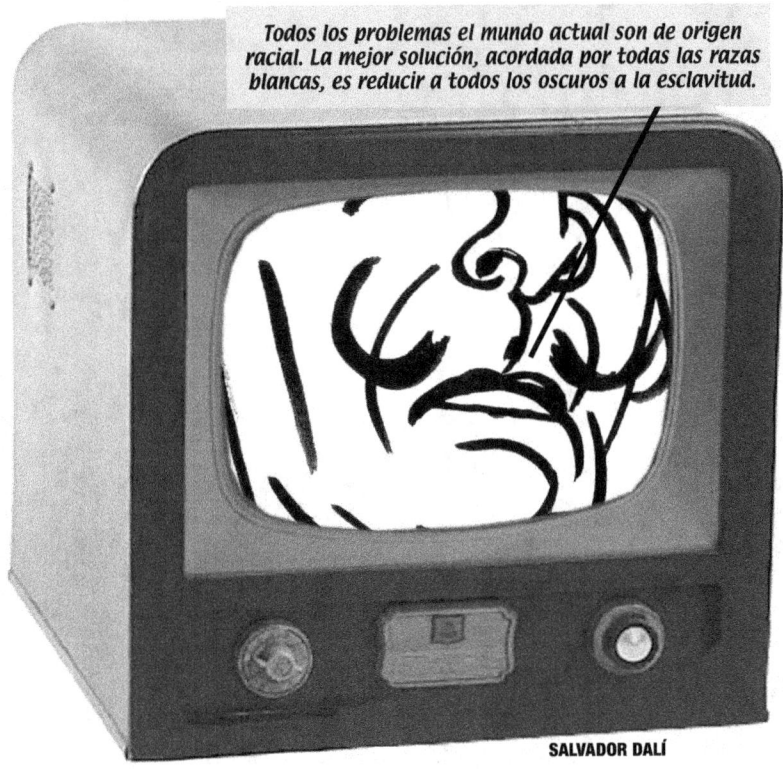

Todos los problemas el mundo actual son de origen racial. La mejor solución, acordada por todas las razas blancas, es reducir a todos los oscuros a la esclavitud.

SALVADOR DALÍ

155

Dalí se irá convirtiendo, deliberadamente, en una caricatura del surrealismo. Durante años, el español seguirá considerándose nominalmente como surrealista, hecho que justifica sus actitudes excéntricas y sus efectivas campañas publicitarias, en las que se mezcla el "escándalo por el escándalo" (o el escándalo por la publicidad), su increíble talento como performer y su exhibicionismo. Para el gran público, su nombre se va a convertir en sinónimo de surrealismo.

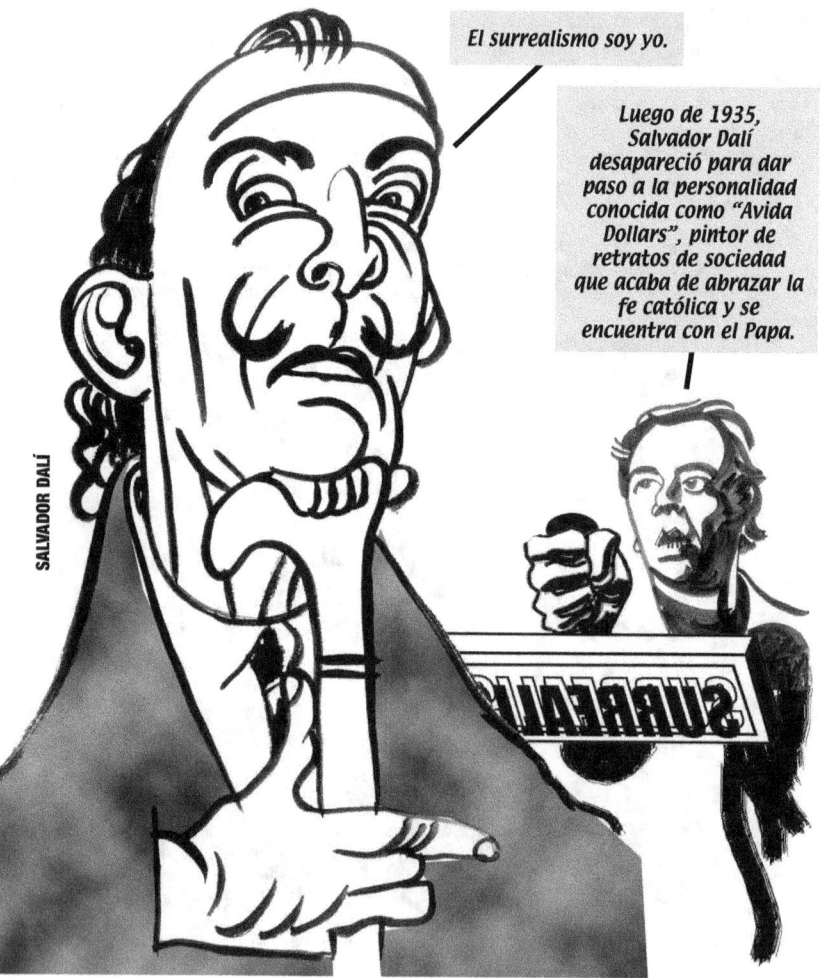

El surrealismo soy yo.

Luego de 1935, Salvador Dalí desapareció para dar paso a la personalidad conocida como "Avida Dollars", pintor de retratos de sociedad que acaba de abrazar la fe católica y se encuentra con el Papa.

SALVADOR DALÍ

156

Roberto Matta: el chileno surrealista

1937

A esta altura de los acontecimientos, el movimiento se nutre estética y conceptualmente de cualquier punto del planeta: este año el pintor chileno Roberto Matta se une al grupo. Su serie "Morfología psicológica" lo convierte en una figura relevante en el movimiento, a la vez que le hace ganar la admiración de los expresionistas abstractos norteamericanos. Influenciadas conceptualmente por las obras de Marcel Duchamp, estas pinturas abstractas y a la vez simbólicas crean un espacio pictórico, también dinámico y explosivo, de colores brillantes y contornos suaves.

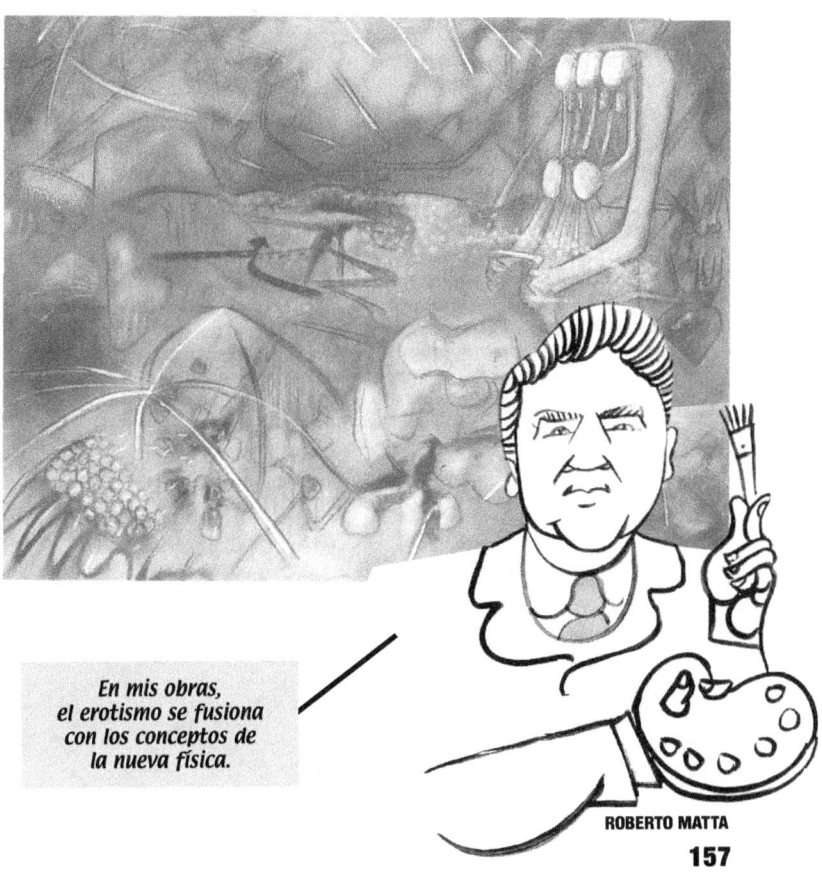

En mis obras, el erotismo se fusiona con los conceptos de la nueva física.

ROBERTO MATTA

La mujer surrealista

André Breton edita El amor loco, un trabajo en el que sistematiza un valor esencial del movimiento: el azar objetivo.

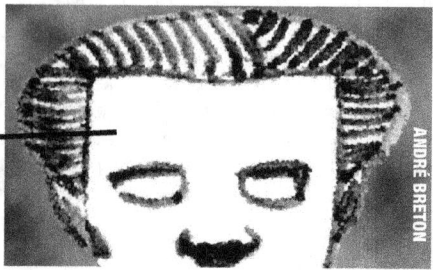

Aún hoy no espero nada sino de mi propia disponibilidad, de esta sed de errar "a la busca" de todo, este estado me mantiene en comunicación misteriosa con otros seres disponibles, como si estuviéramos destinados a reunirnos.

ANDRÉ BRETON

La visión del amor surrealista de Breton alcanza aquí su máxima expresión filosófica. Los surrealistas darán forma a un nuevo ideal femenino y una nueva visión sobre el amor. El amor-pasión, el amor único y el amor loco son tres expresiones espirituales que tienen siempre un mismo origen: el deseo, la idea de un amor electivo.

El surrealismo jamás ha ocultado la fascinación que brilla en el amor entre hombre y mujer. En el surrealismo, la mujer ha sido amada y celebrada en concepto de gran promesa, que subsiste como tal después de haber sido cumplida. La mujer lleva en sí el signo de la elección que solamente tiene significado para uno solo, y esto basta para solventar el pretendido dualismo de alma y carne.

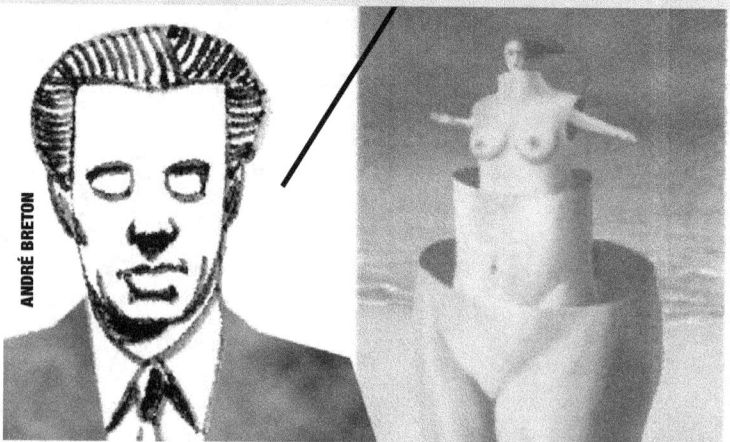

ANDRÉ BRETON

Para algunos, la expansión del movimiento y su visión de la mujer surrealista se deben a otras razones menos espirituales.

Lo que significa oficialmente el surrealismo: una empresa de publicidad dirigida con bastante entrega y conformismo para poder tener el éxito de otras empresas a las que se opone en ciertos detalles de pura forma. Así, la mujer surrealista ha sido una invención tan estúpida como la pin-up a la que reemplaza actualmente. Por lo tanto, soy muy poco surrealista. Para mí esa palabra significa "propaganda" (una palabra fea), con todas las estupideces necesarias para que las "propagandas" tengan éxito.

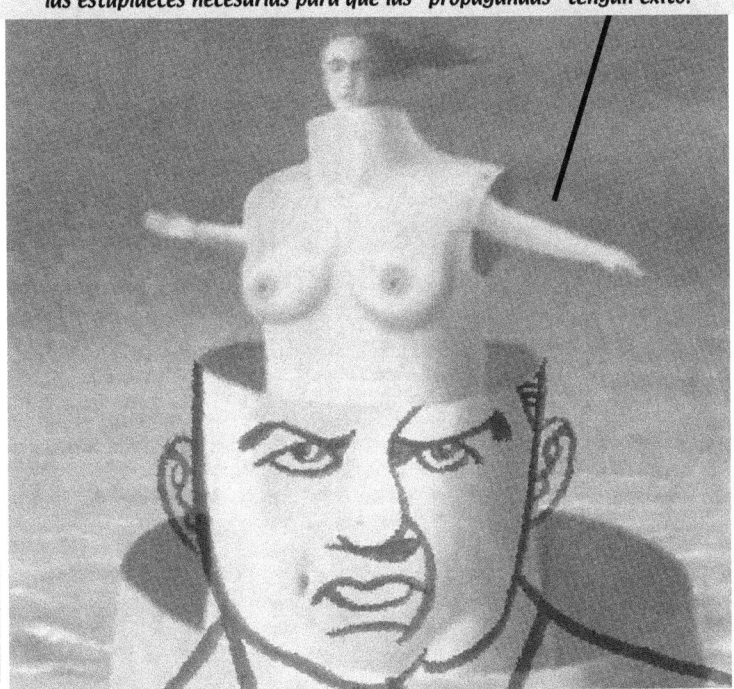

RENÉ MAGRITTE

El status del surrealismo como movimiento artístico fundamental de la primera mitad del siglo alcanza su momento de mayor esplendor en 1938, año en la Exposición Internacional de Surrealismo. Realizada en la Galería des Beaux-Arts, incluye obras de setenta artistas de cuarenta países. Durante los dos meses de la exhibición, la belleza convulsiva del arte surrealista genera uno de sus escándalos más gloriosos y memorables. Junto a Breton, Eluard y Georges Hugnet, en la dirección de la misma aparece Marcel Duchamp.

159

Breton y Trotski

Este mismo año los servicios culturales dependientes del Ministerio de Asuntos Extranjeros deciden honrar a André Breton con una misión en México, a donde irá a brindar una serie de conferencias sobre literatura y arte. Su anfitrión en México es el pintor Diego Rivera, quien vive junto a su mujer, la pintora Frida Kahlo. Por ese entonces, ambos hospedan también a otro ilustre pensador: León Trotski. El autor de Mi vida e Historia de la Revolución Rusa se ha convertido en una figura mítica y legendaria, tanto por su rol en la Revolución junto a Lenin, como por la agudeza de sus escritos en el exilio. Juntos, Breton y Trotski, redactarán el manifiesto Por un arte revolucionario independiente que, por razones "tácticas" aparecerá adjudicado a Breton y a Rivera.

El arte verdadero se esfuerza por dar expresión a las necesidades interiores del hombre y de la humanidad de hoy. No puede dejar de ser revolucionario, es decir, no aspirar a una revolución completa y radical de la sociedad. Sólo la revolución social puede abrir camino a una nueva cultura.

Rechazamos toda solidaridad con la casta actualmente dirigente en la URSS porque a nuestros ojos ella no representa al comunismo, sino que es su enemigo más pérfido y más peligroso. Bajo la influencia del régimen totalitario de la URSS y por mediación de organismos llamados culturales que ella controla en los otros países se ha extendido sobre el mundo entero un profundo crepúsculo hostil a la emergencia de todo valor espiritual.

DIEGO RIVERA

ANDRÉ BRETON

LEÓN TROTSKI

De este encuentro surge la iniciativa de crear el F.I.A.R.I. (Federación de Arte Revolucionario Independiente), del cual se desprenderá Clé, un boletín mensual del que sólo se editan dos números que de todas formas sirven para proclamar el derecho a la existencia de un arte revolucionario independiente.

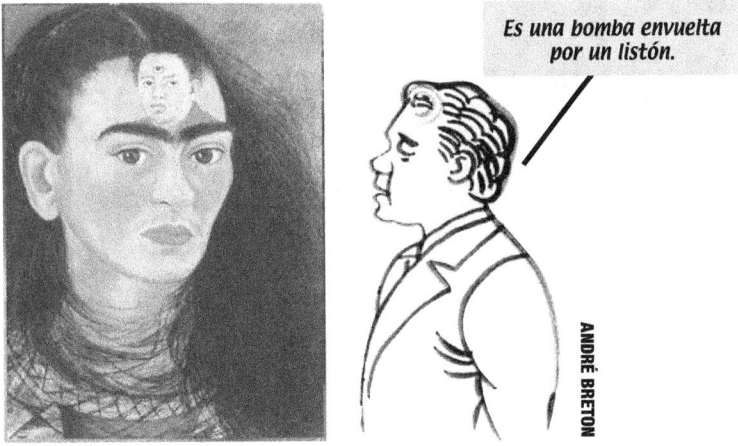

CLÉ

Estamos tratando de destruir el nacionalismo en el arte. El arte no tiene patria como no la tienen los trabajadores.

En esta misma visita a México, Breton entra en contacto con Frida Kahlo. Sus exuberantes e inquietantes pinturas demuestran su gusto por lo asombroso y exploran su tormentoso universo interior, demostrando una forma de ser "surrealista" puramente latinoamericana.

Es una bomba envuelta por un listón.

ANDRÉ BRETON

A su regreso a París, Breton expulsa a su viejo camarada Paul Eluard por publicar sus poemas en revistas fascistas en Alemania e Italia.

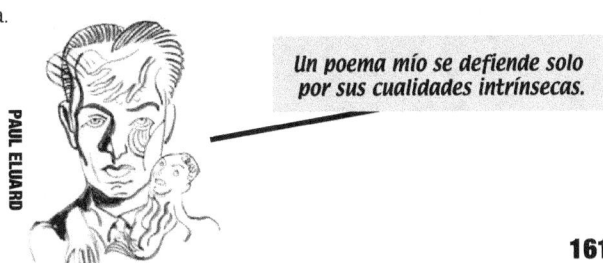

PAUL ELUARD

Un poema mío se defiende solo por sus cualidades intrínsecas.

161

Últimos años:
Breton en Nueva York

De todas formas el fin de la década del treinta trae un enemigo más temible, la Guerra. El 3 de septiembre de 1939 se inicia la Segunda Guerra Mundial. Con ella desaparecerá la libertad de expresión, condición esencial para el movimiento. En el París de 1940, el ambiente es sumamente hostil para los surrealistas. Ha llegado la Tercera República, y el nuevo estado francés le echa la culpa a los surrealistas de la derrota militar. Mientras en Francia obras como Fata Morgana y Antología del humor negro de Breton son censuradas, en México, Trotski finalmente es asesinado de un hachazo en la cabeza.

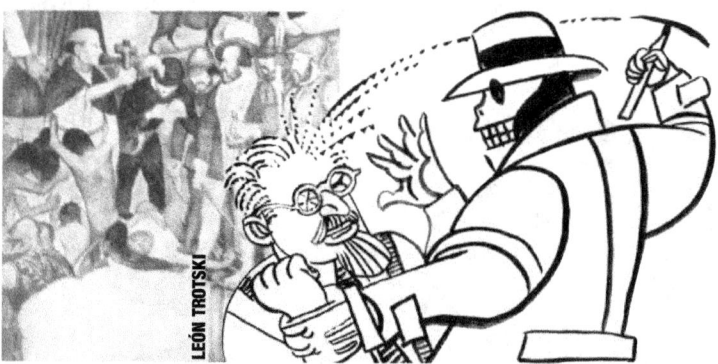

LEÓN TROTSKI

Durante el invierno de 1940, en Marsella, el Comité de Ayuda Norteamericana a los Intelectuales ofrece una espaciosa villa a artistas como Bellneur, Brauner, Char, Domínguez, Max Ernst, Wilfredo Lam, Masson, Péret y el propio Breton. Se trata de una sala de espera: por ese entonces todos quieren escapar de Francia. Finalmente Breton termina instalándose en Nueva York. Allí pasa cinco años, durante los cuales no hace ningún intento por aprender el idioma.

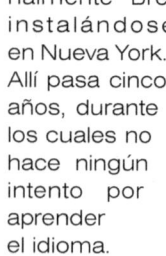

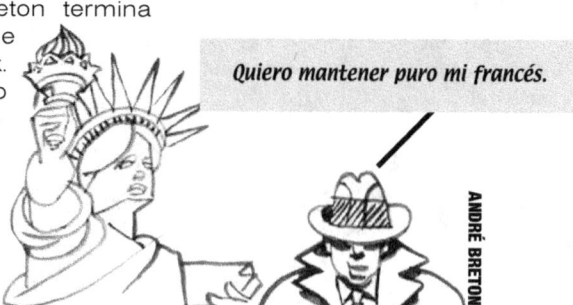

Quiero mantener puro mi francés.

ANDRÉ BRETON

Desde allí junto a Claude Lévi-Strauss y otros periodistas, Breton se encarga de transmitir los mensajes de la resistencia francesa como "La voz de América".

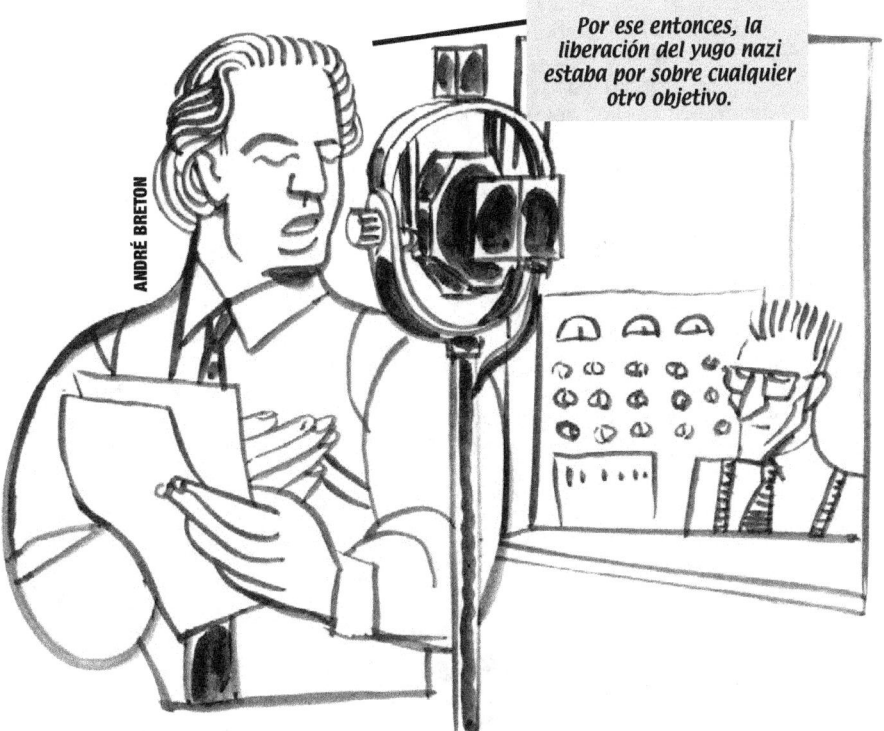

Por ese entonces, la liberación del yugo nazi estaba por sobre cualquier otro objetivo.

ANDRÉ BRETON

En 1941 se lanza el primer número de VVV. En ella participarán, como directores, Marcel Duchamp, Max Ernst, David Hare y André Breton. El nombre de la revista hace referencia al voto por el retorno a un mundo habitable y pensable y a la victoria sobre las fuerzas de regresión y de muerte desencadenadas sobre la tierra.

VVV no debe ser en modo alguno una estación de llegada ni de clasificación, sino más bien un lugar de partida.

ANDRÉ BRETON

163

Las mujeres surrealistas

Su estadía en Nueva York le permitirá establecer contactos más asiduos con Marcel Duchamp, el esquivo e irreprochable artista que siempre ha querido incorporar al surrealismo, pero al que nunca ha logrado seducir del todo. De hecho, Duchamp no pertenece en toda su vida a ningún grupo, pero es en verdad un gran colaborador dentro del movimiento surrealista.

En 1943, por sugerencia del propio Marcel Duchamp, se lleva a cabo la exposición "31 Mujeres", en el Art Of This Century de Peggy Guggenheim. Organizada fuera de las actividades del grupo, la exposición demuestra que hay mujeres que, además de inspirar o embelesar, pueden participar de la revolución surrealista, o de su propia revolución.

Influenciadas por Max Ernst, las pinturas de Leonor Fini, Valentine Hugo, Meret Oppenheim, Leonora Carrington y Dorothea Tanning, a las que se suman las obras de Sophie Tauber y Frida Kahlo también describen con sus exuberantes formas un principio destructor femenino, vital, oscuro y lujurioso. Al igual que Sophie Tauber (mujer de Arp), Remedios Varó y Frida Kahlo, estas mujeres comparten con los pintores surrealistas consagrados el subjetivismo pictórico que les da a cada una de ellas una singularidad inconfundible.

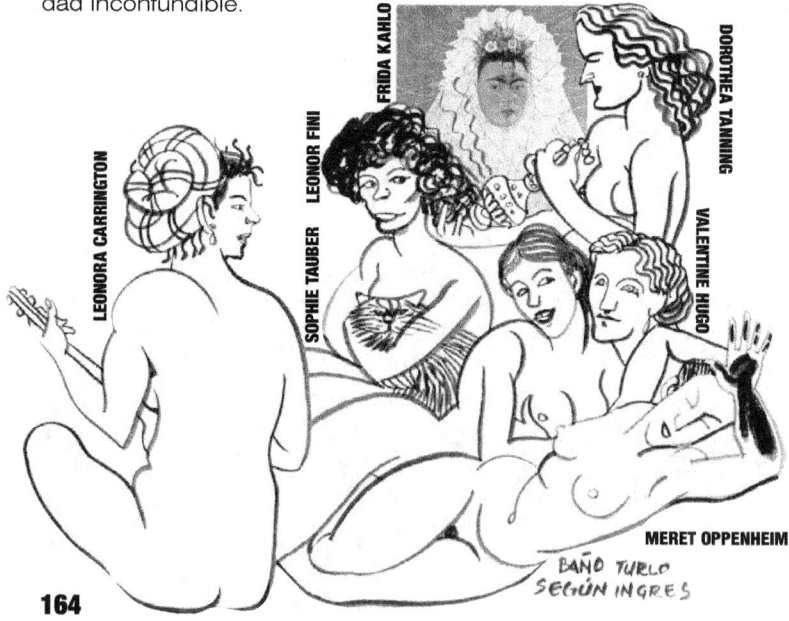

LEONORA CARRINGTON

SOPHIE TAUBER

LEONOR FINI

FRIDA KAHLO

DOROTHEA TANNING

VALENTINE HUGO

MERET OPPENHEIM

BAÑO TURCO SEGÚN INGRES

Tercer Manifiesto Surrealista

En 1942, en un número de VVV sale editado Prolegómenos a un Tercer Manifiesto Surrealista o no. Allí, el poeta mantiene su inquebrantable espíritu combativo, con la madurez que dan los años: ningún sistema va a enclaustrar al movimiento surrealista.

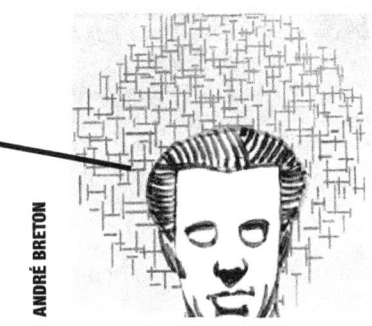

> No concedo demasiado crédito a esas construcciones abstractas que se denominan sistemas. Farsantes y charlatanes se han proclamado descendientes de Robespierre, Marx, Rimbaud y Freud con una seguridad asombrosa. Todos los sistemas en curso han de considerarse como instrumentos.
>
> ANDRÉ BRETON

Luego de establecer su propio sistema de coordenadas (Heráclito, Abelardo, Eckhart, Lautréamont, Engels, Jarry, Retz, Rousseau, Swift, Sade, Lewis y Arnim) y de acusar de traidores de la causa surrealista a Louis Aragón y Salvador Dalí, el texto enuncia algunos de sus nuevos planteamientos: "No debe cesar únicamente la explotación del hombre por el hombre, sino también la explotación del hombre por el pretendido 'Dios'".

Tal vez influenciado por su amigo Duchamp, por su lectura de las tesis de Enfantin sobre la liberación de la mujer, o ya sea por la evolución de los tiempos, Breton plantea en este breve manifiesto nuevas cuestiones.

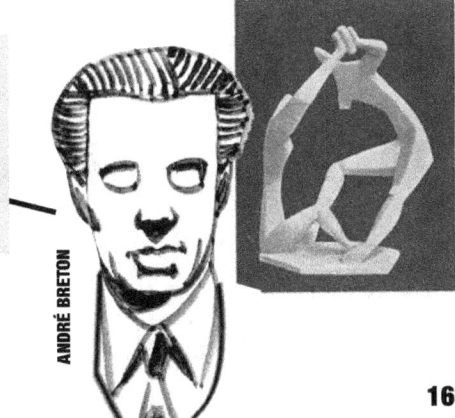

> Es preciso que se revisen de arriba abajo, sin el menor asomo de hipocresía, sin que quepa la menor dilación, el problema de las relaciones entre el hombre y la mujer.
>
> ANDRÉ BRETON

165

Sobre el final del breve texto, el misticismo de Breton vuelve a aflorar: "El hombre no es el Rey de la Creación. El hombre quizá no sea el centro del universo. Podemos llegar a pensar que, por encima del hombre existen unos seres cuyo comportamiento parece al hombre tan ajeno al suyo como éste pueda serlo con respecto al de la ballena".

Sea por convicción o por sentido estratégico, es notable el cambio de actitud de Breton sobre Bataille (que nunca fue un surrealista, aunque exista una tendencia histórica a considerarlo como tal). Luego de citar como referentes valiosos a Caillois, Duthuit, Masson, Mabile, Leonora Carrington, Ersnt, Etiemble, Péret, Calas, Séligmann, Henein y a su otrora archienemigo Georges Bataille, el texto hace foco sobre su objeto central.

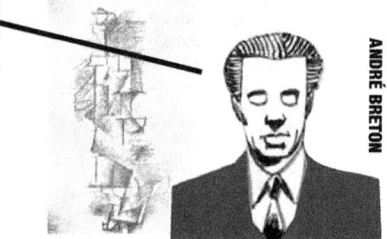

Los partidos sociales han llegado a un punto muerto. En lo personal, me voy a dedicar a una tarea que me parece impostergable: construir un nuevo Mito Social en relación con la sociedad que creemos deseable.

ANDRÉ BRETON

Más adelante, en una entrevista realizada años después, Breton confirmará su respeto hacia Bataille: "Por la envergadura de sus conocimientos y de sus opiniones y por el carácter excepcionalmente indomable de sus aspiraciones, Bataille está calificado para representar un papel fundamental en todo lo referente a la elaboración de este mito".

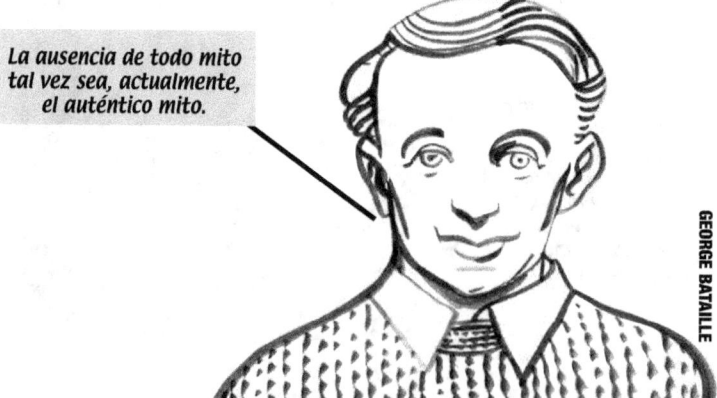

La ausencia de todo mito tal vez sea, actualmente, el auténtico mito.

GEORGE BATAILLE

166

Relevos generacionales: el letrismo

Hacia 1945 finaliza la Guerra. En Francia ya empiezan a surgir las pistas de los nuevos "genios" de la juventud. Ese año, Isodour Isou, rumano de nacimiento (como Tristan Tzara, su modelo) empezaría a organizar un nuevo movimiento cultural: el letrismo.

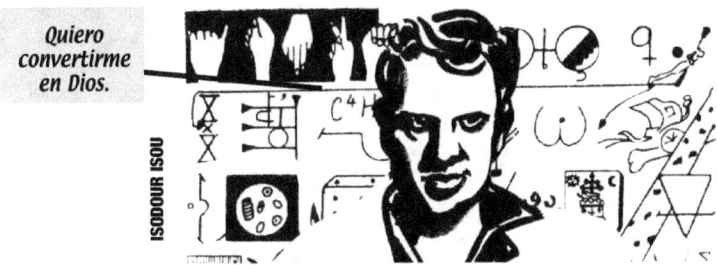

Quiero convertirme en Dios.

ISODOUR ISOU

Más académico y rebuscado que el dadaísmo y el surrealismo juntos, el letrismo incorpora algo que en ellos está ausente y que le da su importancia: una conciencia de la cultura pop, de la cultura folclórica del mercado moderno. Isou ha escrito un tratado de economía nuclear, que se basa en la insurreción de la juventud. A mediados de la década del cuarenta, el contexto político y cultural da a entender que el surrealismo ha cumplido su ciclo. En Rusia, los estalinistas están en el poder y el P.C.F. predica por un arte propagandístico, al servicio del Estado. El "realismo social" que promueven éstos choca con las ideas de Breton y sus acólitos. Mientras tanto, en el ambiente internacional, los Estados Unidos han logrado imponer con éxito el impresionismo abstracto como la "nueva" tendencia en el mercado de la plástica internacional. A su vez, pensadores como Jean Paul Sartre y Albert Camus encarnan un nuevo tipo de intelectual y una nueva corriente: el existencialismo se impone como la nueva corriente de pensamiento en la Francia de medidados de siglo.

Los surrealistas, después de haber destruido el mundo y de haberlo conservado milagrosamente mediante su destrucción, pueden abandonarse sin reparo alguno a su amor al mundo. Lo que estos hijos de familia quieren dilapidar no es el patrimonio paterno, sino el mundo entero.

JEAN PAUL SARTRE

Sin embargo, al surrealismo todavía le queda tiempo para cosechar sus frutos y concretar nuevas hazañas.

En 1947 se realizará la Exposición Internacional del Surrealismo. Concebida con el espíritu de expresar "un nuevo mito", este encuentro debe obedecer a la "preocupación primordial de recordar las sucesivas etapas de una iniciación". Se busca "reafirmar una nueva cohesión y, en relación a las precedentes manifestaciones del grupo, marcar una cierta superación". La instalación de la muestra, encargada a Marcel Duchamp y al arquitecto Frederick Kiesler, con sus referencias a los 21 arcanos mayores del tarot y a los signos del Zodíaco, busca evocar en los visitantes un ciclo de pruebas inspiradas en la magia primitiva. El surrealismo se propone explorar y brindar un conocimiento oculto del universo. Invitado a participar en este evento, Antonin Artaud, en libertad luego de años de encierro en asilos mentales, reacciona contra todo esto.

> *Me horroriza el paralelismo de la actividad surrealista con el ocultismo y la magia. Es por magia que las abominables instituciones que nos oprimen: patria, familia, sociedad, espíritu, concepto, percepciones, sensaciones, afectos, alma, ciencia, ley, justicia, derecho, religión, nociones, verbo, lenguaje, son mantenidos, dado que en realidad desaparecen, no corresponden a nada real.*

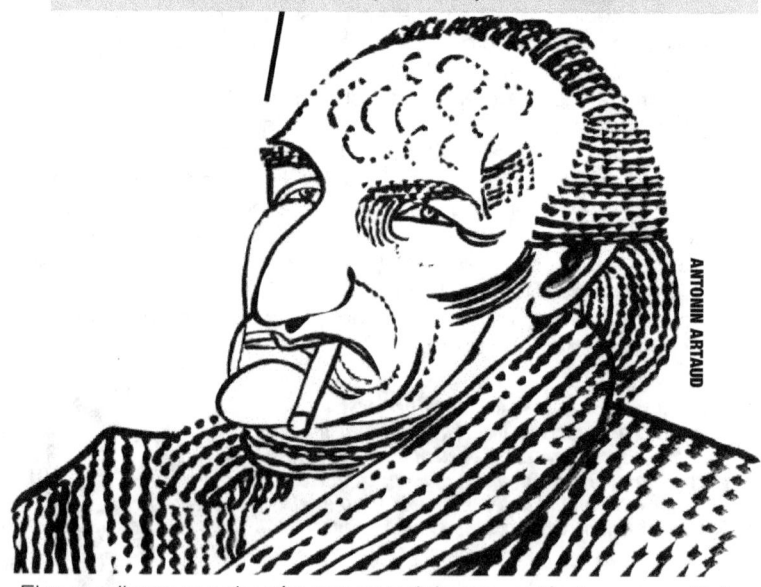

ANTONIN ARTAUD

El surrealismo puede aún generar debates, polémicas y conflictos de conciencia.

168

La puesta en escena de "Le Surréalisme en 1947" es un proyecto conjunto de Breton y Duchamp. Una de las principales atracciones de la exposición es el "Laberinto de iniciaciones", que se divide en doce "altares", cada uno dedicado a un "ser, categoría de seres u objeto susceptible de ser dotado de vida mítica". Duchamp se encarga también del diseño y la producción del catalogo de "Le Surréalisme en 1947", que luce un pecho de mujer en relieve en portada y en la contraportada las palabras "Se ruega tocar". Para realizarlo, Duchamp y Enrico Donati compran 999 postizos de goma espuma y los pegan a las portadas, enmarcados por retales irregulares de terciopelo negro.

Pintamos los pezones uno a uno. Los teníamos todos dispuestos por el suelo de mi estudio, antes de empaquetarlos en las cajas de cartón que había que mandar a París. Y mientras estaba cerrando unas de las cajas me fijé que el contenido salía disparado: ¡Pam! Así que se lo enseñé a Marcel, que escribio una carta a Breton pidiéndole que se fuera con el fotógrafo a aduanas y que consiguiera una fotografía del inspector abriendo una caja.

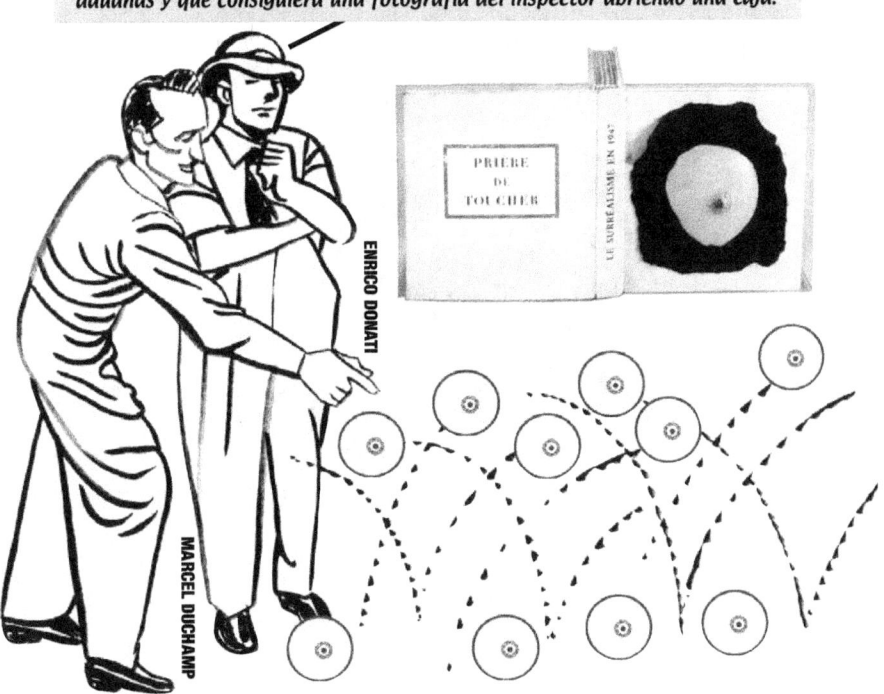

La decadencia del surrealismo

1948

Cuando Breton expulsa a Matta acusándolo de "ignominia moral" por considerarlo responsable del suicidio de Arshile Gorky, el gesto revela una cierta impotencia. La aventura surrealista va llegando a su fin. Si bien siguen surgiendo nuevos colaboradores y creadores afines al movimiento (las incorporaciones de Jean Schuster, Jean Louis Bedouin y Sarane Alexandrian, que aporta su idea de la "Mística erótica" y las obras de Julien Gracq y el poeta mexicano Octavio Paz dan nuevos aires al espíritu surrealista), algunas decisiones se tornan arbitrarias: la decisión de expulsar en 1954 a Max Ernst por aceptar el Premio de la Bienal de Venecia es, teniendo en cuenta la trayetoria de Ernst en el movimiento y la razón de su expulsión, un absurdo. Mientras tanto los nuevos vanguardistas van tomando, más o menos torpemente, la posta del "nuevo espíritu". Algunos de ellos se concentrarán más en las ideas y otros en los escándalos. En 1949, Isou edita Isou o la mecánica de las mujeres, un escrito pornográfico y efectista que intenta ser un manual de instrucciones para chulos, y se deprime porque el texto, efectista y exhibicionista a más no poder, no es censurado.

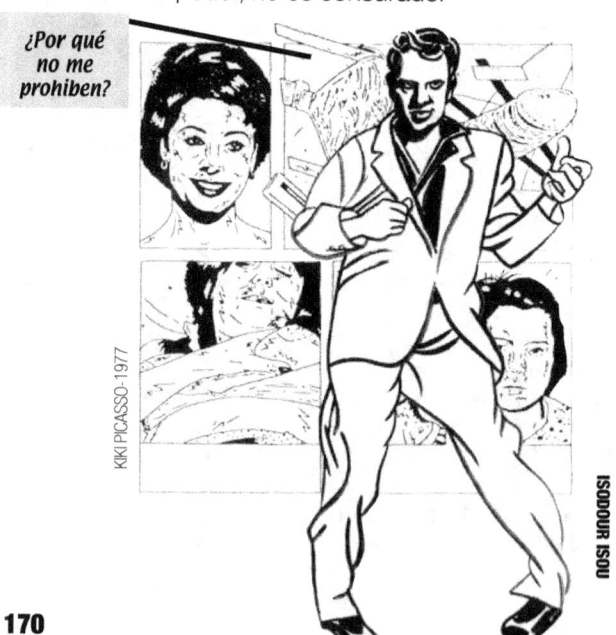

¿Por qué no me prohiben?

KIKI PICASSO-1977

ISODOUR ISOU

170

Un nuevo tipo de escándalo: el mediático

Finalmente, los seguidores de Isou conseguirán su escándalo internacional: el 9 de abril de 1950, en plena misa de Pascua y ante personas de todo el mundo, Michael Mourre, joven letrista de 22 años, irrumpe en la catedral de Notre Dame interrumpiendo la ceremonia. Los ecos del "escándalo por el escándalo" alcanzarán una nueva dimensión: la mediática.

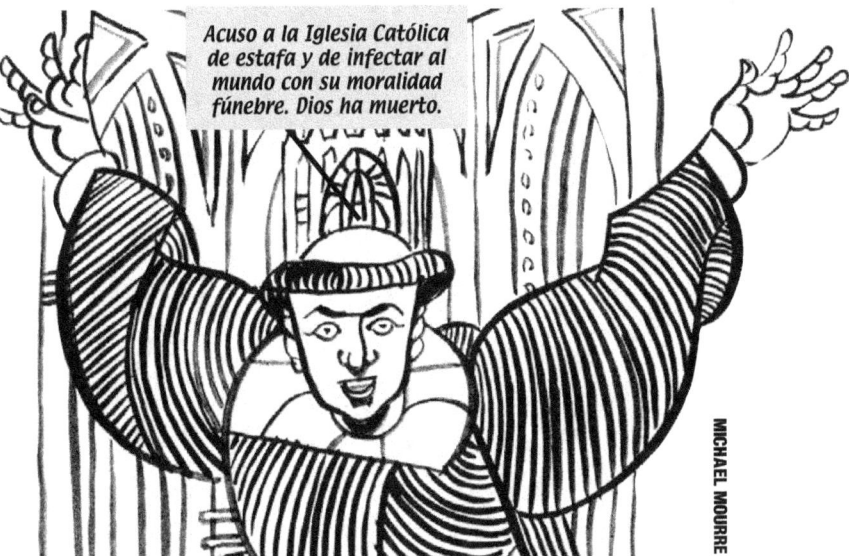

Acuso a la Iglesia Católica de estafa y de infectar al mundo con su moralidad fúnebre. Dios ha muerto.

MICHAEL MOURRE

La intervención de Breton (que quiere reconocer en estos jóvenes a sus auténticos herederos) defendiendo en los medios a los blasfemos, resulta un tanto nostálgica, sobre todo teniendo en cuenta que Mourre terminaría renegando del hecho, acercándose a la derecha francesa y pidiendo perdón a la Iglesia.

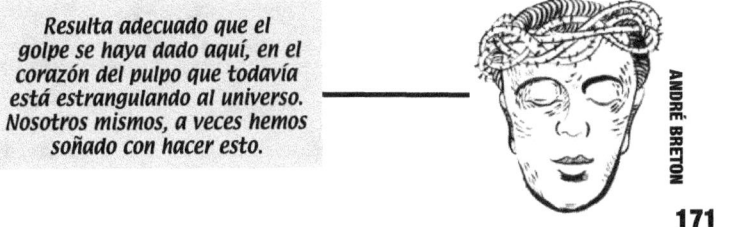

Resulta adecuado que el golpe se haya dado aquí, en el corazón del pulpo que todavía está estrangulando al universo. Nosotros mismos, a veces hemos soñado con hacer esto.

ANDRÉ BRETON

171

Guy Debord:
nuevo espíritu revolucionario

Pero los hijos no reconocen a sus padres. En definitiva, el parricidio fue siempre una ley no escrita de las vanguardias del siglo XX.

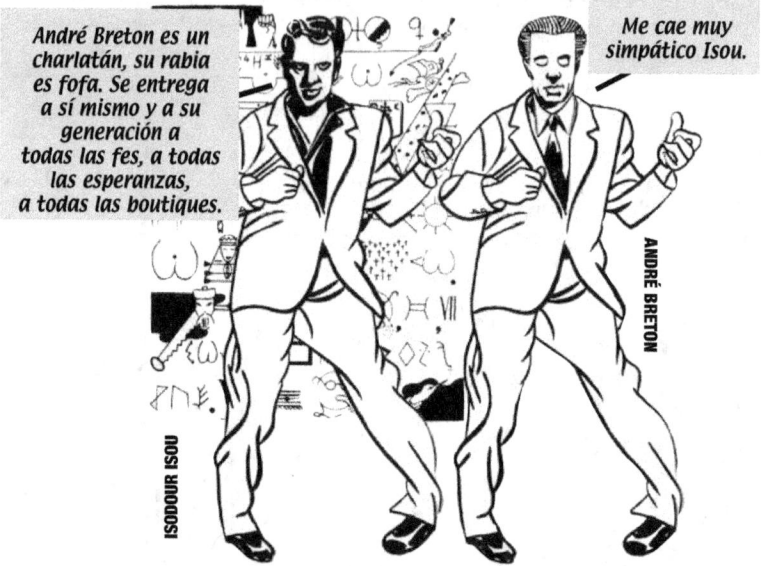

André Breton es un charlatán, su rabia es fofa. Se entrega a sí mismo y a su generación a todas las fes, a todas las esperanzas, a todas las boutiques.

Me cae muy simpático Isou.

ANDRÉ BRETON

ISODOUR ISOU

En 1952, Guy-Ernest Debord entra al grupo letrista. Cineasta experimental y revolucionario profesional, Debord pronto tomará el control del grupo. Entre 1954 y 1957, aparece Potlatch, un boletín-revista que incluye las participaciones de Michèle Bernstein, André Frank Conord, Mohamed Dahou, Jacques Fillon, Vera y Gil Wolman y Asger Jorn.

Aunque no reconozca abiertamente a Breton como su padre, es indudable que el elogio de la imaginación del surrealismo es uno de los referentes del pensamiento de Debord. No es el único; el escándalo dadaísta, La crítica a la vida cotidiana de Henry Lefebvre, Historia y conciencia de clase de Gyorgy Lukács y la idea del Potlatch de Marcel Mauss, interpretada por Bataille (según la cual la burguesía hace desaparecer todo lo que es generoso, orgiástico y excesivo y lo sustituye por una "mezquindad universal"), son algunas de las bases de esta nueva revuelta cultural, más acorde con los nuevos tiempos.

172

La Internacional Situacionista

En 1958 se comienza a publicar la revista Internacional Situacionista, en donde los conceptos de "deriva" (una manera de generar la convicción de la necesidad de encontrar una nueva ciudad), "psicogeografía" y la idea de "factor de conexión reversible" toman forma.

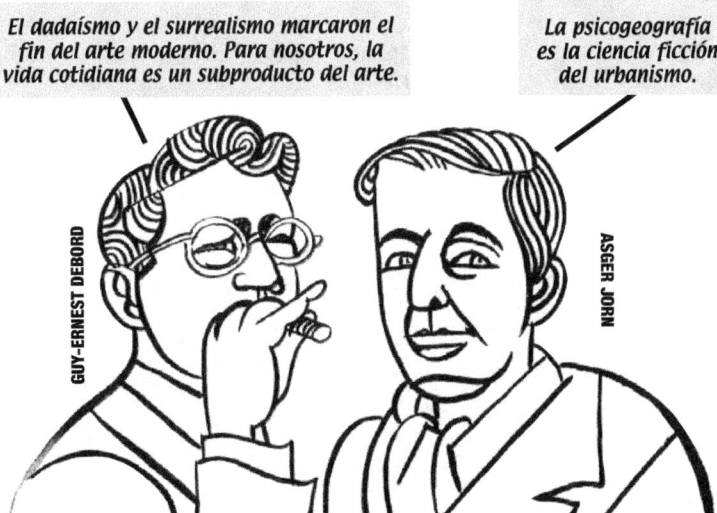

El dadaísmo y el surrealismo marcaron el fin del arte moderno. Para nosotros, la vida cotidiana es un subproducto del arte.

La psicogeografía es la ciencia ficción del urbanismo.

GUY-ERNEST DEBORD

ASGER JORN

La sociedad ha cambiado y se ha supermediatizado, una nueva conciencia se impone: la de que estamos sumergidos en una sociedad dominada por el espectáculo.

GUY-ERNEST DEBORD

El espectáculo entendido en su totalidad es a la vez resultado y proyecto del modo de producción existente. El espectáculo se impone como obligatorio porque está en posición de ejercer el monopolio visual de la representación legítima. No nos deja distinguir entre deseo y obligación.

Una situación construida es un momento de la vida, una construcción deliberada y concreta para la organización colectiva de un ambiente unitario y de un juego de acontecimientos. Los situacionistas se dedican a la teoría y a la actividad práctica de la construcción de situaciones.

173

Los tiempos han cambiado y los ecos del surrealismo original se van apagando...
En 1948 muere Artaud.
En 1953, Paul Eluard y Francis Picabia.
En 1955, Tanguy.
En 1959, Péret, el último de los surrealistas históricos fieles a Breton.
En 1963 muere Tristan Tzara...

La Exposición Internacional del Surrealismo, entre diciembre de 1959 y enero de 1960 en la galería Daniel Cordier de París, muestra al surrealismo tratando de no enfriarse. Aún quedan temas para enfocar desde una mirada surrealista: Sarane Alexandrian, uno de sus colaboradores más valiosos, viene teorizando desde 1947 sobre el "erotismo dialéctico", ideología que reemplazaría al "materialismo dialéctico", a la vez que promueve la liberación de la mujer.

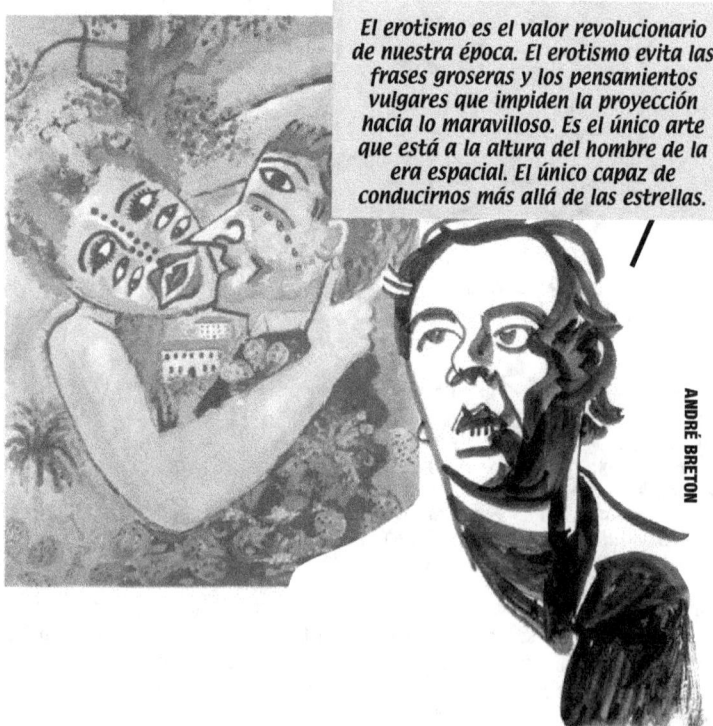

El erotismo es el valor revolucionario de nuestra época. El erotismo evita las frases groseras y los pensamientos vulgares que impiden la proyección hacia lo maravilloso. Es el único arte que está a la altura del hombre de la era espacial. El único capaz de conducirnos más allá de las estrellas.

ANDRÉ BRETON

En 1966 le llegará el turno de abandonar este mundo al Sumo Sacerdote del movimiento: André Breton. Ese mismo año, un grupo de estudiantes influenciados por el situacionismo pondrán las ideas de Debord y sus amigos en acción, invirtiendo los fondos de la organización estudiantil en la publicación del folleto "Sobre la miseria en el medio estudiantil", generando una nueva crisis de conciencia: existe una posibilidad de participar de la historia, de aplicar el arte a la vida cotidiana.

Apenas dos años después, un grupo de estudiantes conocidos como los "Enragés" toman la Universidad de Nonterre, impidiendo la continuación de las clases durante dos meses e iniciando la rebelión de Mayo del '68, proclamando eslóganes como "la imaginación al poder" y "tomo mis deseos por realidades porque creo en la realidad de mis deseos". Intentar contar la historia del situacionismo es una tarea bastante compleja...

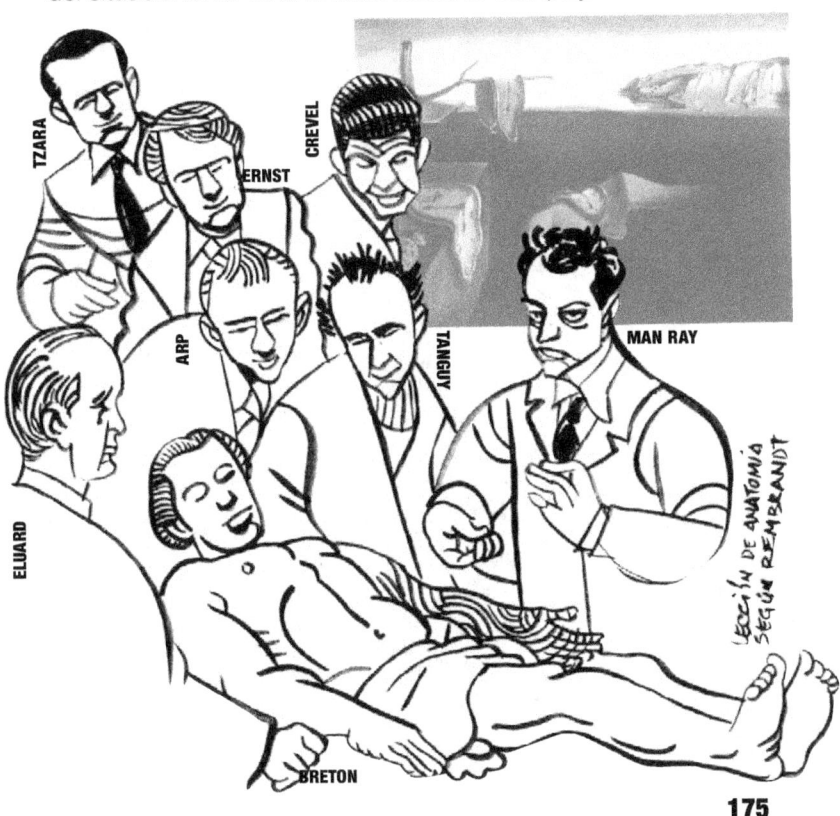

175

Santiago Rial Ungaro

nació en Barcelona en 1973.
Actualmente vive en Buenos Aires.
Es autor de Warhol para Principiantes y de Paul Virilio y los límites de la velocidad. Escribe en el diario Página/12 y en el suplemento cultural Radar mientras continúa con su proyecto musical junto al grupo Champions, con quienes editó dos discos.

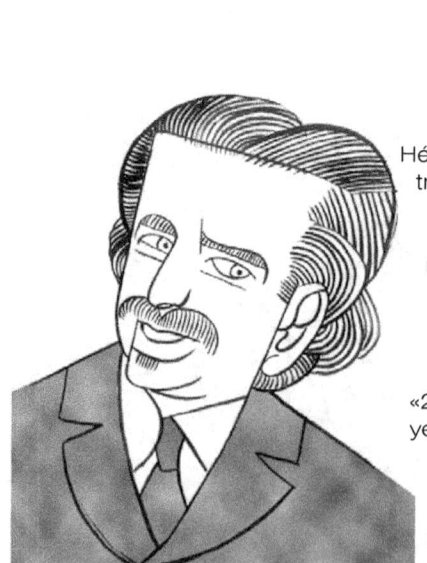

Sanyú es el seudónimo de Héctor Alberto Sanguiliano, ilustrador e historietista. Sus dibujos se publican desde 1974 en importantes publicaciones. Realizó adaptaciones de la literatura a la historieta, dictó cursos, organizó muestras sobre la historieta y en 1999 presentó su exposición «25 años», que resumía su trayectoria. Es autor de dos libros gráficos e ilustró varios de la serie Para Principiantes (Sociología, Economía, Umberto Eco y Anarquismo).
sanyu@fibertel.com.ar